技术性贸易壁垒对中国企业出口的影响

The Influence of Technical Barriers to Trade Against China on Export of Chinese Firms

郑休休　著

中国社会科学出版社

图书在版编目（CIP）数据

技术性贸易壁垒对中国企业出口的影响／郑休休著．—北京：
中国社会科学出版社，2023.4
ISBN 978 – 7 – 5227 – 1815 – 6

Ⅰ.①技… Ⅱ.①郑… Ⅲ.①技术贸易—贸易壁垒—影响—企业管理—出口贸易—研究—中国　Ⅳ.①F752.62

中国国家版本馆 CIP 数据核字（2023）第 071290 号

出 版 人	赵剑英
责任编辑	黄　晗
责任校对	王　龙
责任印制	王　超

出　　版	中国社会科学出版社
社　　址	北京鼓楼西大街甲 158 号
邮　　编	100720
网　　址	http://www.csspw.cn
发 行 部	010 – 84083685
门 市 部	010 – 84029450
经　　销	新华书店及其他书店
印　　刷	北京君升印刷有限公司
装　　订	廊坊市广阳区广增装订厂
版　　次	2023 年 4 月第 1 版
印　　次	2023 年 4 月第 1 次印刷
开　　本	710×1000　1/16
印　　张	19.75
字　　数	272 千字
定　　价	108.00 元

凡购买中国社会科学出版社图书，如有质量问题请与本社营销中心联系调换
电话：010 – 84083683
版权所有　侵权必究

出 版 说 明

为进一步加大对哲学社会科学领域青年人才扶持力度，促进优秀青年学者更快更好成长，国家社科基金2019年起设立博士论文出版项目，重点资助学术基础扎实、具有创新意识和发展潜力的青年学者。每年评选一次。2021年经组织申报、专家评审、社会公示，评选出第三批博士论文项目。按照"统一标识、统一封面、统一版式、统一标准"的总体要求，现予出版，以飨读者。

全国哲学社会科学工作办公室

2022年

摘　　要

全球经济下行与国际形势不稳定背景下，技术性贸易壁垒成为各国变相实施贸易保护主义的新形式。本书以对华技术性贸易壁垒为研究对象，通过充分的定性和定量研究探讨了对华技术性贸易壁垒对中国企业出口表现和行为的影响。

在定性研究方面，笔者对于技术性贸易壁垒的相关概念区别、制度背景、特征事实、发展趋势、最新动向、形成动机及其在新形势下对于国家经济安全的重要影响进行了充分梳理和详细分析。参照国际研究机构的前沿做法，中国对来自其他世界贸易组织（WTO）成员的已通报或未及时通报的技术标准、法规、合格评定程序所提出特别贸易关注的情况，被笔者视作相关WTO成员设置了对华技术性贸易壁垒。研究发现：对华技术性贸易壁垒具有数量持续增加、覆盖产品品类广泛、品类结构趋向技术密集型、来源地以欧美主导和壁垒实施主体彼此效仿的特征，并呈现聚焦能源环境议题、向价值链上游环节延伸的趋势。壁垒形成受经济、政治、技术、外交因素驱动，是国家利益在特定市场发生竞争性冲突的结果。对华技术性贸易壁垒通过直接影响中国微观主体参与国际贸易的经济行为，引发国内行业维度、地区维度的结构性调整，并通过产品市场与劳动力市场的均衡作用、国外市场与国内市场的内外联动等途径影响国民经济运行的稳定状态，从而深刻影响国家经济安全。

在定量研究方面，笔者的实证分析建立在理论模型基础之上。首先，在结合异质性企业贸易理论、贸易偏转理论的基础上，引入产品质量衡量、多产品决策、多市场决策因素，构建了分析技术性贸易壁垒影响企业出口行为的理论分析框架。其次，利用手工整理的 WTO 技术性贸易措施通报数据与特别贸易关注案例数据，参照前沿文献的做法，构造了中国出口所面临的"HS6 位码—目的地"维度的"对华技术性贸易壁垒"变量。最后，将上述指标结合中国海关企业出口交易数据，构建实证模型，采用多种计量估计方法定量检验对华技术性贸易壁垒对我国产品出口的总体影响，以及微观企业在冲击下的出口行为调整。同时，笔者利用倾向得分匹配——双重差分模型和工具变量方法对潜在的内生性问题进行了处理，也对研究结果进行了充分的稳健性检验，并充分利用详尽的微观数据，考察了产品和企业两个异质性维度的多种特征在壁垒冲击影响机制中的差异化表现。具体而言，相关实证检验结果显示：第一，发达经济体对华技术性贸易壁垒并未能显著削弱中国总体出口，相反地，遭遇壁垒后中国出口金额、数量、出口企业个数均呈现显著增加。第二，上述净效应背后是企业显著的"优胜劣汰"和"提质升级"动态调整。（1）虽然贸易壁垒在低技术密集度产品行业减少了企业进入倾向、增加了企业退出倾向、降低了幸存企业的出口额，但是在高技术密集度产品行业引发了"优胜劣汰"机制的调整。（2）贸易壁垒增加了生产低质量产品的企业的退出倾向、降低了生产低质量产品的幸存企业的出口额，但是对生产高质量产品的企业没有显著影响。（3）贸易壁垒促使生产高质量产品的幸存企业进一步升级其产品质量，因此促进了中国出口的"提质升级"。第三，对华技术性贸易壁垒引发了新进入者、幸存者和退出者对于出口产品在全球范围内的市场组合调整和偏转行为。第四，对华技术性贸易壁垒对中国企业出口行为的冲击在产品类别、企业所有制等方面存在异质性效应。第五，发展中或转型经济体的对华技术性贸易壁垒并未引发中国企业的此类动态调整。第六，美国对华技术性贸易壁垒对中国企业出口产生了显著的"贸易阻碍"，并引发了"市场偏转"行为。但与此同时，美国对于其他经济体的技术性贸易壁垒却给中国出口企业带来了"贸易创造"的机遇。

基于上述研究结果,笔者建议中国需在管理制度改革、信息传递、基础研究、技术标准国际化建设等方面采取具有针对性的优化措施以及时妥善应对现存问题。

关键词:技术性贸易壁垒,异质性企业贸易理论,企业出口,质量升级,非关税壁垒

Abstract

Against the background of global economic downturn and international instability, discriminative technical barriers to trade have become a new form of disguised trade protectionism. Taking technical barriers to trade against China as the research object, this book explores the influence of technical barriers to trade against China on the export performance and behavior of Chinese firms through sufficient qualitative and quantitative research.

In terms of qualitative research, the author has fully sorted out and analyzed the relevant conceptual differences, institutional background, stylized facts, development trends, current directions, driving factors and the important influence of the discriminative technical barriers to trade on national economic security under the new situation. Referring to the cutting-edge practice of international research institutions, the author considers that relevant WTO members have imposed technical barriers to trade against China when China raises special trade concerns over technical standards, regulations or conformity assessment procedures that have been notified or not notified by other WTO members in a timely manner. The results show that technical barriers to trade against China are increasing, covering a broad product category, with a product structure towards technology-intensive, sourced mainly from the European countries and the United States, with imitation phenomenon by implementers. Technical barriers to trade against China also present a trend of focusing on energy or environment related topics, as well as a trend of extending to the upstream of the value chain. The motivation is driven by economic, political, technological and diplomatic factors, and rooted in the competitive conflicts of national interests in specific markets. Technical barriers to trade against China directly affect the economic behavior of Chinese exporters in international trade, and further lead to structural adjustment at domestic industrial and regional level. Moreover, through the equilibrium of product market and labor market, the internal and external linkage of overseas market and domestic market, it affects the stable state of the operation of national economy, therefore affecting the national economic security.

In terms of quantitative research, the empirical analysis is based on the theoretical model. Firstly, based on the trade theory of heterogeneous firm and the theory of trade diversion, this book introduces the factors of product quality measurement, decision making of multi-product multi-market firms, and constructs a theoretical analysis framework to analyze the influence of discriminative technical barriers to trade on firms export behaviors. Secondly, using the manually collected data of WTO technical barriers to trade notifications and special trade concerns, the indicator of "Technical Barriers to Trade against China" in the dimension of "HS6 digit - destination" is constructed referring to the practice of latest literature. Thirdly, the above indicator is combined with the export transaction data of Chinese Firms from China Customs, applied in the empirical model, with a variety of measurement and estimation methods, in order to quantitatively test the overall impact of Technical Barriers to Trade against China on China's product export performance, as well as on the adjustment of firms' export behaviors. Meanwhile, the Difference-in-Difference model with Propensity Score Matching, and Instrumental Variable method are used to deal with the potential endogeneity problem. The author also conducts full robustness checks and makes full use of detailed micro data to investigate the heterogeneity effect under the influence of multiple characteristics at product or firm level. Specifically, the empirical results are as follows. Firstly, technical barriers to trade against China do not impede China's overall export; instead, the value, quantity, and number of Chinese exporters show a significant net increase after the shock. Secondly, the whole process is characterized by the survival of the fittest principle and the tendency of upgrading the quality of exported products. (1) Although the shock of technical barriers to trade against China reduces the entry tendency, while increasing the exit tendency of Chinese exporters and reducing the export value of surviving firms in the industries of low-technology intensity, it promotes the adjustment of the "survival of the fittest" mechanism in the industries of high-technology intensity. (2) The shock increases the exit tendency of firms producing low-quality products in the market, and reduces the export value of surviving firms producing low-quality products in the market, but has no significant effect on firms producing high-quality products in the market. (3) The shock encourages the surviving exporters producing high-quality products to further upgrade their product quality, therefore the adjustment of the "quality upgrading" mechanism exists. Thirdly, the shock of technical barriers to trade against China has triggered the destination portfolio adjustment and diversion behavior of the new entrants, survivors and exiters in related markets. Fourthly, the influence of technical barriers to trade against China on the export behavior of Chinese exporters has heterogeneous effects in terms of product categories and firm ownership. Fifthly, developing and transition economies' technical barriers to trade against China have not triggered those above dynamic adjustments in export performance and decisions for Chinese exporters. Sixthly, United States' technical barriers to trade against China have exerted significant Trade Destruction Effect on

Chinese firms' export performance and have also triggered the Market Diversion Effect. At the same time, United States' technical barriers to trade against other trading partners have brought opportunities to Chinese exporters, which verifies the Trade Creation Effect.

Based on the above research results, the author suggests that, China should take targeted and optimized measures in management reform, information delivery, research development and standards internationalization, in order to cope with the existing problems timely and properly.

Keywords: Technical Barriers to Trade, Heterogeneous-Firm Trade Theory, Firm Export, Quality Upgrading, Non-Tariff Barrier

目　　录

第一章　技术性贸易壁垒的概念辨析、基本情况及重要性分析 …………………………………………………………（1）
　第一节　技术性贸易壁垒的概念辨析 ……………………………（1）
　第二节　技术性贸易措施与特别贸易关注的制度背景 ………（8）
　第三节　中国遭遇技术性贸易壁垒的特征事实分析…………（25）
　第四节　中国遭遇技术性贸易壁垒的动态趋势分析…………（30）
　第五节　中国企业遭受技术性贸易壁垒的经典案例…………（33）
　第六节　技术性贸易壁垒的形成动机分析……………………（40）
　第七节　新形势下应对对华技术性贸易壁垒对维护国家经济安全的重要性分析……………………………………（50）
　第八节　本章小结………………………………………………（55）

第二章　技术性贸易壁垒议题相关文献综述………………………（58）
　第一节　与技术性贸易壁垒相关的理论研究综述……………（59）
　第二节　与技术性贸易壁垒相关的实证研究综述……………（65）
　第三节　文献研究述评…………………………………………（89）
　第四节　本研究的边际贡献……………………………………（92）

第三章　技术性贸易壁垒对中国产品出口表现的影响…………（94）
　第一节　技术性贸易壁垒影响中国产品出口的计量模型设定…………………………………………………………（94）

第二节　发达经济体对华技术性贸易壁垒影响中国产品
　　　　　　出口的实证结果分析 …………………………………（102）
　　第三节　发达经济体对华技术性贸易壁垒影响中国产品
　　　　　　出口的内生性处理 …………………………………（103）
　　第四节　对比分析发展中或转型经济体对华技术性贸易
　　　　　　壁垒的相关影响 ……………………………………（108）
　　第五节　本章小结 ………………………………………………（109）

第四章　技术性贸易壁垒对中国企业出口二元边际的
　　　　　　影响 ………………………………………………………（111）
　　第一节　集约边际：技术性贸易壁垒对中国企业出口
　　　　　　规模的影响 …………………………………………（111）
　　第二节　广延边际：技术性贸易壁垒对中国企业出口
　　　　　　决策的影响 …………………………………………（135）
　　第三节　本章小结 ………………………………………………（161）

第五章　技术性贸易壁垒对中国企业出口产品质量的
　　　　　　影响 ………………………………………………………（163）
　　第一节　技术性贸易壁垒影响中国企业出口产品质量的
　　　　　　理论模型 ……………………………………………（163）
　　第二节　技术性贸易壁垒影响中国企业出口产品质量的
　　　　　　计量模型设定 ………………………………………（167）
　　第三节　发达经济体对华技术性贸易壁垒影响中国企业
　　　　　　出口产品质量的实证结果分析 ……………………（170）
　　第四节　发达经济体对华技术性贸易壁垒影响中国企业
　　　　　　出口产品质量的异质性检验 ………………………（172）
　　第五节　稳健性检验：替换质量指标构建方法 ………………（178）
　　第六节　发达经济体对华技术性贸易壁垒影响中国企业
　　　　　　出口产品质量的安慰剂检验 ………………………（181）

第七节　对比分析：检验发展中或转型经济体对华技术性
　　　　　　贸易壁垒的质量影响效应 ……………………………（182）
　　第八节　本章小结 ……………………………………………（184）

**第六章　技术性贸易壁垒对中国出口企业贸易偏转行为的
　　　　　影响** ………………………………………………（185）
　　第一节　技术性贸易壁垒影响中国出口企业贸易偏转行为的
　　　　　　理论模型 ……………………………………………（185）
　　第二节　技术性贸易壁垒影响中国出口企业贸易偏转行为的
　　　　　　计量模型设定 ………………………………………（193）
　　第三节　技术性贸易壁垒影响中国出口企业贸易偏转行为的
　　　　　　实证结果分析 ………………………………………（197）
　　第四节　技术性贸易壁垒影响中国出口企业贸易偏转行为的
　　　　　　异质性检验 …………………………………………（207）
　　第五节　稳健性检验：使用贸易方式为一般贸易的
　　　　　　样本 …………………………………………………（219）
　　第六节　本章小结 ……………………………………………（223）

第七章　引入壁垒宣布、生效、适用时点的拓展性研究 ……（226）
　　第一节　美国对华技术性贸易壁垒影响中国企业出口
　　　　　　表现的计量模型设定 ………………………………（227）
　　第二节　美国对华技术性贸易壁垒影响中国企业出口
　　　　　　表现的实证结果分析 ………………………………（237）
　　第三节　美国对华技术性贸易壁垒影响中国企业出口
　　　　　　表现的异质性检验 …………………………………（239）
　　第四节　美国对华技术性贸易壁垒影响中国企业出口
　　　　　　表现的稳健性检验 …………………………………（245）
　　第五节　本章小结 ……………………………………………（249）

第八章　研究结论与政策建议 …………………………………（250）
　第一节　主要结论 ……………………………………………（250）
　第二节　现存问题 ……………………………………………（252）
　第三节　对策建议 ……………………………………………（256）

附　录 …………………………………………………………（261）
　附录一　各经济体三位代码 ISO3 对应表…………………（261）
　附录二　相关计量方法和理论模型推导过程补充 …………（264）

参考文献 ………………………………………………………（271）

索　引 …………………………………………………………（285）

后　记 …………………………………………………………（291）

Content

Preface ·· (1)

Chapter 1 Concept Discrimination, Basic Situation and Importance of Discriminative Technical Barriers to Trade ·· (1)

    Section 1 Concept of Discriminative Technical Barriers to Trade ·· (1)

    Section 2 Institutional Background of Technical Barriers to Trade and Special Trade Concerns ···················· (8)

    Section 3 Stylized Facts of Technical Barriers to Trade against China ·· (25)

    Section 4 Dynamic Trends of Technical Barriers to Trade against China ·· (30)

    Section 5 Case Study of Chinese firms Suffering from Technical Barriers to Trade against China ···················· (33)

    Section 6 Driving Factors of the Motive of Discriminative Technical Barriers to Trade ···················· (40)

    Section 7 Analysis on the Significance of Technical Barriers to Trade against China to Safeguarding National Economic Security Under the New Situation ·········· (50)

    Section 8 Summary of Chapter 1 ···································· (55)

Chapter 2　Literature Review on Discriminative Technical Barriers to Trade ……………………………………………… (58)

　　Section 1　Review on Theoretical Research Related to Discriminative Technical Barriers to Trade ………… (59)

　　Section 2　Review on Empirical Research Related to Discriminative Technical Barriers to Trade ………… (65)

　　Section 3　Summary of Related Existing Literatures …………… (89)

　　Section 4　Contribution of This Book …………………………… (92)

Chapter 3　The Influence of Discriminative Technical Barriers to Trade on the Export Performance of China's Products ……………………………………… (94)

　　Section 1　Empirical Strategy: The Influence of Developed Economies' Technical Barriers to Trade against China on the Export Performance of China's Products ……… (94)

　　Section 2　Baseline Results and Findings …………………… (102)

　　Section 3　Address Endogeneity Problem …………………… (103)

　　Section 4　Comparative Analysis: The Influence of Developing and Transition Economies' Technical Barriers to Trade against China on the Export Performance of China's Products ………………………………………… (108)

　　Section 5　Summary of Chapter 3 ……………………………… (109)

Chapter 4　The Influence of Discriminative Technical Barriers to Trade on the Export Intensive Margin and Extensive Margin of Chinese Exporters …… (111)

　　Section 1　Intensive Margin: The Influence of Discriminative Technical Barriers to Trade on the Export Scale of Chinese Exporters ……………………………………… (111)

Section 2　Extensive Margin: The Influence of Discriminative
　　　　　　Technical Barriers to Trade on the Export Decision of
　　　　　　Chinese Exporters ·································· (135)
Section 3　Summary of Chapter 4 ································ (161)

**Chapter 5　The Influence of Discriminative Technical Barriers
　　　　　　to Trade on the Quality of Export Products of
　　　　　　Chinese Exporters ·································· (163)**
Section 1　Theoretical Model: The Influence of Discriminative
　　　　　　Technical Barriers to Trade on the Quality of Export
　　　　　　Products of Chinese Exporters ······················ (163)
Section 2　Empirical Strategy: The Influence of Discriminative
　　　　　　Technical Barriers to Trade on the Quality of Export
　　　　　　Products of Chinese Exporters ······················ (167)
Section 3　Baseline Results and Findings: The Influence of
　　　　　　Developed Economies' Technical Barriers to
　　　　　　Trade against China on the Quality of Export
　　　　　　Products of Chinese Exporters ······················ (170)
Section 4　Heterogeneity Test: The Influence of Developed
　　　　　　Economies' Technical Barriers to Trade against
　　　　　　China on the Quality of Export Products of Chinese
　　　　　　Exporters ·· (172)
Section 5　Robustness Check: Replace the Construction Method
　　　　　　of Quality Indicator ································ (178)
Section 6　Placebo Test: The Influence of Developed Economies'
　　　　　　Technical Barriers to Trade against China on the Quality
　　　　　　of Export Products of Chinese Exporters ············ (181)

Section 7　Comparative Analysis: The Influence of Developing or Transition Economies' Technical Barriers to Trade against China on the Quality of Export Products of Chinese Exporters ………… (182)

Section 8　Summary of Chapter 5 ……………………………… (184)

Chapter 6　The Influence of Discriminative Technical Barriers to Trade on the Trade Diversion Behavior of Chinese Exporters ……………………………… (185)

Section 1　Theoretical Model: The Influence of Discriminative Technical Barriers to Trade on the Trade Diversion Behavior of Chinese Exporters ………………… (185)

Section 2　Empirical Strategy: The Influence of Discriminative Technical Barriers to Trade on the Trade Diversion Behavior of Chinese Exporters ………………… (193)

Section 3　Baseline Results and Findings: The Influence of Developed Economies' Technical Barriers to Trade against China on the Trade Diversion Behavior of Chinese Exporters ………………………………… (197)

Section 4　Heterogeneity Test: The Influence of Developed Economies' Technical Barriers to Trade against China on the Trade Diversion Behavior of Chinese Exporters ……………………………………… (207)

Section 5　Robustness Check: Restricted Sample using Ordinary Trade Regime ………………………………………… (219)

Section 6　Summary of Chapter 6 ……………………………… (223)

Chapter 7 **Extension Research with the Declaration, Effective and Adoption Time Point of the Shock: Analysis on the Trade Destruction, Trade Diversion and Trade Creation Effect of United States' Technical Barriers to Trade against China on Chinese Exporters** ……………(226)

   Section 1 Empirical Strategy: Trade Destruction, Trade Diversion and Trade Creation Effect of United States' Technical Barriers to Trade against China on Chinese Exporters ………………………………………………(227)

   Section 2 Baseline Results and Findings: The Influence of United States' Technical Barriers to Trade against China on Chinese Exporters ……………………………(237)

   Section 3 Heterogeneity Test: The Influence of United States' Technical Barriers to Trade against China on Chinese Exporters ………………………………………(239)

   Section 4 Robustness check: Replace the Construction Method of Quality Indicator ……………………………(245)

   Section 4 Summary of Chapter 7 ………………………(249)

Chapter 8 **Conclusions and Policy Implications** ……………(250)

   Section 1 Main Conclusions ……………………………………(250)

   Section 2 Existing Problems …………………………………(252)

   Section 3 Countermeasures and Suggestions …………………(256)

Appendix ……………………………………………………………(261)

   Appendix 1 ……………………………………………………(261)

   Appendix 2 ……………………………………………………(264)

Reference ………………………………………………………（271）

Index ………………………………………………………（285）

Epilogue ………………………………………………………（291）

第 一 章

技术性贸易壁垒的概念辨析、基本情况及重要性分析

全球经济下行与国际形势不稳定背景下，技术性贸易壁垒成为各国变相实施贸易保护主义的新形式。本章围绕技术性贸易壁垒，致力于辨析概念上的误区、梳理相关制度背景，总结世界范围内技术性贸易壁垒、对华技术性贸易壁垒的相关特征事实、发展趋势和最新动向，并讨论技术性贸易壁垒的形成动机，以及分析其在新形势下对于国家经济安全的重要影响。

第一节 技术性贸易壁垒的概念辨析

一 技术性贸易壁垒与技术性贸易措施

技术性贸易壁垒与技术性贸易措施并非同一概念，两者的名称源于早年的翻译习惯，极易引起混淆。WTO对于技术性贸易措施的对应用词是 Technical Barriers to Trade，早年间中文翻译将其直译为"技术性贸易壁垒"。近年，政府相关部门在工作语言中已统一称之为"技术性贸易措施"。WTO各成员根据《技术性贸易壁垒协定》（Agreement on Technical Barriers to Trade，TBT协定）向WTO进行TBT通报（Notification of Technical Barriers to Trade）的行为，实际上

应被称为"技术性贸易措施通报",而非"技术性贸易壁垒通报"。

因此,在使用技术性贸易壁垒、技术性贸易措施的措辞时,需要仔细辨析,避免混淆。技术性贸易措施属于进口方采取的"技术性"的非关税措施之一(如表1-1所示),发生在"边境后"的进口方境内,主要涉及技术标准、法规、合格评定三方面的内容。根据《TBT协定》,WTO成员所采取的技术性贸易措施不应对国际贸易产生不必要的阻碍。因此,按合规程度区分,技术性贸易措施可分为以下三类:(1)合规且不阻碍国际贸易的措施;(2)合规但实质性阻碍国际贸易的措施;(3)非合规措施,例如明显超越现存国际标准的技术要求。后两类技术性贸易措施符合技术性贸易壁垒的界定条件,即"实质性阻碍国际贸易的""不必要的"技术性贸易措施。尤其值得注意的是,合规但实质性阻碍国际贸易的措施往往具有很强的隐蔽性,表面上宣称"保护环境或人类健康等",本质上则是为了实现限制进口规模、降低进口竞争等目的。因此,亟须对此提高警惕并合理应对。

表1-1　　　　　　　　　进口非关税措施的分类

大类	细分类别	类别内容
技术性的非关税措施	A	卫生与植物检疫措施
	B	技术性贸易措施
	C	装运前检查和其他手续
非技术性的非关税措施	D	临时贸易保护措施
	E	非自愿许可、配额、禁止和其他数量控制措施
	F	价格控制措施,包括附加税费
	G	金融措施
	H	影响竞争的措施
	I	贸易相关的投资措施
	J	分销限制
	K	售后服务限制

续表

大类	细分类别	类别内容
非技术性的非关税措施	L	补贴（不包括出口补贴）
	M	政府采购限制
	N	知识产权措施
	O	原产地规则

资料来源：UNCTAD TRAINS, "The Global Database on Non-Tariff Measures User Guide (2017, Version 2)", https：//unctad.org/webflyer/unctad-trains-global-database-non-tariff-measures。

在实际数据使用方面，TBT通报也不适宜作为衡量对华技术性贸易壁垒的准确指标，而需结合特别贸易关注（Special Trade Concern, STC）案例数据一起使用。受WTO《TBT协定》约束，WTO成员向秘书处报告的TBT通报必须接受其他成员的审议，其他成员在规定时间内以书面形式提出意见，并可对存在异议、质疑或反对的TBT通报提出STC提案，后提交TBT委员会会议进行磋商讨论。被其他成员提出STC的进口方有义务对于相关措施和制度的内容及其设置原因进行解释，但并无义务对实际实施内容进行修改。

由于目前国际上对"实质性阻碍贸易"的认定尚无统一标准，国际研究机构和前沿学者采用的识别双边技术性贸易壁垒关系的主要方法建立在WTO的"TBT通报-STC提案"运行机制之上，即将成员乙基于成员甲所提出的TBT通报而提出STC提案的情况，视作甲的不必要措施对于乙构成了技术性贸易壁垒[①]。然而，在现实中，

---

① Kamal, Yasmine and Chahir Zaki, "How Do Technical Barriers to Trade Affect Exports? Evidence from Egyptian Firm-Level Data", *Journal of Economic Integration*, Vol. 33, No. 4, 2018, pp. 659 – 721; Singh, Rahul and Rupa Chanda, "Technical Regulations, Intermediate Inputs, and Performance of Firms: Evidence from India", *Journal of International Economics*, Vol. 128, 2021, No. 103412; Navaretti, Giorgio B., Lionel Fontagné, Gianluca Oreficce, Giovanni Pica and Anna C. Rosso, "TBTs, Firm Organization and Labour Structure", *CESifo Working Paper* No. 8494, 2020, https://ssrn.com/abstract=3676100.

WTO成员可能未及时就现存或拟实施的技术标准、技术法规、合格评定程序向WTO秘书处通报，因此TBT通报与技术性贸易壁垒存在交叉关系（如图1-1所示）[①]。其中，灰色部分代表技术性贸易壁垒，包括大多数"TBT通报-STC提案"的情况（区域C）以及少数基于对方成员没有及时履行通报义务的情况（区域D）。此外，在现实中，STC可能涉及多项TBT通报所覆盖的产品类别，也可能只针对某项TBT通报所涉及的众多产品类别中的一部分。

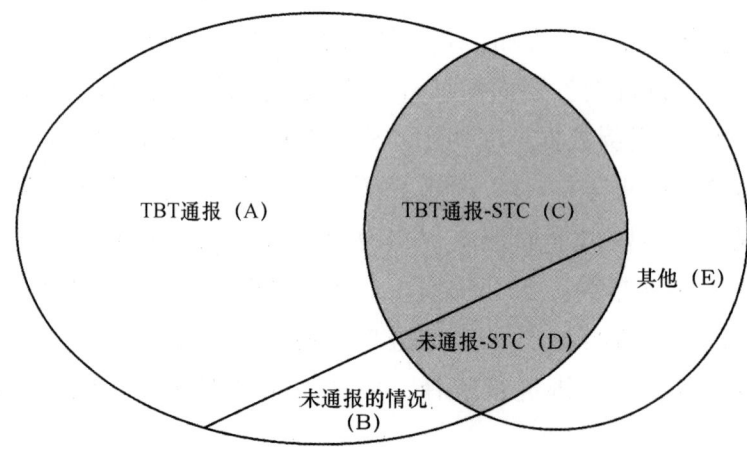

图1-1 技术性贸易措施通报与技术性贸易壁垒的关系

注：虽然WTO成员有义务通报其将采取的技术性贸易措施，但是有些国别的通报行为有所滞后，因此在少数情况中，其他WTO成员先发现了该成员采取的某项技术性贸易措施，认为可能阻碍贸易故提出STC（即区域D），而该国随后再应其他WTO成员的意见，对该措施予以补充通报。

资料来源：笔者绘制。

---

① 图1-1中的主要区域含义如下：被技术性贸易措施覆盖的产品（区域A、B、C、D总和）；被特别贸易关注覆盖的产品（区域C、D、E总和）；在被技术性贸易措施覆盖的产品之中，技术性贸易措施已经以TBT通报形式上报WTO的情况（区域A、C总和）；在被技术性贸易措施覆盖的产品之中，技术性贸易措施尚未被成员以TBT通报形式上报WTO的情况（区域B、D总和）；成员实施的其他措施被WTO其他成员提出特别贸易关注的情况（区域E）。

简言之，技术性贸易措施应当是"非歧视性"的，同时适用于经济体从外部市场进口和内部自身生产的产品。相比之下，技术性贸易壁垒则带有"实质性阻碍贸易"和"不必要"的限定条件，通过STC信息可以帮助识别该条件。基于对上述概念和指标的区分与理解，在研究中，应把中国基于WTO其他成员已通报或未及时通报的技术标准、技术法规、合格评定程序提出STC的情况视为相关成员实施了对华技术性贸易壁垒。从现实情况而言，中国对于其他WTO成员未通报技术标准、技术法规、合格评定程序提出STC的情况较为少见，即对华技术性贸易壁垒大多来自图1-1中区域C的所属情况，这也是本书在后续章节中开展对华技术性贸易壁垒相关定量分析的识别标准。

此外，需要注意的是，针对技术性贸易措施的国际间协调是高标准自由贸易协定的重要内容之一，但对于以贸易保护主义为意图的对华技术性贸易壁垒的约束作用较为有限。第一，国际上大多数双边自由贸易协定关于技术性贸易措施的内容遵循以下三种方式：（1）简单重申WTO框架下的权利和义务；（2）在不超越WTO框架内容的前提下对具体产品实行贸易便利化或市场准入安排；（3）做出超越WTO框架内容的具体安排。然而，中国已签署的大部分双边自由贸易协定主要遵循第一种和第二种方式，即以WTO框架内容来明确缔约方在技术性贸易措施方面的权利和义务，并充分强调交流合作的重要性。相比之下，采用第三种方式的情况较少，例如在《中国—新西兰自由贸易协定》中，双方明确了对电子电器产品及其部件进行合格评定的内容。第二，在涉及多个成员的区域性自由贸易协定中，超越WTO框架约束内容的技术性贸易措施条款的确有助于降低因客观技术标准、技术法规、合格评定程序不一致而带来的协调成本，但对于贸易伙伴出于贸易保护主义意图所设置的技术性贸易壁垒的约束作用不大。例如，以东盟经济体为主体的《区域全面经济伙伴关系协定》（Regional Comprehensive Economic Partnership，RCEP）在技术性贸易措施方面作出了高于WTO框架约束内容的安排,包括"鼓励信息交流与合作""建立风险分析机制""推动成员国标准向国际标准统一"等。但是,中国与贸易伙伴在特定国际市场的客观竞争现状并未因贸易自由化协定的存在而发生根本性转变,竞争者在相关领域设置超越国际标准且非合规的对华技术性贸易壁垒的可能性依然存在,且形式将更加隐蔽。

二 技术性贸易措施与动植物卫生检疫措施

卫生与植物卫生检疫壁垒（Sanitary and Phytosanitary Measures, SPS），又称动植物检疫措施。其定义源自 WTO《卫生与植物检疫措施协定（SPS Agreement）》，侧重与国际贸易中涉及动植物检疫方面的非关税措施。WTO 对 SPS 和 TBT 都进行了非歧视原则的规定，WTO 成员有义务在采取 TBT 或 SPS 措施之前向 WTO 提前通报。SPS 主要限制于食品安全、动物安全和植物安全领域，而 TBT 的覆盖范围更大。例如，水果或动植物产品的防虫害、防有毒化学成分的措施属于 SPS 的管辖范围，但是产品标签标注无毒害、产品等级、技术参数信息的措施属于 TBT 的管辖范围。

三 技术性贸易措施与反倾销措施

反倾销措施（Anti-Dumping, AD）也是非关税壁垒的表现形式之一，具体指当某一经济体认为进口商品价格过低，在本国市场内对本国产品造成了不正当竞争的损害（倾销）时，对于价格过低的进口产品所采取的征收附加税等形式的贸易措施。根据 WTO《反倾销协议》规定，只有同时满足以下三个条件时，成员才可以实施反倾销措施：第一，存在倾销事实；第二，这一倾销事实导致了国内市场的相关产品或竞争受到实质性的损害、威胁或阻碍；第三，倾销事实和损害事实之间存在因果关系。根据以上定义，反倾销措施属于侧重于影响贸易价格的非关税措施。

技术性贸易措施的侧重点比反倾销措施更加广泛，笔者将两者的区别从贸易伙伴、表现形式、措施侧重点、产品覆盖、作用五个方面进行了归纳（如表1-2所示）。总体来看，技术性贸易措施和反倾销措施的侧重点和效应并不相同。技术性贸易措施实施的限制主要以影响贸易成本的方式（如检测成本）影响贸易产品的数量、价格及价值；而反倾销措施则明确规定了价格要求。从出口企业的应对角度来看，若在反倾销措施下决定继续出口，企业只需要调整价格设定，对于生产并不产生直接影响；但是若在技术性贸易措施下决定继续出口，轻则需要耗费时间成本或资金成本，重则需要重新投入生产设计，不仅可能产生明显的出口调整时滞，在生产技术完全无法满足进口国的技术标准要求时，只能选择寻找新的出口市场或退出原有的出口市场。所以，从本质上来说，进口国的技术性贸易壁垒更加容易引发出口国的贸易偏转现象。

表1-2　　　　　　　技术性贸易措施和反倾销措施的区别

差异	反倾销措施（AD）	技术性贸易措施（TBT）
贸易伙伴范围	针对某一贸易伙伴	适用于所有WTO成员及施加国的本国企业（但有其他WTO提出STC，即形成技术性贸易壁垒时，一定程度上反映了受影响经济体的担忧或反对态度）
主要表现形式	明显	有时具有隐蔽性（例如某些要求对于特定国家难以达到）
措施侧重点	产品价格	边境后市场标准（从技术参数或要求入手影响产品质量、价格等多方面），内容涉及增加技术指标、更新标签规范、增加实验室测试次数等
产品覆盖范围	钢铁、化工产品等	纺织服装、电子产品、仿制珠宝、打火机、玩具、轮胎等
主要作用	直接调整产品价格	产品重新设计、标签更新、增加实验室测试等生产固定成本和可变成本的增加

资料来源：笔者整理归纳。

第二节 技术性贸易措施与特别贸易关注的制度背景

一 技术性贸易措施的历史沿革与发展概况

（一）技术性贸易措施的历史背景

WTO 及其前身关税及贸易总协定（General Agreement on Tariffs and Trade，GATT），建立在一个共识上——多边贸易体系的建立是有助于国际互利的。WTO 体系是通过在关贸总协定下的一系列贸易谈判回合而发展建立起来的。第一轮谈判主要涉及关税的削减，但后来的谈判扩展到了其他领域，非关税措施就是其中重要的议题之一。总体来看，WTO 协议涵盖商品、服务和知识产权，并阐明了自由化原则和允许的例外情况，此外还规定了解决争端的程序。WTO 为成员国间就多边贸易关系进行谈判提供了一个交流协商的平台，并且制定了指导国际贸易行为的规则。具体来看，1986 年至 1994 年的乌拉圭回合后，WTO 的成立使一些涉及非关税措施和其他领域的新协定生效，《TBT 协定》就是其中之一。《TBT 协定》的涵盖内容与消费者生活和制造商的生产息息相关，例如食品标签、能效标准等都是非常典型的例子。

各经济体的政策制定者可以通过单边、双边或多边的方式和各种方法来实现其政策目标，并由此解决跨市场的监管分歧所带来的贸易成本。国际组织为各国政府参与国际法规合作提供了一个交流的平台。WTO 通过两种重要途径在支持成员的国际合作方面发挥了重要作用。第一，WTO 为其 164 个成员之间的贸易关系提供了一个多边框架，以确保贸易尽可能顺利、可预见和自由地进行。更重要的是，WTO 为成员提供了以下方面的交流平台：（1）贸易协定谈判；（2）现有贸易协定的执行、管理和运作；（3）与贸易有关的能力建设；（4）争端解决制度。第二，WTO 协议规定了重要的法律规范，其实施有利于促进成员的良好监管实践和国际法规合作，目的是减少不必要的贸易壁垒。《TBT 协定》就是反映这一目标的重要实践——它规定了 WTO 成员为促进国际货物贸易的进行而在制定、采用和实施技术法规、合格评定程序和标准方面的义务。《TBT 协定》通过为可能产生重大贸易影响的拟议监管措施设定通报的要求，为促进贸易合作提供了一个独特的多边透明框架。此外，有关外国合格评定结果的等价性和认可的原则（即国际互认）有助于确保当不同市场的法规不同时，贸易商不会面临重复的要求或程序，这有助于减少因监管措施的多样性而带来的不必要的贸易成本。

在现实中，技术法规和标准在不同的国家内往往有着不同的形式，如果不同市场内的标准被任意设定，则其很可能成为保护主义的借口，成为贸易的障碍，使得生产者和出口商们无所适从。然而，从保护环境、维护国家安全、提高产品信息透明度等角度来看，标准和技术法规的存在使得贸易产品及其形式更加规范。因此，出现了一个重要的问题：如何确保标准真正有用，而不是成为武断的决策或贸易保护主义的借口。在这样的需求背景下，《TBT 协定》试图以 WTO 协议的形式来规避以法规、标准、测试和认证程序等形式呈现的技术性贸易措施变成贸易障碍的情况。该协定还为各国政府和非政府组织或行业机构制定、采用和适用自愿标准制定了一套良好做法准则，并有超过 200 个标准制定机构适用该准则。根据这一准则，标准的制定必须符合公平公正的原则；该协议还鼓励各国相互承认产品标准及其评定程序，如果没有实现互认，则相应产品大概率情况下需要经过两次测试，即首先由出口方测试，再由进口方测试，结论一致时方为符合标准。为了方便制造商和出口商了解其目标市场的最新标准和信息，所有 WTO 成员都被要求建立经济体内的咨询点，并通过 WTO 平台通报拟采取的、会对贸易产生重大影响的技术性贸易措施。基于这些 TBT 通报，TBT 委员会会议是各成员交流相关议题及措施实施的主要场所。

（二）技术性贸易措施的发展沿革与现状

实际上，在早期，WTO 内部围绕《TBT 协定》中所提到的"相关国际标准"的性质存在着一些激烈的争论，这种争论表现在 TBT 委员会的工作、谈判和争端解决方面。为了提供更多实用的原则性指导，2000 年，TBT 委员会就制定国际标准的原则作出了决定，发布了关于《TBT 协定》第 2 条、第 5 条和附件 3 的指南和建议——鼓励国际标准制定机构在拟订国际标准、指导和建议时遵守一套原则和程序，以确保：（1）透明；（2）公开；（3）公正和协商一致；（4）具有有效性和相关性；（5）一致性；（6）其他与发展相关的内容。根据这些原则而制定的标准更有可能被视为《TBT 协定》所承认的"相关国际标准"。这些原则还被用来指导在 WTO 争端解决框架内对协定中某些技术术语和概念的理解。这一对于《TBT 协定》和国际标准的关系进行解释的决定具有以下几个重要作用：

第一，有助于提高技术要求信息透明度。如果一个成员选择不使用国际标准，而且该措施可能产生重大的贸易影响，则必须向 WTO 做出通报，并且出于国际标准协调的义务，成员必须对采取相关技术性贸易措施的理由进行解释。这一程序的规定是为了对那些偏离国际标准的措施实施更严格的审查。尽管在实践中，WTO 鼓励成员通报技术性贸易措施，即便这些措施是基于、符合或实质上与国际标准相同，因为通报有利于别的成员了解相关技术要求。

第二，有助于鼓励使用国际标准。因为《TBT 协定》为与国际标准相协调的措施提供了"安全港"。当技术性贸易壁垒措施符合有关国际标准时，可以强调这些措施不会对国际贸易造成不必要的障碍（即假定这些措施对贸易的限制不会超过必要的程度），从而进一步鼓励使用国际标准。这种额外的激励进一步促进了国际法规合作的可能。

第三，有助于鼓励成员参与和 TBT 相关的国际标准制定。为了确保国际标准适用于所有成员，作为协调的基础，这些协定还要求各成员在其资源范围内参与国际标准的拟订和通过。

在始于1995年的早期会议上,成员们只是简单地发言,讨论他们的产业在遭遇各种贸易伙伴的TBT方面所面临的问题。有时候,被提到的相关成员会作出反应,但也可能不会作出任何反应。随着时间的推移,成员间关于TBT的交流变得更加结构化,逐渐改为按具体问题或者具体案例进行组织讨论。TBT委员会在2009年通过了指导方针,以便更好地组织和提高STC讨论的效率,例如将STC讨论列入会议议程并规定具体程序和可供讨论的最后期限,并规定成员提出STC的步骤和提供资料的要求等。

从发展趋势上看,近年来,技术性贸易措施和技术性贸易壁垒的数量都呈现明显增加态势。一方面,技术性贸易措施在国际贸易中的出现频率明显增加,WTO成员发布新增常规TBT通报[①]的数量从1995年的365项增加到2021年的2584项(如图1-2所示),其目标涉及保护人类健康和安全、保护环境、避免欺诈行为和保证产品质量等内容(如图1-3所示)。另一方面,WTO成员基于技术性贸易措施或相关技术法规领域提出的STC数量从1995年的4项增加到2021年的64项,其中2021年有16项以中国为STC的提出方,占总数的1/4(如图1-2所示),即中国认为相关贸易伙伴的技术性贸易措施或技术法规对中国出口可能或已经造成潜在或实质性的阻碍作用。

总体而言,技术性贸易措施作为非关税壁垒的表现形式之一,其重要性日益上升。*Key Statistics and Trends in Trade Policy* 2016指出,技术性贸易措施在2015年就已经影响了世界范围内70%的贸易活动[②]。

[①] 常规TBT通报:WTO数据库中的TBT通报分为常规通报、附录,以及对以往通报的勘误和修订。这里是指常规通报,即不计附录和对已有通报的勘误及修订。

[②] UNCTAD, *Key Statistics and Trends in Trade Policy* 2016, http://unctad.org/en/PublicationsLibrary/ditctab2016d2_en.pdf.

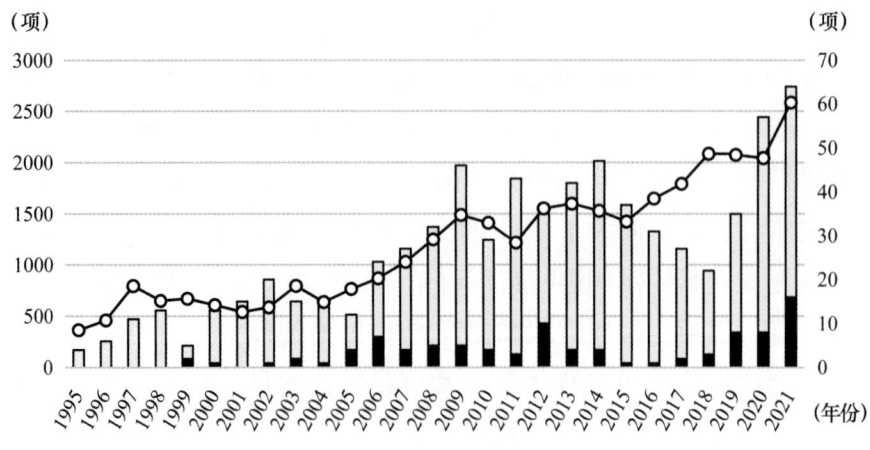

图 1-2 世界新增常规 TBT 通报与 STC 数量情况（1995—2021 年）

注：STC 全称为 Special Trade Concern（特别贸易关注）。WTO 成员可通过提出特别贸易关注提案的形式对其他成员不合理措施提出质疑。

资料来源：WTO-TBT 通报数据库，笔者绘制。

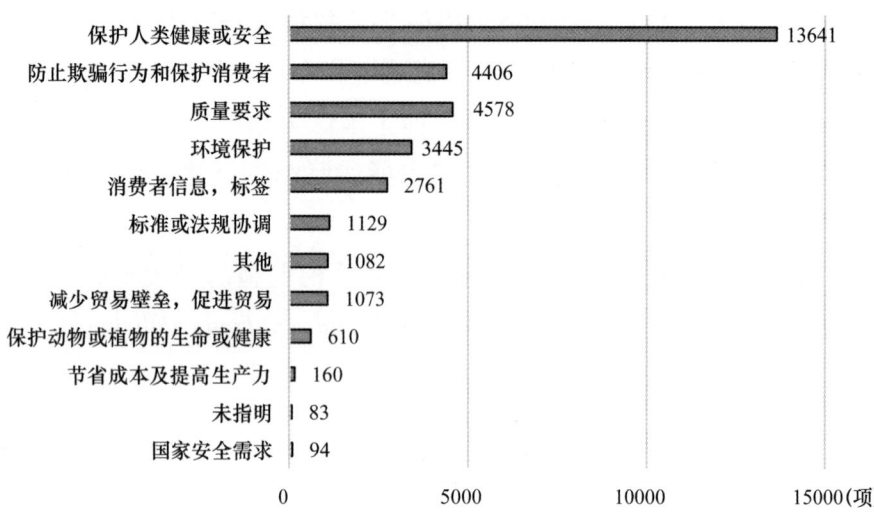

图 1-3 WTO 成员设置 TBT 的目的（1995—2021 年）

资料来源：WTO-TBT 通报数据库，笔者绘制。

（三）技术性贸易措施发展的新动向

从技术性贸易措施的信息传递方式来看，随着信息科技技术的发展，出现了及时化、电子化的新特点。随着信息科技和计算机技术的发展，联合国经济和社会事务部（United Nations Department of Economic and Social Affairs，UNDESA）和国际贸易中心（International Trade Centre，ITC）合作开发了免费的公共在线工具"ePing"，这一信息系统可以帮助各利益相关方跟踪 TBT 信息并给予及时通知。"ePing"可协助出口商，特别是中小型企业更容易获取有关出口目的地的技术性贸易规定。"ePing"有助于提高利益相关者对 TBT 及其相关监管政策发展的认识，并予以支持协调。一旦用户用的过滤偏好在"ePing"上注册，当符合他们兴趣偏好的产品或市场的 TBT 信息通知出现时，用户就会收到电子邮件提醒。此外，该平台还可以作为一个交流平台，交流与 TBT 通报相关的评议和其他文档（如翻译后的文件）。WTO 成员官方指定的 TBT 通报咨询点也被要求使用"ePing"系统，以便与国内企业、行业协会等利益相关方进行沟通，并与其他国家的通报咨询点进行联系。自 2016 年 11 月推出以来，2019 年 4 月至 2021 年初，"ePing"的用户已超过 14000 人[①]，其中约一半来自私营部门。然而，为了充分使得"ePing"系统发挥作用，需要在国内层面采取一些行动，例如进一步建设 TBT 通报咨询点及加强政府及私营机构的相关人士对所 TBT 信息的理解和反应能力等。

二　技术性贸易措施与特别贸易关注提案的实施流程

WTO 成员在什么情况下需要提出技术性贸易措施通报呢？根据 WTO 发布的《关于通报要求的技术合作手册》（*Technical Cooperation Handbook on Notification Requirements*），需要满足以下三个条件：

[①] 数据来自湖南省质量和标准化研究院（http：//www.hntbt.org.cn/xwsd/2021/617390118.html）。

(1) 应用于 WTO 成员起草的技术法规或合格评定程序；(2) 所起草的技术法规或合格评定程序没有相关的国际标准，或者具体的技术含量要求与相关国际标准要求不同；(3) 这项措施可能对贸易产生重大影响。当 WTO 成员所拟采取的技术性贸易措施满足以上三个条件时，就必须向 WTO 进行通报。WTO 所建议的通报时间为相关技术性贸易措施的早期阶段，因为在通报之后仍可对于相关措施提出修正案，并在考虑 WTO 其他成员评议意见后仍可继续修正。一般来说，从向 WTO 其他成员通报到停止各成员的评议，这一对于通报的合理反馈时间间隔最短为 60 天左右；而在确认采用相关措施后，措施的公布到措施的实行的过渡期时间间隔最短应为 6 个月左右（见图 1-4）。

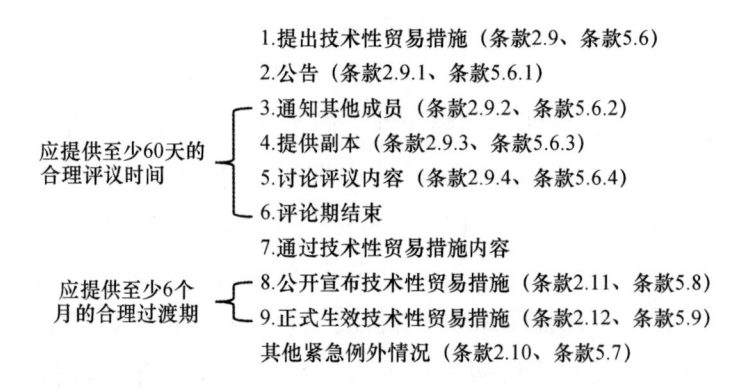

应提供至少60天的合理评议时间：
1. 提出技术性贸易措施（条款2.9、条款5.6）
2. 公告（条款2.9.1、条款5.6.1）
3. 通知其他成员（条款2.9.2、条款5.6.2）
4. 提供副本（条款2.9.3、条款5.6.3）
5. 讨论评议内容（条款2.9.4、条款5.6.4）
6. 评论期结束
7. 通过技术性贸易措施内容

应提供至少6个月的合理过渡期：
8. 公开宣布技术性贸易措施（条款2.11、条款5.8）
9. 正式生效技术性贸易措施（条款2.12、条款5.9）

其他紧急例外情况（条款2.10、条款5.7）

图 1-4　WTO 关于 TBT 通报的实施流程

资料来源：笔者整理自 WTO 秘书处 TBT Enquiry Point Guide。

这些通知应通过 WTO 的 TBT 通报提交系统（Notification Submission System, NSS）发送，这是 WTO 秘书处为成员开发的工具之一。该系统使得提出 TBT 通报的成员（在大多数情况下来自各成员设立的通报咨询点）在向 WTO 提交 TBT 通报之前，能够编制一份在线通报的草稿，供所有相关人士共享及编辑，使得直接参与草拟 TBT 通报的人士能够更有效地撰写通报内容。一旦准备就绪，信息服务中心便会把通报内容送交至 WTO 中央通报注册处（Central Registry of Notifications，CRN），该处会（平均来说）在两天内把通报内容送交至所有 WTO 成员。各通报咨询点可联络 WTO 秘书处，索取其账户资料（tbtnss@ wto. org），或以电子邮件的形式发送至中央通报注册处（crn@ wto. org）。但是，处理通过电子邮件提交的 TBT 通报的时间要更久一些。TBT 通报的格式在各成员掌握的 TBT 透明工具包（TBT Transparency Toolkit）中列明。所有 WTO 成员已经提出的 TBT 通报都可以在 TBT – IMS 系统中被查询到。

　　为了支持《TBT 协定》的实施和运作，TBT 委员会提供了一个用于协商交流的 TBT 论坛，让各成员伙伴相互了解彼此的监管制度，讨论影响国际贸易的法规草案和已实施的法规，并进行双边和多边合作，来减少贸易法规的不必要约束。作为 TBT 通报程序的一部分，WTO 成员必须向其他成员开放其相关技术标准或规章的草案，必须为其他成员对草案提出意见提供合理的时间；WTO 成员必须讨论并考虑这些意见。交换意见往往是合作进程的开始，这种有针对性的互动有利于帮助受影响的成员和利益相关方能够更好地理解拟议的措施；有利于帮助措施提出者改善措施的合理性或实施质量；有利于通过政府渠道开展双边工作，讨论并达成相关贸易协定，促进对措施草案的调整或澄清，并在可能的情况下避免今后出现监管分歧。TBT 委员会建议对 TBT 通报所涉及的技术性贸易措施至少留存 60 天的评议期，在可能的情况下，提供 90 天的评议期，以使 WTO 的发展中成员能够有充分的时间提交评议意见。虽然意见和答复的交流通常在成员之间进行，但私营部门和其他利益攸关方可以向其政府代表提出意见、建议或要求。虽然 TBT 委员会建议成员对于收到的其他成员评议及答复进行一定程度的公开，但是 WTO 实际上并未统一组织或强制规定信息公开。

　　此外，当某一 WTO 成员遇到其他成员通报的可能对贸易造成不必要障碍的技术性措施草案时，该成员可以通过 STC 提出异议或要求相关成员予以解释。STC 是 WTO 成员对贸易伙伴的 TBT 进行"同行评议"的一种形式。这种做法有助于成员在特定的审议环境中学习彼此的技术要求、标准、法规或合格评定政策。提出 STC 的行为并不是一种法律程序，而是一种增强技术相关措施的透明度的做法。在这项工作中，成员们以建设性的方式表达对相关措施的关注，帮助彼此提高对相关措施的认识，甚至施加压力以要求所有涉及的有关方面（不仅仅是 TBT 通报方）提供有用的澄清和补充资料。实际上，STC 的提出为 TBT 通报方和受重大影响方的进一步协商合作创造了一个新的机会，当某一成员拟在 TBT 会议上提出一个新的 STC 时，WTO 秘书会将这一新事项列入其议程，并在会议两周前提醒相关 TBT 通报方，以便相关成员有时间准备答复。从质疑的技术性贸易措施内容来看，大约有 20% 的通报和 30% 的 STC 是关于质疑技术性贸易措施所涉产品标签要求不合理的。尤其值得注意的是，"属于不必要的贸易壁垒"是 STC 被提出的主要原因之一，也有的 STC 直接列明了提出异议方认为进口方的技术性贸易措施属于"歧视"（如图 1-5 所示）。

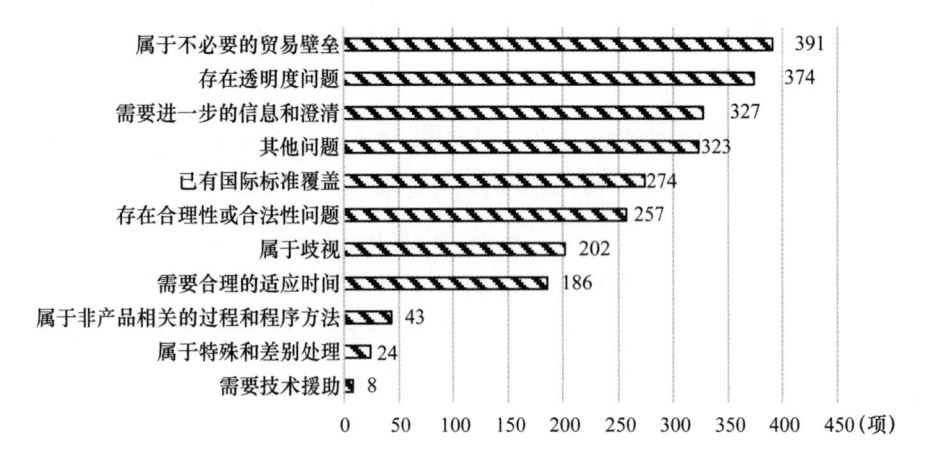

理由	数量
属于不必要的贸易壁垒	391
存在透明度问题	374
需要进一步的信息和澄清	327
其他问题	323
已有国际标准覆盖	274
存在合理性或合法性问题	257
属于歧视	202
需要合理的适应时间	186
属于非产品相关的过程和程序方法	43
属于特殊和差别处理	24
需要技术援助	8

图 1-5　WTO 成员提出特别贸易关注的理由（1995—2021 年）

资料来源：WTO-TBT 通报数据库，笔者绘制。

从提出 STC 的成员经济发展程度看，发展中经济体的声音逐渐增强，增加了其在 TBT 委员会中提出 STC 的行为。2018 年，在 22 个 STC 中，发展中经济体提出了 5 个，发达经济体提出了 9 个，发展中经济体和发达经济体共同提出的有 8 个，最不发达经济体成员一个也没有提出（如图 1-6 所示）。

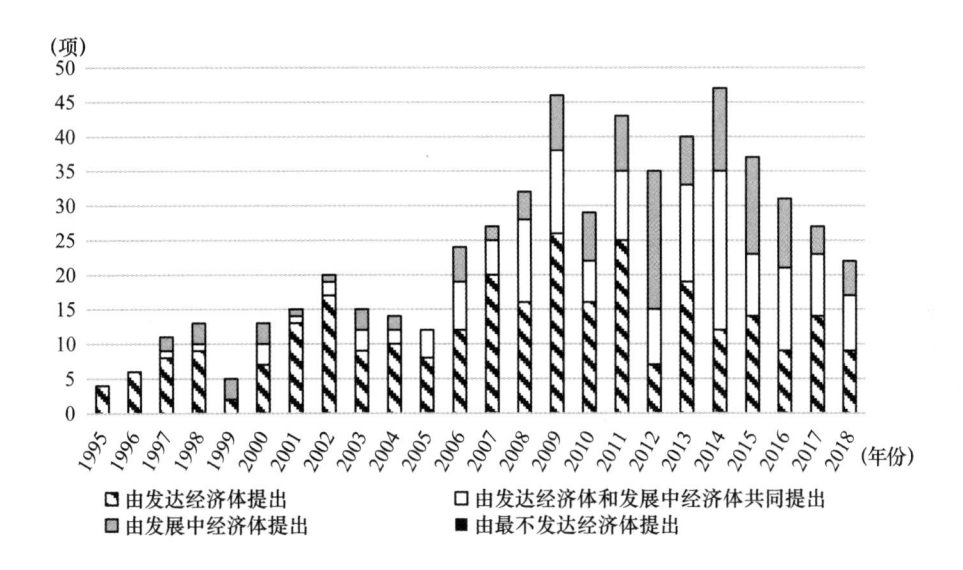

图 1-6　按经济发展程度区分 WTO 成员提出的 STC 数量（1995—2018 年）

资料来源：Twenty-Fourth Annual Review of the Implementation and Operation of the TBT Agreement, G/TBT/42，笔者绘制。

此外，TBT 通报方和受重大影响方可在 TBT 委员会会议期间举行双边会议，这一双边协商可以在 STC 讨论之前举行。这就为双边讨论协商取得实质性进展提供了空间，在这种情况下，有关成员可以申请将 STC 从委员会会议议程中取消。2015—2017 年，TBT 委员会的九次会议中一共取消了 27 项 STC 议程，平均每次会议取消 3 项，这大约占每次会议所需讨论 STC 案例总数的 5%。总体来看，自 1995 年以来 TBT 委员会会议上讨论的所有 STC 中有 83% 在随后的两年内（即在委员会的连续六次会议期间内）没有被再次提出。虽然这些数字并不一定表明 STC 已经被解决，但一定程度上说明预先的双边协商以及其他形式的协商为利益相关方解决贸易壁垒障碍带来了积极的作用。从数据上来看，TBT 委员会的 67 名成员（占 WTO 成员总数的 41%）都在 1995—2018 年至少提出了一项 STC。某些成员对其他成员的 TBT 提出 STC 的行为十分积极，例如欧盟和美国，这两大经济体在 TBT 委员会中提出 STC 数量是最多的（如图 1-7 所示）。

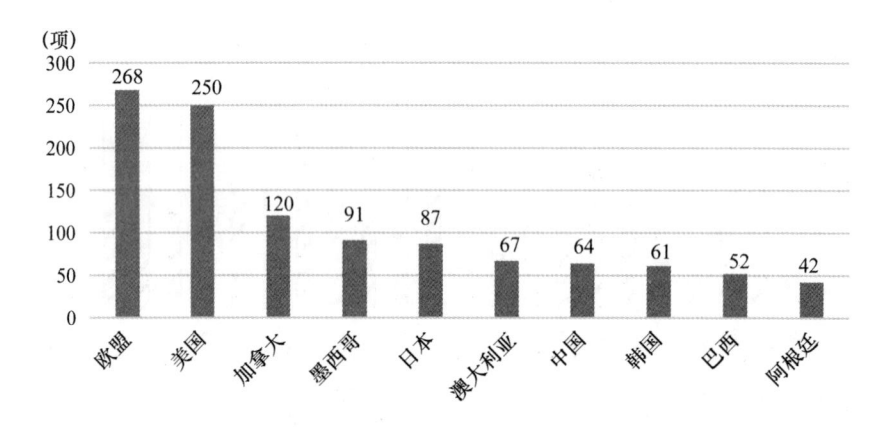

图 1-7　基于其他成员 TBT 提出 STC 数量最多的成员（1995—2018 年）

资料来源：Twenty-Fourth Annual Review of the Implementation and Operation of the TBT Agreement, G/TBT/42, 笔者绘制。

另外值得指出的一点是，涉及 TBT 的案例有时还能扩展到第三方，这是 WTO 争端解决制度所赋予的特征。WTO 争端解决制度允许除了争端双方之外的第三方 WTO 成员的参与，这些成员不是争端的当事方，但可能对程序中的争议事项有兴趣。在初期阶段，只要满足某些条件，成员可以要求参加协商，并参加双方的讨论。如果协商未能解决争端，并成立了专家组，则在专家组设立之前对该事项具有"重大利益"的成员可以将其利益通知 WTO 争端解决实体（Dispute Settlement Bod, DSB），并作为第三方参与诉讼程序。作为第三方参与的成员可能在该事项中拥有贸易利益（例如，因受到 TBT 措施的影响而受益的第三方成员）。根据相关规定，第三方享有某些有限的权利,即听取小组的意见、向小组提交书面意见和在小组第一次会议上接收各方的意见的权利。在某些情况下,小组也可应要求并经与争端各方协商后,给予第三方额外的权利。曾有一起 TBT 争端案件总共吸引了近 40 个第三方成员。在涉及复杂的技术或科学问题的争端中,小组可请专门领域的专家提供资料或技术咨询。尽管 WTO 争端解决机制(Dispute Settlement Understanding, DSU)要求磋商的最短时间为 60 天,但"争端各方通常会给自己留出大量时间"。事实上,在各种情况下,双方已开始进行协商,但未向 WTO 秘书处通报双方商定的解决办法,申诉人也未要求成立专家组,这使我们对这些争端是否得到解决以及如何解决产生了疑问。这也是笔者在本书第七章引入 TBT–STC 案例宣布、生效、适用时点结果的动因。

三 中国应对和使用技术性贸易措施的情况概述

(一) 中国遭受国外技术性贸易措施的情况

中华人民共和国国家质量监督检验检疫总局(以下简称"国家质检总局")对 2016 年分布于全国 31 个省份的 5051 家出口企业进行了随机抽取,以问卷调查的形式了解了国外设置的技术性贸易措施对中国企业出口的影响。其中,34.1% 的出口企业表示国外设置的技术性贸易措施影响了企业的出口,导致了 3265.6 亿元的直接损失。随这一冲击所新增加的成本接近 2047.4 亿元,说明 TBTs 正在对中国对外贸易发展起到重要的影响。以美国市场为例,2006—2015 年中国企业出口美国所遭遇技术性贸易壁垒的损失原因看,除了导致出口前订单丧失以外,到岸之后的货物扣留、销毁、退回和降级处理是损失的主要原因(如图 1–8 所示)。

此外,由于中国的出口企业存在非常典型的城市聚集效应,例如浙江企业是纺织服装产品的主要出口来源地,广东省是电子产品、玩具产品的主要出口来源地,因此外国技术性贸易壁垒对于各省各行业

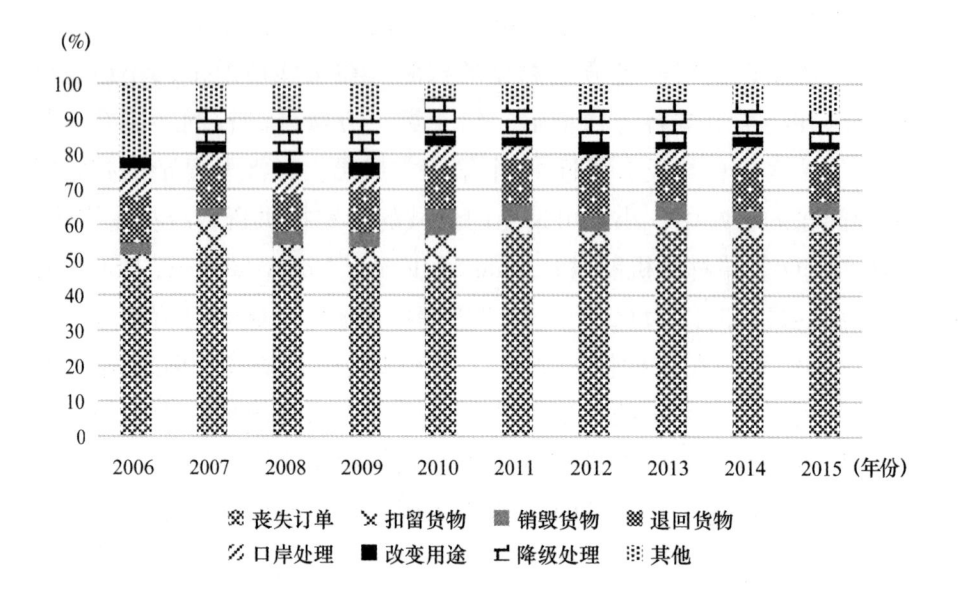

图1-8 出口美国商品遭遇技术性贸易壁垒后的损失原因

资料来源：国家质检总局《中国技术性贸易措施年度报告 2007—2016》，笔者绘制。

的冲击并不相同。然而，相比2006年，对中国各省份来说，2015年技术性贸易壁垒对贸易的影响在各省都大大加强，成为中国各省份企业出口遭遇障碍的主要影响因素（如图1-9所示）。

美国是中国重要的出口市场之一，而中国是受美国技术性贸易措施影响较为严重的国家。最新数据显示，在2017年美国消费品安全委员会（CPSC）公布的280例消费品召回通报中，有142例为中国出口的消费品，占当年召回总数的50.7%，涉及在美国和加拿大境内销售的约1653.8万件产品，价值约18.22亿美元，召回消费品前三大类别为纺织服装、电气设备和玩具产品。同时，中国对美国TBT提出STC异议的案例也的确集中于纺织品（HS章节61/62/63）、机械产品（HS章节84/85）、仿制珠宝（HS章节7117）等，这对于广东、浙江、福建这些制造业集聚效应较强的省份冲击相对较大。

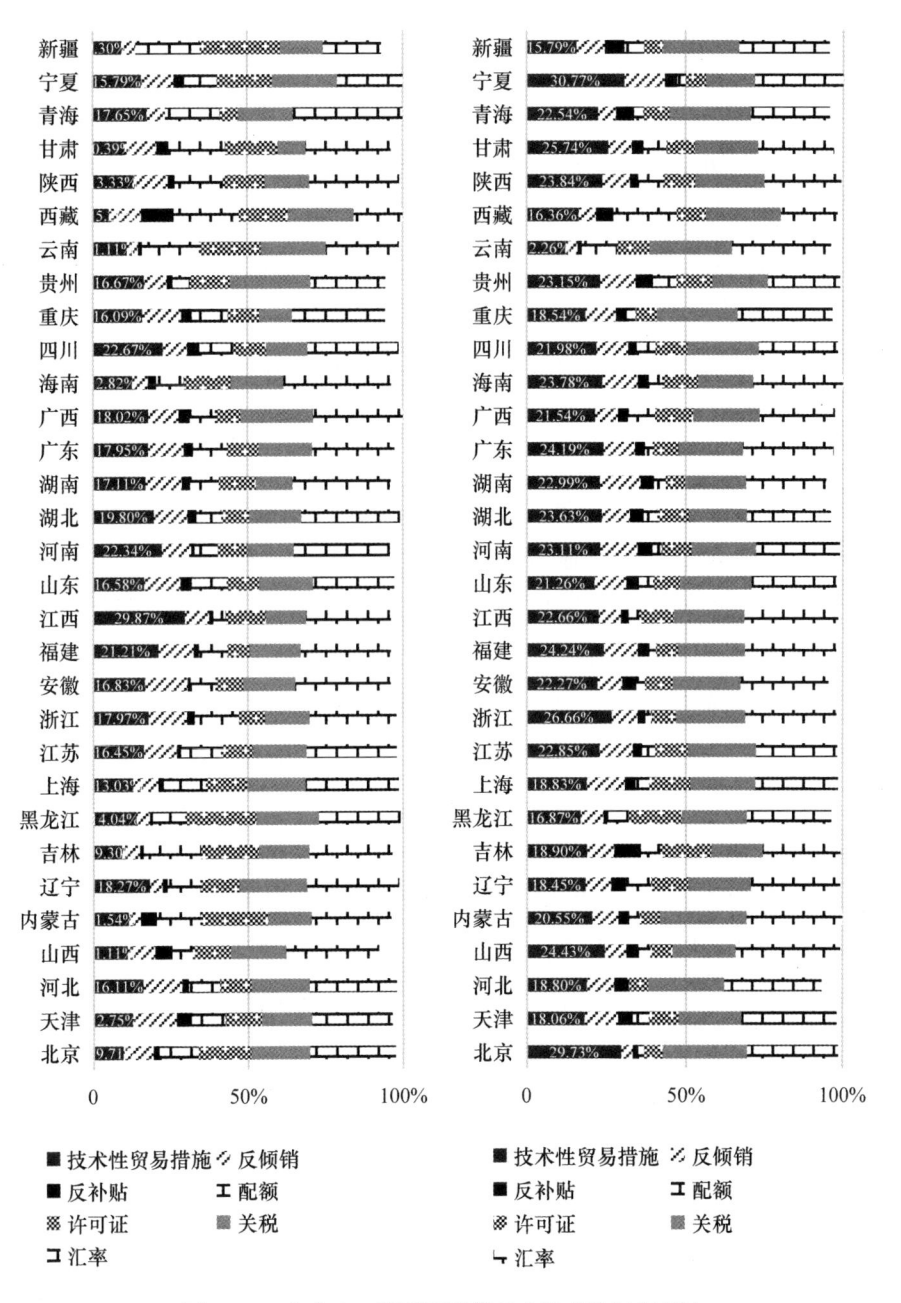

第一章 技术性贸易壁垒的概念辨析、基本情况及重要性分析 21

图1-9 企业出口障碍遭遇数量占比变化时间对比

资料来源：国家质检总局《中国技术性贸易措施年度报告2007—2016》，笔者绘制。

（二）中国对外使用技术性贸易措施的情况

技术贸易措施通报咨询点是WTO成员应《TBT协定》共识而在经济体内部设立的传递TBT信息的重要组织形式。但是，各WTO成员的TBT咨询点的职能并不相同，有些甚至超出《TBT协定》和WTO委员会最初设想的范畴。WTO成员有权决定由谁来操作其询问点，以及如何操作。例如，对WTO相关调查作出回应的大多数成员（80%）表示，其主要通过TBT咨询点向WTO提交TBT通报信息，但也有20%的成员表示并未通过TBT咨询点执行TBT通报程序。因此，虽然各成员在原则上有义务发出TBT通报，也有义务建立至少一个询问点，但在实施方面具有一定灵活性。中国设立的TBT通报点归属国家质检总局的管辖和业务范围，并且通过TBT通报咨询点进行相关技术性贸易措施信息的收集和传递。

当国家标准与相关国际标准的技术内容不一致时，可能会对其他WTO成员或贸易伙伴产生重大影响，而国家标准正是中国对外通报技术贸易措施的最主要来源。因此，有必要了解中国国家标准，特别是强制性标准的背景及其与技术性贸易措施的联系，明晰中国使用技术性贸易措施的运行机制。

国家和行业层面的标准要求一般可以分为强制性标准和自愿性标准两类。《中华人民共和国标准化法（2017修订版）》要求，"对保障人身健康和生命财产安全、国家安全、生态环境安全以及满足经济社会管理基本需要的技术要求，应当制定强制性国家标准。"为实现其他目的而规定的标准，属于自愿性标准。从标准类别与WTO对技术性贸易措施的规定角度来看，强制性标准的监管内容更符合WTO/《TBT协定》中关于技术法规的"合法目标"。中国的强制性国家标准确定后，即根据技术法规类别通知WTO/TBT秘书处。因此，中国强制性标准（Chinese Mandatory Standards, CMS）是贸易伙伴进入中国市场需要符合的重要技术要求标准之一，也是中国对外提出技术性贸易措施通报的重要依据来源。

截至2019年9月，中国共整合和精简了11224项强制性标准，涵盖了强制性的国家标准、行业标准以及地方标准。大多数行业层面和地方层面的强制性标准已经被废除，或者替代转换为自愿性的非强制标准，只有食品安全、工程建设和环境保护方面的标准仍然是强制性的。但强制性国家标准的数量已从3600项减少到2111项。

《国家强制性标准管理办法》是管理中国国家强制性标准的指导性文件，主要从总则、组织管理、程序发展、实施监督审核过程这几个方面规定了中国国家强制性标准的管理体系。在总则章节中，主要界定了文件的宗旨、依据和原则；在组织管理章节，主要明确了标准化行政主管部门、有关行政主管部门和国务院部际联席会议的职责；在程序发展章节中，阐明了提案、起草、征求意见、技术审查、核准和公布五个核心阶段所涉及的主要问题以及相关责任归属；在实施监督和审查章节，明确了相关实施主体及相应责任归属。目前，最新的《国家强制性标准管理办法》已于2020年1月13日由国家市场监管总局（即原国家质检总局）发布，并于2020年6月1日正式生效。

从国家强制性标准与技术性贸易措施的联系来看，2015年至2019年9月，中国共申报强制性国家标准741项，其中TBT通知294项（如表1-3所示），从TBT通报的行业领域来看，主要集中在道路车辆工程，环保、保健和安全，医药卫生技术，农业和能源行业（如图1-10所示）。

表1-3　　　关于中国国家强制性标准的WTO通报案例情况　　　单位：个

年份	TBT	SPS
2015	106	339
2016	29	12
2017	58	9
2018	64	54
2019	37	33
总计	294	447

资料来源：The Status Quo, Reform and Notification of CMS, 2019，笔者绘制。

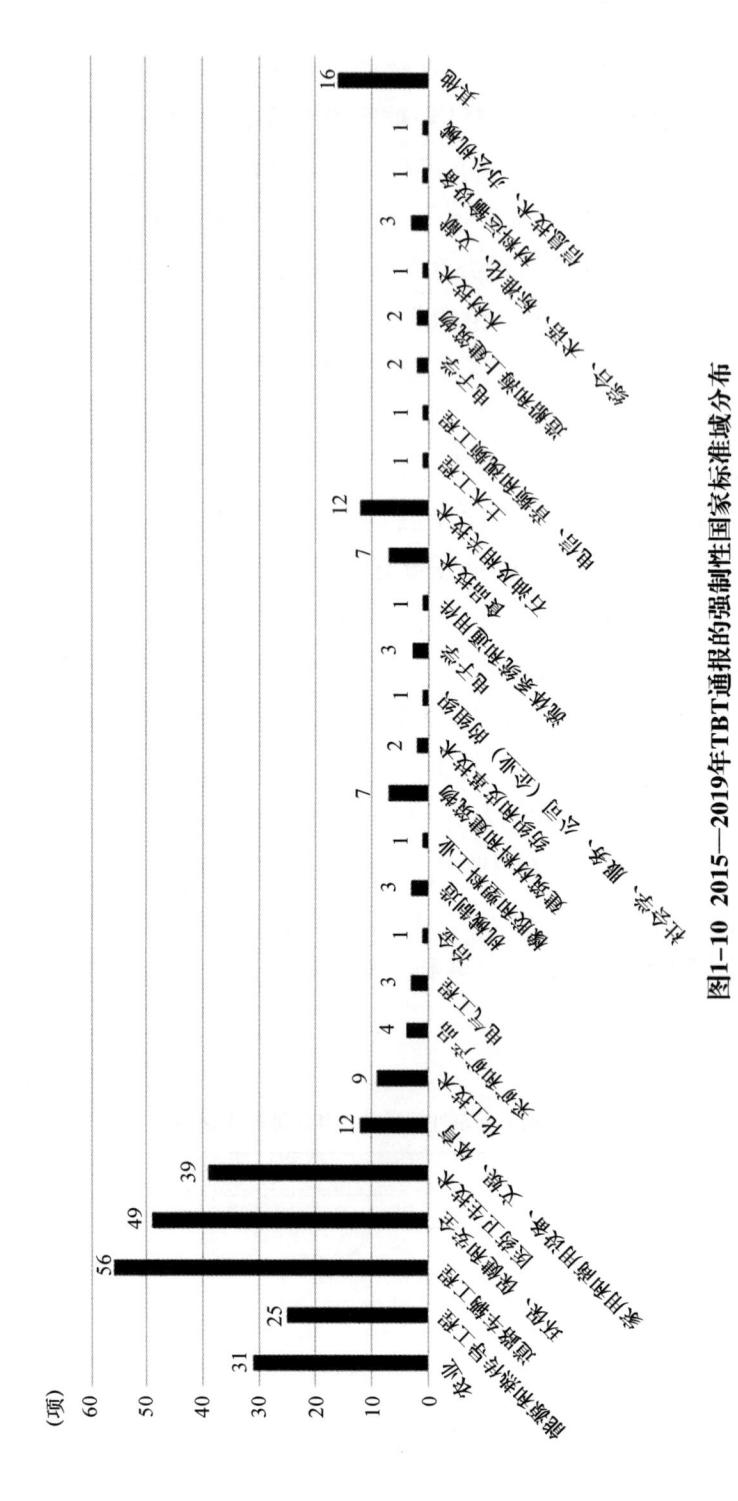

24 技术性贸易壁垒对中国企业出口的影响

图1-10 2015—2019年TBT通报的强制性国家标准领域分布

资料来源：The Status Quo, Reform and Notification of CMS, 2019，笔者绘制。

展望未来，为了提高贸易便利化和标准统一程度，中国将持续深化标准化体制改革，并陆续从以下几个方面展开：

第一，进一步推进强制性标准结构改革。对现行强制性国家标准、行业标准、地方标准进行整合、精简与优化，形成统一的强制性国家标准体系。

第二，进一步明确规定强制性标准的范围。国家强制性标准的制定不应超出个人健康、生命财产安全、国家安全、生态环境等领域，其内容不应超出社会经济管理的基本要求。

第三，进一步优化管理制度。审议并进一步明确国务院、国务院标准化行政主管部门和其他有关部门的任务和职责。

第四，进一步推动标准实施。加强监督检查和行政执法。除采用国际标准外，其他标准均应免费向公众公布，并应制定统计分析报告制度，强制执行国家标准。

第三节 中国遭遇技术性贸易壁垒的特征事实分析

第一，在总体规模和结构方面，1999—2021年对华技术性贸易壁垒数量陆续增加、产品品类覆盖范围不断扩大，来自发达经济体的相关壁垒约占总量的84%，欧盟和美国是对华技术性贸易壁垒的主要来源地（如表1-4所示）。

表1-4　　对华技术性贸易壁垒情况汇总（1999—2021年）

来自发达经济体	来自发展中或转型经济体
欧盟（47次）、美国（28次）、韩国（6次）、日本（3次）、加拿大（2次）、澳大利亚（1次）	印度（8次）、沙特阿拉伯（3次）、埃及（1次）、阿根廷（1次）、巴西（1次）、印度尼西亚（1次）、摩洛哥（1次）

注：数据基于新增STC提出方包含中国的情况计算所得。暂未纳入中国香港地区单独提出STC的情况，因其相关内容不涉及具体产品类别。下列图表均使用这一范畴。

资料来源：WTO-TBT通报数据库和WTO-STC数据库，笔者绘制。

第二，在品类结构方面，对华技术性贸易壁垒既涉及5G通信、电线电缆等技术密集型产品，也涉及玩具、打火机等劳动密集型产品。从图1-11展示的壁垒所涉产品品类结构①变化趋势来看，近五年来，动植物产品和食品所占比例明显减少，化工产品和机械电气制品所占比例逐渐增加，玩具等杂项制品所占比例相对较低，但绝对数量历年较为稳定。

第三，在技术内容方面，以美国与欧盟为代表的发达经济体所设置的对华技术性贸易壁垒呈现集中和效仿的特征。技术性贸易壁垒不同于仅仅针对产品类别的配额、价格限制等手段，它不仅涉及特定品类，而且根据详细的技术标准、技术法规、合格评定程序予以确定。技术性贸易壁垒涉及较多技术细节，以便于识别内容的相似程度。如表1-5所示，1999—2021年，在来自欧盟的47项和美国的28项对华技术性贸易壁垒中，分别有21项和18项壁垒集中于相同的HS4位码品类。对比同一品类所涉壁垒的详细技术要求，发现美国与欧盟设置的对华技术性贸易壁垒在食品添加剂安全、玩具化学成分、家电能效标准等方面的技术要求十分接近。尤其是美国

---

① 参考HS编码国际统一分类，产品大类编号代表的具体品类名称为：第1类 活动物，动物产品；第2类 植物产品；第3类 动、植物油、脂及其分解产品，精制的食用油脂，动、植物蜡；第4类 食品，饮料、酒及醋，烟草、烟草及烟草代用品的制品；第5类 矿产品；第6类 化学工业及其相关工业的产品；第7类 塑料及其制品，橡胶及其制品；第8类 生皮、皮革、毛皮及其制品，鞍具及挽具，旅行用品、手提包及类似容器，动物肠线（蚕胶丝除外）制品；第9类 木及木制品，木炭，软木及软木制品，稻草、秸秆、针茅或其他编结材料制品，篮筐及柳条编织品；第10类 木浆及其他纤维状纤维素浆，纸及纸板的废碎品，纸、纸板及其制品；第11类 纺织原料及纺织制品；第12类 鞋、帽、伞、杖、鞭及其零件，已加工的羽毛及其制品，人造花，人发制品；第13类 石料、石膏、水泥、石棉、云母及类似材料的制品，陶瓷产品，玻璃及其制品；第14类 天然或养殖珍珠、宝石或半宝石、贵金属、包贵金属及其制品，仿首饰，硬币；第15类 贱金属及其制品；第16类 机器、机械器具、电气设备及其零件，录音机及放声机、电视图像、声音的录制和重放设备及其零件、附件；第17类 车辆、航空器、船舶及有关运输设备；第18类 光学、照相、电影、计量、检验、医疗或外科仪器及设备、精密仪器及设备，钟表，乐器，上述物品的零件、附件；第19类 武器、弹药及其零件、附件；第20类 杂项制品。

(项)

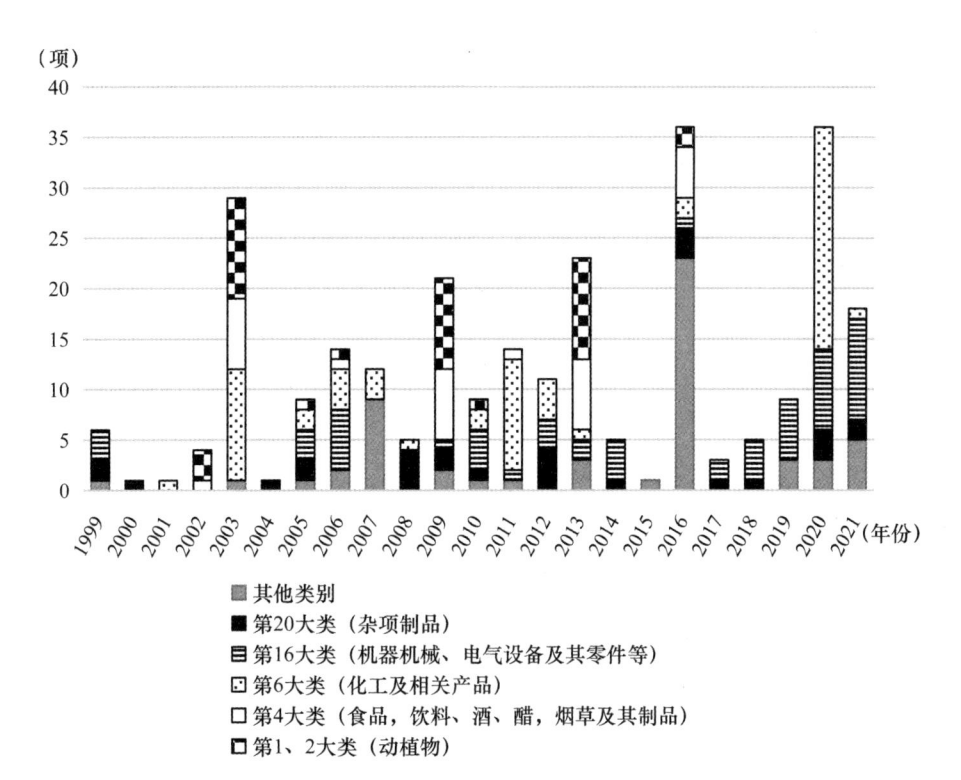

图例：
- 其他类别
- 第20大类（杂项制品）
- 第16大类（机器机械、电气设备及其零件等）
- 第6大类（化工及相关产品）
- 第4大类（食品，饮料、酒、醋，烟草及其制品）
- 第1、2大类（动植物）

图1-11　各类出口产品大类涉及对华技术性贸易壁垒的数量（1999—2021年）

资料来源：WTO-TBT通报数据库和WTO-STC数据库，笔者绘制。

和欧盟先后于2004年和2005年要求对所有价格在2.25美元（或2欧元）以下的进口一次性打火机加装保护儿童装置，[①] 其所涉产品品类、技术内容、价格门槛完全一致，这是效仿行为的最佳例证。

---

① 笔者整理自WTO-STC数据库中相关STC案例及其所涉TBT会议谈判的文本内容。虽然中方屡次提及该约束是"不必要的"，因为减少打火机误伤儿童事件的责任重点应在于加强成年人防止儿童接触打火机的保护行为上，而不在于对某一不适于儿童使用的低成本产品加装高成本的保护装置。然而，美国（MS编号106）和欧盟（MS编号120）最终还是陆续实施了这一壁垒，对中国低成本一次性打火机产品的出口带来极大冲击。

表1-5　　对华技术性贸易壁垒情况汇总（1999—2021年）

HS4位码	产品名称	来自欧盟	来自美国
0910	姜、番红花、姜黄、麝香草、月桂叶、咖喱鸡其他调味香料	147（食品添加剂分类和使用限制）	90（食品注册、预申报、记录与扣留制度）
1211	用作香料、药料、杀虫、杀菌或类似用途的植物等	265（不允许在传统草药产品中使用动物和矿物成分）	90（食品注册、预申报、记录与扣留制度）
2103	调味汁及其制品、混合调味品	147（食品添加剂分类和使用限制）	90（食品注册、预申报、记录与扣留制度）
2106	HS21项下其他编号未列明的食品	147（食品添加剂分类和使用限制）	90（食品注册、预申报、记录与扣留制度）
8414	空气泵或真空泵、空气及其他气体压缩机、风机、风扇等	286（生态设计要求超越国际标准），321（噪声限值和能效要求过高）	559（民用航空安全检查设备认证），560（分类及能效要求与国际标准不一致）
8415	空调	321（噪声限值和能效要求过高），352（能效比要求不适用于非变频空调）	140（节能标准过高），150、384、410（能效测试程序不清、方法不合理）
8422	洗碗机；容器干燥器、标签器；其他包装机器；饮料充气机	286（生态设计要求超越国际标准）；592（生态设计要求及测试方法与国际标准不一致）	140（节能标准过高），670（用水量极限和洗涤周期不合理，测试程序不明）
8450	洗衣机，洗衣干燥两用机	592（生态设计要求及测试方法与国际标准不一致）	140（节能标准过高），709（能耗接入等级和测试方法不合理）
8506	原电池及原电池组	36（有害物质要求比原标准严格了12倍），685（可充电工业电池和电动汽车电池碳足迹要求尚无国际标准，电池标签和旧电池回收率要求过高）	262（要求在所有锂电池和电池上出现联合国标志的要求不合理）

续表

HS4 位码	产品名称	来自欧盟	来自美国
8525	无线电话、电报、广播、电视发送设备	617（额外显示 SAR①结果的要求没有必要）	287（数字音频压缩标准过于严格）
8527	无线电话、电报、广播、电视接收设备	525（标准变更在协调及实施上存在困难）	287（数字音频压缩标准过于严格）
8528	电视接收器，包括视频监视器及投影机	575（能效值、阻燃剂要求过于严格），634（能效标签注明能效水平）	128（必须加装特定数字解调器的要求不合理）
8539	白炽灯泡、放电灯管，包括聚光灯、紫外或红外灯管	365（生态设计要求超越国际标准）	140（节能标准过高）；248、716（待机模式下的能耗要求尚无国际标准）；726（能耗要求不合理）
9405	其他编号未列明的灯具及照片装置	35（环境影响测试方法不明）	341（电压效率要求超越国际标准）
9503	玩具、缩小模型以及类似娱乐模型	35（环境影响测试方法不明）；286（生态设计要求）；41、187、340、351、449（均涉及特定化学物质限值）	208（铅含量限值不合理）
9613	香烟打火机和其他打火器	120、185（均要求加装儿童安全装置）	106（加装儿童安全装置）

资料来源：笔者基于 WTO 官方公布的 STC 信息中所涉 HS4 位和 6 位代码计算所得。其中，剔除了仅公布过于宽泛的 HS2 位码，且未明确说明详细品类的情况。

第四，在关注度方面，信息与通信技术（Information and Communications Technology，ICT）行业相关壁垒的争议程度高，经济体参与范围广。如表1-6所示，虽然在 ICT 领域对华技术性贸易壁垒的绝对数量不大，但相关技术要求的复杂程度高、协调难度大，因此，当对华技术性贸易壁垒涉及 ICT 领域时，对壁垒内容表示关注

---

① SAR 检测认证是计量多少无线电频率辐射能量被身体所实际吸收的表示单位，称作特殊吸收比率或称 SAR，以瓦特/千克（W/kg）或毫瓦/克（mW/g）来表示。

的 STC 提出次数在平均意义上约为壁垒涉及其他内容时的四倍。

表 1-6　　涉及 ICT 行业的对华技术性贸易壁垒的
数量和讨论次数（1999—2021 年）

	ICT 相关内容	其他内容
壁垒总数（项）	6	100
STC 提出总次数	77	378
平均单项壁垒 STC 提出次数	12.83	3.78

注：讨论次数由对于同一壁垒的 STC 提出次数计算所得。该次数与 STC 提出者的国别数量无关，即多国在同一次 TBT 会议上就同一 TBT 通报提出 STC 的情况只记为讨论 1 次。

资料来源：WTO-TBT 通报数据库和 WTO-STC 数据库，笔者绘制。

第四节　中国遭遇技术性贸易壁垒的动态趋势分析

第一，设置与能源、环境相关的壁垒进入高峰期，"碳排放"要求将成为未来焦点。随着气候问题日益严峻，环境保护和能源节约的技术标准逐渐成为技术性贸易壁垒的焦点议题。如图 1-12 所示，1999—2021 年在以保护环境为名的对华技术性贸易壁垒中有一大部分与节约能源的技术要求相关，并在 2019—2021 年形成明显的高峰。其中，中国在近十年内对美国通报的"节能计划"（Energy Conservation Program）中陆续提出 7 项特别贸易关注，涉及空调、电冰箱、洗衣机、洗碗机等主要家电产品的能耗标准。着眼当前，全球经济体聚焦"碳减排"目标，各方对碳足迹、碳标签[①]、碳排放标准（尤其是机动车）、能效标签、能源利用率等技术要求的讨论日益

[①] 碳标签（Carbon Labelling）是为了缓解气候变化、减少温室气体（Greenhouse Gases，GHG）排放以及推广低碳排放技术，把商品在生产过程中排放的温室气体排放量在产品标签上用量化的指数进行标示，以标签的形式告知消费者产品的碳信息。

激烈。欧盟在"碳足迹"领域的早期规划正逐渐成为现实,已成为中国"碳中和"目标下对华技术性贸易壁垒的主要来源。[①] 在不久的将来,"碳排放"相关内容必将成为技术性贸易壁垒的焦点议题。然而,中国在相关领域的技术标准和政策研究处于相对滞后的被动地位,亟须有关部门引起高度重视。

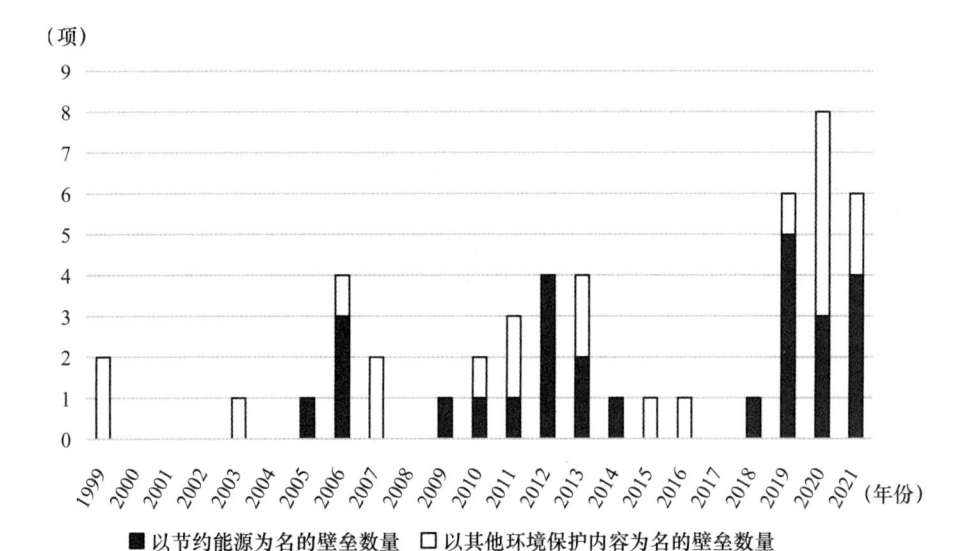

图 1-12 以保护环境为名的对华技术性贸易壁垒数量（1999—2021 年）

资料来源：WTO-TBT 通报数据库和 WTO-STC 数据库,笔者绘制。

[①] 欧盟及其成员在"碳减排"议题下的对华技术性贸易壁垒主要有：IMS 编号 306，法国"国家新版环境保护法（格纳勒格法案二）"，The National Commitment for the Environment (Grenelle 2 Law)，涉及"碳足迹"标准，但在最终版中被剔除。IMS 编号 575，"关于电子显示器生态设计要求的欧盟规则草案"，Draft Commission Regulation Laying down Eco-design Requirements for Electronic Displays Pursuant，草案涉及"生态设计"和 OLED 显示器能效指数（EEI）计算的更高标准，欧盟在回应中称设定该标准是为了更好应对气候变化问题，并称与欧盟 2050 年前实现"碳中和"的目标一致。IMS 编号 685，"关于实施欧洲绿色协议的欧盟电池规则草案"，Draft EU Batteries Regulation (Implementation of the European Green Deal)，草案涉及"碳足迹"计算要求，2022 年 12 月 9 日，欧盟电池新法规已达成临时协议（http://beijing.customs.gov.cn/beijing_customs/434756/jgjm/zhzx/4757634/index.html）。

第二，壁垒正向价值链高端环节发展，从"功能表现"延伸至"设计要求"。技术标准和法规一般基于产品的特定"功能表现"而制定，但是处于价值链高端的发达经济体却已开始修订价值链高端环节的技术标准与法规。如表1-7所示，近年来，来自欧盟的对华技术性贸易壁垒逐渐呈现对"生态设计"环节的重视，所涉及产品主要集中在家电产品，例如洗碗机、电风扇、空调、灯具等，相关"生态设计"技术标准普遍高于现有国际通行技术标准。需要注意的是，对 TBT 委员会会议纪要①进行详细梳理后发现，即便发达国家在会议中迫于 STC 提出方的证据而承认自己的行为"偏离了国际标准"，也会找出各种理由证明偏离是"合理的"且是"符合实际需求的"，并坚持实施相关技术性贸易壁垒。② 因此，在难以用迂回方式避免上述壁垒的现实挑战下，中国必须积极应对，从根本上加大对"生态设计"技术标准的研究和更新。

表1-7　　　　　对华技术性贸易壁垒向价值链上游的
设计环节延伸（1999—2021年）

年份	IMS 编号	主要内容	所涉 HS2 位码
2005	123	耗能产品的生态设计要求	HS84、HS85、HS90、HS94
2010	286	家用洗碗机和风扇的生态设计要求	HS84、HS95
2011	321	空调和舒适风扇的生态设计要求	HS84
2012	365	方向灯、发光二极管灯及相关设备的生态设计要求	HS85
2013	396	吸尘器的生态设计要求	HS85

---

① 所有 WTO 利益攸关方关于"TBT 通报 - STC 提案"的争议均会被记录在 WTO 的 TBT 委员会会议纪要（TBT Minutes）中。该会议纪要记录了相关成员的协商过程和争议重点。

② 欧盟曾承认其关于生态设计的技术法规偏离了《TBT 协定》的精神，但强调这种偏离是"有原因的"。这一措辞被永久记录于 TBT 委员会会议纪要的相关资料中。

续表

年份	IMS 编号	主要内容	所涉 HS2 位码
2019	575	电子显示器的生态设计要求	HS85
2019	592	对欧盟多种产品的生态设计要求	HS84、HS85
2019	596	外部电源的生态设计要求	HS85

注：上述对华技术性贸易壁垒均来自欧盟。

资料来源：WTO-TBT 通报数据库和 WTO-STC 数据库，笔者绘制。

第五节　中国企业遭受技术性贸易壁垒的经典案例

中国企业受到来自欧美国家的技术贸易壁垒的情况相对较为频繁。欧美国家的市场准入要求体系较为完备，主要由技术法规、技术标准、合格评定程序组成，技术性贸易措施也几乎都集中在这三个方面。技术法规对产品的特性和加工/生产方法作出了强制执行的原则性规定。技术标准对相应的具体内容进行规定，除非被技术法规引用，否则一般为非强制性的约束。合格评定程序的概念在《WTO/TBT 协定》中提出，替代了之前《GATT/TBT 协定》的"认证"概念。合格评定程序可以简单地分为认证与认可，认证是指检查产品是否符合技术法规和标准的程序；认可是予以对检测机构、实验室的资质要求正式承认的程序。产品经过认证后，会颁发合格证书，加贴相应的合格标签标识。

这里以美国的市场准入情况为例。技术法规体系方面，美国的技术法规体系由联邦政府各部门颁布的具有综合性的、长期适用的各类法规共同组成，收录在《联邦法典》（*U. S. Code of Federal Regulations*, CFR）中。标准体系方面，美国的标准体系与其他国家的标准体系相比，政府的作用比较小，可以制定标准的机构很多，具有明显的自愿性和分散性。任何团体和个人认为有必要制定某项标准时均可提出建议或草案，各利益相关方进行讨论和磋商，加以协调。参与制定标准的团体有美国试验和材料协会、汽车工程师协会、国家火灾保护协会、电气和电子工程师研究院等。美国国家标准学会（American National Standards Institute，ANSI）是美国用于协调技术标准制定体系的主体。美国的联邦政府、州政府、地方政府以及相关行政机构（例如农业部、国防安全部等）也可以自行制定辖区范围内的相关标准，但是这一情况主要出现在自愿性的标准无法满足具体要求或特殊要求情况下。在认证体系方面，美国的认证体系繁多，有超过 50 种认证体系，例如涉及安全、健康类产品认证的美国联邦通信委员会（Federal Communications Commission，FCC），涉及一般类电子电器产品认证的美国保险商实验室（Underwriter Laboratories Inc.，UL），涉及食品、药品、添加剂、化妆品认证的美国食药局（Food and Drug Administration，FDA），涉及产品电磁兼容性、火灾等危害安全因素认证的美国消费者安全委员会（Consumer Product Safety Committee，CPSC）等。此外需要注意的是，美国对于产品标签标识的法规十分严谨，因标签信息不明而导致的中国出口产品退回或扣押的情况较为普遍。

本小节将通过简要叙述美国提出的遭到中国 STC 表示异议的 TBT 通报经典案例（STC 编号 IMS208）——《消费者产品安全改进法案》所涉及的进口玩具铅含量标准的案例，来说明技术性贸易壁垒对于中国生产商或出口商造成的冲击。

2008 年 11 月 5—6 日的 TBT 委员会议上，中国代表对美国 2008 年拟实行的《消费品安全改进法》（CPSIA）以提出 STC 的方式表示关切。虽然中国支持通过制定新的技术法规来保护消费者安全的目标，但这一法规的内容违反了美国应该履行的《TBT 协定》义务。该法案很可能对贸易产生重大影响，但美国却没有在草案阶段将其通报 WTO，以便征求意见。中国代表进一步指出，该法案要求产品中铅的总限量在 3 年内从 600 ppm 降至 100 ppm，但总铅含量包括可溶性铅和不可溶性铅。不可溶性铅由于不能被人体吸收，对人体健康无害。因此，对总铅含量设限将对国际贸易造成不必要的障碍，并违反《TBT 协定》的最低贸易限制原则。该法案的其他规定也可能对贸易产生重大影响，例如与第三方认证机构的认证标准有关的规定。中国代表强烈要求美国向 WTO 通报该法案，并将 WTO 成员的意见考虑在内。

美国代表反馈表示，美国已经于 2008 年的 TBT 通报文件 G/TBT/N/USA/421 中提及 2008 年《消费品安全改进法》若干实施措施中的内容。此外，《消费品安全改进法》已于 2008 年 8 月签署成为美国法律的一部分。CPSIA 赋予美国消费品安全委员会（CPSC）新的监管权力和执行工具，以保护公众健康和安全。具体而言，CPSIA 载有若干条款，旨在加强保护儿童使用的不安全产品。由于供应商需要作出调整以适应新的措施，该法案所载的许多新规定将在今后一年内以滚动方式提出和执行。美国代表进一步表示，根据美国法律，每一个受消费品安全规例规管的产品制造商，均须通过供应商的"合格声明"（SDoC），证明产品符合规定。WTO 技术性贸易措施委员会已确认 SDoC 为所有合格评定程序中最方便的贸易措施。对于那些针对儿童的产品（包括小部件、婴儿床和其他 CPSIA 要求的产品），CPSIA 规定每个制造商都必须通过一个经过认证的独立测试实验室对其产品进行测试，以判断是否符合该法规规定的最高铅涂料含量的要求。相关具有认证资格的实验室名单已在 CPSC 网站上公布。具体措施要求将根据法规中规定的时间表进行制定和公布，并将通报 WTO。鉴于公共卫生事件的严重性，美国国会对加快实施一些措施表示了强烈支持。因此，在铅和其他问题上，国会要求消费品安全委员会在很短的时间内执行相关新标准和措施。

2009 年 3 月 18—19 日的 TBT 委员会议上，中国代表再次对美国《消费品安全改进法》提出 STC 以表示关切。中方赞同保护人类健康的目标，赞赏美国政府在这一问题上的合作态度。但是，仍然对这项法案中与《TBT 协定》义务的不一致及其对国际贸易的影响表示关切。中国代表回顾说，在上次委员会会议上，美国解释说这项法案已经签署成为法律，它没有义务将其更具体的内容通报 WTO。但是，美国的这一新法规适用于若干消费品，包括儿童产品和保健产品，并规定了若干须予遵从的产品的技术规定。这一情况符合 WTO 对于影响贸易的重大技术法规的判定标准，应该向 WTO 通报，给其他成员有机会进一步提出意见。中国代表进一步指出，在《消费品安全改进法》中确定的铅总限量没有科学依据，不可溶性铅不可能被人体吸收，因此对人体无害。减少铅的总含量并将其从 600 ppm 减少到 100 ppm 将极大地阻碍正常的国际贸易，这一行为是违反《TBT 协定》第 2.2 条中所载"减少贸易限制"原则的。此外，中国代表指出，美国曾表示，第三方实验室包括政府实验室，且美国随时准备与任何政府实验室合作，用于解决与附加标准有关的问题。基于 CPSIA 公布的第三方合格评定机构的认可要求，相关政府实验室的评估方法既不透明也不具有可操作性，而且附加要求非常严格，导致对包括中国在内的其他成员的政府实验室很难得到公正的评估和认可。然而，中国及很多发展中国家的这些政府实验室都是通过国际实验室认可合作组织（International Laboratory Accreditation Cooperation，ILAC）认可的，并以国际标准化组织（International Organization for Standardization，ISO）的实验室检测方法（ISO 17025）为基础进行评估和认证，因此中方敦促美国给予同等互认的优惠待遇。

美国代表对此表示，关于铅浓度限制的问题，在考虑了现有科学证据和同行评议的技术信息情况下，有一些规定和程序将会用于免除某些产品因不可及性和技术可行性而受到的限制，并根据公开透明的 TBT 通报和评论程序对铅的整体限制标准进行再次审议。在谈到中国对政府实验室的关切时，美国代表表示，中国政府实验室绝不是被"单独挑出来针对的"，但是由于 CPSC 尚未根据法定准则建立有关政府实验室的评估程序，所以并没有在全球范围内认可任何政府实验室。美国将以国际标准为基础，并接受美国以外 ILAC 认可的实验室的测试结果，包括 ISO 17025。根据这一方法，32 家来自中国的独立实验室已经通过了 CPSC 的认可。但是美方代表提出要求：鉴于美国对中国实验室的认可，中方被要求提供进一步信息或解释，在中国的 CCC（China Compu Lsory Certification）"强制性产品认证"体系下，中方将何时认可美国实验室的检测结果。最后，美方表示在 2009 年 1 月 30 日，CPSC 已同意在 2010 年 2 月 10 日之前，继续执行大部分现有的有关儿童产品含铅量的测试及认证规定，即对于新标准延迟 12 个月执行。

2009 年 6 月 25—26 日的 TBT 委员会议上，中国代表重申了对美国《消费品安全改进法》的关切。在之前的会议中，中国明确指出了透明度、相关合格评定程序和一些相关技术问题方面的关键问题，但这一协商却进展有限。中方再次强调，CPSIA 完全符合 WTO 对于技术法规的判定，因此需要在通过之前向 WTO 通报，以便各成员能够提供意见。关于其后续实施措施的通报并不能取代关于法案本身的通报，因为该法案载有具有重大贸易影响的技术标准要求。此外，美国对于相关对政府实验室进行认可的附加要求过于严格。根据中国的经验，包括中国在内的其他 WTO 成员的政府实验室很难根据这些要求通过评估和认可。发展经济体成员对政府实验室投入了大量资金，作为其合格评定基础设施的重要组成部分，以确保进出口商品的安全和质量，从而保护人类的生命和健康。这些得到 ILAC 认可并以 ISO 和 IEC 17025 为基础的政府实验室完全有能力开展相关的测试活动，没有理由歧视它们。因此，中国敦促美国对这些政府实验室给予同样的优惠待遇，尽快启动政府实验室的认可工作，并要求对这项工作进行进展更新。中方期待美方就所有问题给予书面答复。

美方的回应十分尖锐，美方称同意中方的看法，即 WTO 对于技术规章的定义并没有详细区分法律和规章。但是，美国反过来要求中国提供其已通报 TBT 委员会的有关立法的 TBT 措施的资料。例如，中国没有向 WTO 通报其食品安全立法草案，该草案包含有关确保食品质量和卫生的详细规定。这是否意味着中国在通报实践中也没有对法律和法规做出区分。美方质疑中国是否计划通报该法案以及其他包含对 WTO 的技术要求的立法。此外，美方宣称 CPSC 会已经批准了 7 家中国政府的合资实验室，但是没有批准中国政府官方检验检疫系统的 CIQ 实验室（China Entry - Exit Inspection and Quarantine Bureau），因为其不符合"相关条件"。美国进一步询问中国何时将认可 ILAC 认可的实验室，如果中国的 CCC 认可不能据此对美国实验室予以互认，则中方立场态度不一致。

中国代表对于美方的质疑做了一系列澄清。第一，关于中国的通报程序，中国代表向美国保证，中国履行了《TBT 协定》规定的通报义务。例如，所有成员都知道，没有必要通报《TBT 协定》项下的详细标准情况——尽管如此，中国已经将其强制性的国家标准作为技术法规通报 WTO，因为这些标准符合对于技术法规的判定。第二，中国在相关法律方面也将遵循同样的原则。例如，中国国务院颁布的《中华人民共和国进出口商品检验条例》是典型的中国立法，也已经通报 WTO（G/TBT/N/CHN/182）。关于美国在华实验室的认可问题，正如之前回应日本对中国 CCC 体系的关注所解释的那样，现行法律为外国实验室的认可提供了两个渠道，中方愿根据《TBT 协定》的原则，与外国同行探讨互认合作。

2010 年 3 月 24—25 日的 TBT 委员会议上，中国代表第四次重申了中方对美国《消费品安全改进法》的关切。在以前的会议上，中国曾对该法案的不透明性及其不必要的严格要求表示严重关切。虽然中国代表团赞赏与美国代表团继续进行双边讨论，但中国希望强调仍然存在的一些关键的关切点。中国的理解是，美国 CPSC 对于中国政府实验室进行了差别对待。美国在上次会议声称中国的相关政府实验室没有得到承认，因为它没有达到 CPSIA 的要求。但是中方表示，中国政府实验室未能满足标准的原因，并不是因为实验室没有技术能力，而是因为美方对于中方政府实验室的认可标准比其他第三方实验室更加严格。证据之一是中国政府实验室已经获得了 IL-

AC 的认可。中方请美方再次考虑中方的关切,对中国政府实验室采用与第三方实验室相同的认可标准,对 CIQ 实验室以及 CIQ 实验室出具的检测报告和证书予以认可。此外,中国代表进一步指出,收到了一些来自中国工业界的投诉,这些投诉涉及美国 CPSC 在其"安全行动计划"范围内对所有越野车的批准程序,审批程序耗时长、缺乏透明度,成了重大的国际贸易壁垒。一些进口商不得不等上 7 个多月,修改了五六次才获得批准,有些进口商甚至不得不等上 2—3 个月,才收到需要改正某些错误的答复。他要求美国简化审查和批准程序,使其更加透明,并规定定期审议周期,建设与企业沟通的机制,以减少不必要的贸易壁垒。

美方回应称 CPSC 官方网站提供了关于测试程序、测试方法和认证的附加关键指导文件、认可实验室名单、总法律顾问的咨询意见,以及对小企业的具体指导,并对部分内容提供中文版本。关于中国政府实验室的认可问题,美国代表表示,迄今为止,美国 CPSC 已对 56 个中国实验室进行了认可,这意味着自上次 TBT 委员会会议以来,又有 9 个实验室获得了认可,其中包括 14 家中国政府合资实验室。如前所述,中国的官方检验检疫系统的 CIQ 实验室没有被接受,因为它们"不符合相关条件"。美国代表宣称,接受被 ILAC、MRA 签署国认可的美国以外的实验室。但是中国仍然不承认 ILAC、MRAs 签署国认可的美国实验室在 CCC 体系和其他中国监管计划方面的检测结果,并要求中方提供相关合作的具体资料。

综上所述,本小节概述了中美关于美方《消费品安全改进法》所涉及的儿童产品铅含量标准,以及实验室认可资质的技术性贸易壁垒的基于 TBT 会议的四次谈判往来。可以得到以下几个启示:首先,技术性贸易壁垒的设置往往是代表了一定的国家利益需求,例如美国对于中国检验检疫系统的政府实验室的不予认可,很明显与中方 CCC 强制认证体系没有认可美国实验室息息相关。其次,正因为这样的出发动机,即便是披着 WTO"非歧视性"的外衣,仍然无法掩盖其非关税贸易壁垒的实质。再次,这一类技术性贸易壁垒往往是企业自身难以逾越的，或者需要投入大量的一次性固定成本来绕过相关壁垒，因此对于中国的出口企业或相关生产企业影响较大。最后，为了最小化此类技术性贸易壁垒对于出口所带来的损失，需要政府相关部门认识到这一问题的严重性，并给予科学合理的依据在国际平台上据理力争，维护国家利益。

第六节 技术性贸易壁垒的形成动机分析

各国在国际舞台上开展经济、政治、外交等活动的根本目的是获取和维护国家利益。虽然大多数技术性贸易措施的存在是为了满足标准协调等合规性需求，但对华技术性贸易壁垒属于非合规的措施，或具有隐蔽的贸易保护主义目的，其出现的根本原因是国家利益在特定市场出现了竞争性冲突。虽然这些壁垒表面上涉及技术内容，但本质上仍是通过限制进口来维护国家利益和社会稳定，尤其是保障本国在该领域的经济实力不因外部竞争而受到根本威胁。总体而言，贸易伙伴设置对华技术性贸易壁垒的动机主要涉及经济利益、政治利益、技术竞争布局战略、双边外交关系四个方面。

一 形成动机的定性分析

第一，出于经济利益动机。发达国家经常在经济危机期间强化其具有保护主义导向的经贸政策，以缓解国内产品与进口产品的竞争程度。2008—2012年美国进口关税税率基本保持不变，但其发布的TBT通报所覆盖的产品品类范围显著扩张，不进行任何产品样本检验而直接实施进口拒收的行为也明显增加，[1] 对特定贸易伙伴实施

---

[1] Grundke, Robert, and Christoph Moser, "Hidden Protectionism? Evidence from Non-Tariff Barriers to Trade in the United States", *Journal of International Economics*, Vol. 117, 2019, pp. 143–157.

的反倾销税率也明显上升。① 笔者基于相关数据进行实证分析的结果也显示，进口国的 GDP 增长率每下降 1 个百分点，对华技术性贸易壁垒的产品覆盖种类将增加近 13 个 HS6 位码产品项。②

第二，出于政治利益动机。进口国倾向于保护基础薄弱、趋于没落、受到明显进口竞争威胁的产业。③ 尤其是在政治游说较为普遍的美国与欧洲国家，国内强大的"利益集团"或"政商联盟"会为了维护既得利益而阻止国外竞争对手进入本国市场，④ 选民会因为收入分配效应而产生"排外情绪"，⑤ 执政党则会考虑政治集团和选民的综合意向以维护政治稳定，而技术性贸易壁垒正是能够满足其针对性、隐蔽性保护需求的一种手段。

第三，出于技术竞争布局战略的考虑。对于技术含量不同的产品，即便进口方均出于保护性目的而设置对华技术性贸易壁垒，其具体战略意图并不相同。在高技术密集型产品领域，中国的技术水平和标准发展程度相对于发达经济体而言仍有差距，对方设置壁垒的目的很可能是通过延长其技术领先时间、拖延中国技术追赶时间来实现保护本国技术优势的目的。⑥ 与此同时，在劳动力密集型产品领域，进口方设置相关壁垒的目的则主要是使中国丧失成本优势以

---

① Kee, Hiau Looi, Cristina Neagu, and Alessandro Nicita, "Is Protectionism on the rise? Assessing National Trade Policies During the Crisis of 2008", *Review of Economics and Statistics*, Vol. 95, No. 1, 2013, pp. 342 – 346.

② 对华技术性贸易壁垒数据由笔者自 WTO – TBT 通报数据库和 WTO – STC 数据库整理得到。海关产品品类编码统一为 HS1996 版本。进口国家的 GDP 历年增长率源于 World Bank WDI 指标。具体请参见本节"二形成动机的定量分析"。

③ Lee, Jong – Wha, and Phillip Swagel, "Trade Barriers and Trade Flows across Countries and Industries", *The Review of Economics and Statistics*, Vol. 79, No. 3, 1997, pp. 372 – 382.

④ Acemoglu, Daron, and James A. Robinson, "Political losers as a Barrier to Economic Development", *American Economic Review*, Vol. 90, No. 2, 2000, pp. 126 – 130.

⑤ 刘红梅：《技术性贸易壁垒的政治经济学分析》，博士学位论文，华中科技大学，2010 年。

⑥ 李春顶：《技术性贸易壁垒对出口国的经济效应综合分析》，《国际贸易问题》2005 年第 7 期，第 74—79 页。

保障其企业在国内市场的经济利益。

第四，出于双边外交关系的考虑。国家也会将技术性贸易壁垒作为实现经济与外交跨议题平衡的手段之一，[①] 在双边关系趋于紧张的情况下会出现将技术性贸易壁垒与其他贸易限制手段结合或轮番使用的情况。笔者基于相关数据进行实证分析的结果显示，随着中国与进口方的外交伙伴关系加深，对华技术性贸易壁垒的产品覆盖范围显著减少。[②] 以现实事实为佐证：在中国与美国于 2020 年 1 月签署第一阶段经贸协议的前提下，美国海关及边境保护局（United States Customs and Border Protection，USCBP）在 2020 年 8 月发布通报（IMS 编号 664），要求自 2020 年 11 月 9 日起，所有在中国香港生产的出口产品必须将原产地标记从"香港"统一改为"中国"，虽然中国香港作为 WTO 成员及时提出了 STC，但美国对此始终未回应。这一标签要求与现行商业惯例和 WTO 相关规则相悖，会实质性地阻碍中国香港对美国的出口。这明显是美国在停止继续扩大对华加征关税行为之后采取的具有针对性和挑拨性的变相限制手段。

二 形成动机的定量分析

本小节的目的是探究技术性贸易壁垒形成的贸易伙伴配对的形成动机因素是否与经济、外交因素相关：即进口方发布 TBT 通报的个数是否与经济表现相关？是否在经济表现较差的年份里，会使用技术性贸易壁垒作为贸易保护主义的手段之一？与此同时，出口方提出 STC 表示反对态度的情况是否与外交关系相关？本小

[①] van, Peter AG, "Diplomatic Barriers to Trade", *De Economist*, Vol. 140, No. 1, 1992, pp. 45-64.

[②] 对华技术性贸易壁垒数据由笔者自 WTO - TBT 通报数据库和 WTO - STC 数据库整理得到。海关产品品类编码统一为 HS1996 版本。中国对外伙伴关系源于 1993—2014 年官方公布或签署的外交关系信息，包括合作伙伴、战略合作伙伴、全面战略伙伴关系这三个由弱渐强的伙伴关系指标。将没有签署任何伙伴关系的外交关系设为基准，以观测上述外交关系是否影响进口方对华技术性贸易壁垒所涉产品的品类数量。具体请参见本节"二 形成动机的定量分析"。

节以中国为例,使用对于出口目的地所通报的 TBT 提出 STC 所覆盖的产品品类(HS6)数据,分析了进口方的经济表现与出口方(中国)与其外交的伙伴关系深入程度对于技术性贸易壁垒形成的驱动影响。

(一) 指标及模型构建

$$TBTSTCnum_{dt} = \beta_0 + \beta_1 GDPgrowth_{dt-1} + \beta_2 Cirsis08_t + \beta_3 PR_t + \varepsilon_{dt}$$

$$Cirsis08_t = \begin{cases} 1, & if\ year >= 2008 \\ 0, & Others \end{cases} \quad (1-1)$$

回归模型 (1-1) 中,等式左边的 $TBTSTCnum_{dt}$ 为中国在 t 年对目的地 d 出口所受到技术性贸易壁垒影响的 HS6 种类个数;右边的 $GDPgrowth_{dt-1}$ 是指进口方前一年的 GDP 增长率,用来表示整体经济增长表现;变量 $Cirsis08_t$ 是一个虚拟变量,当年份大于等于 2008 年时为 1,其余为 0,用来表示 2008 年国际金融危机所带来的广泛的负面经济冲击;PR_t 代表中国与进口方经济体的外交伙伴关系深入程度,分别有 4 个层次,NO (未建立伙伴关系)、P (合作伙伴)、SP (战略合作伙伴)、CSP (全面战略伙伴关系),回归时以 NO 为基准进行衡量。

(二) 数据来源及描述

本小节所使用的数据来源于 WTO-TBT 通报数据库和 WTO-STC 数据库,经过笔者整理,将对应产品代码统一为国际通用的 HS1996 版本。各经济体的 GDP 历年增长率来源于世界银行 (World Bank, WB)、世界发展指标数据库 (World Development Indicators, WDI)。中国对外伙伴关系来自 Strüver (2015)[①] 对于中国自 1993 年至 2014 年所有官方公布或签署的外交关系作为 3 个层级的联系由弱渐强的伙伴关系指标——P (合作伙伴)、SP (战略合作伙伴)、CSP (全面战略伙伴关系),如表 1-8 所示。

---

① Strüver, Georg, "China's Strategic Partnership Diplomacy: Determinants and Outcomes of International Alignment", *The Chinese Journal of International Politics*, Vol. 10, No. 1, 2015, pp. 31-65.

表1-8 中国外交伙伴关系一览（1993—2014年）

区域	伙伴名称	年份	伙伴关系	类型
非洲（8）	阿尔及利亚	2014	全面战略伙伴	CSP
	安哥拉	2010	战略伙伴	SP
	埃塞俄比亚	2003	全面合作伙伴	P
	肯尼亚	2013	全面合作伙伴	P
	尼日利亚	2005	战略合作伙伴	SP
	塞内加尔	2014	长期友好合作伙伴	P
	南非	2000	合作伙伴	P
		2004	战略合作伙伴	SP
		2010	全面战略伙伴	CSP
	坦桑尼亚	2013	友好合作伙伴	P
美洲（9）	阿根廷	2001	21世纪导向的全面战略合作伙伴	P
		2004	战略合作伙伴	SP
		2014	全面战略伙伴	CSP
	巴西	1993	战略合作伙伴	SP
		2012	全面战略伙伴	CSP
	加拿大	1997	21世纪导向的全面战略合作伙伴	P
		2005	战略合作伙伴	SP
	智利	2004	友好合作伙伴	P
		2012	战略合作伙伴	SP
	牙买加	2005	共同发展的友好合作伙伴	P
	墨西哥	1997	跨国的友好合作伙伴	P
		2003	战略合作伙伴	SP
		2013	全面战略伙伴	CSP
	秘鲁	2005	友好合作伙伴	P
		2008	战略合作伙伴	SP
		2013	全面战略伙伴	CSP
	美国	1997	建设性的战略合作伙伴	SP
		2011	互尊互利的合作伙伴	P
	委内瑞拉	2001	战略合作伙伴	SP
		2014	全面战略伙伴	CSP

续表

区域	伙伴名称	年份	伙伴关系	类型
亚洲（23）	阿富汗	2006	友好合作伙伴	P
		2012	战略合作伙伴	SP
	孟加拉国	2005	合作伙伴	P
	柬埔寨	2006	合作伙伴	P
		2010	全面战略伙伴	CSP
	印度	1996	21世纪导向的全面战略合作伙伴	P
		2005	和平繁荣的战略合作伙伴	SP
	印度尼西亚	2005	战略合作伙伴	SP
		2013	全面战略伙伴	CSP
	日本	1998	和平繁荣的合作伙伴	P
	哈萨克斯坦	2005	战略合作伙伴	SP
		2011	全面战略伙伴	CSP
	吉尔吉斯斯坦	2013	战略合作伙伴	SP
	老挝	2009	全面战略伙伴	CSP
	马来西亚	2013	全面战略伙伴	CSP
	马尔代夫	2014	未来导向的合作伙伴	P
	蒙古	2003	互信的近邻友好伙伴	P
		2011	战略合作伙伴	SP
		2014	全面战略伙伴	CSP
	缅甸	2011	全面战略伙伴	CSP
	尼泊尔	1996	21世纪导向的近邻友好伙伴	P
	巴基斯坦	1996	21世纪导向的近邻友好伙伴	P
		2005	战略合作伙伴	SP
	韩国	1998	21世纪导向的合作伙伴	P
		2008	战略合作伙伴	SP
	斯里兰卡	2005	合作伙伴	P
		2013	战略合作伙伴	SP
	塔吉克斯坦	2013	战略合作伙伴	SP
	泰国	2012	全面战略合作伙伴	CSP
	东帝汶民主共和国	2014	合作伙伴	P
	土库曼斯坦	2013	战略合作伙伴	SP
	乌兹别克斯坦	2005	友好合作伙伴	P
		2012	战略合作伙伴	SP
	越南	2008	全面战略伙伴	CSP

续表

区域	伙伴名称	年份	伙伴关系	类型
欧洲 (21)	白俄罗斯	2013	全面战略伙伴	CSP
	比利时	2014	全方位的友好合作伙伴	P
	保加利亚	2014	友好合作伙伴	P
	克罗地亚	2005	友好合作伙伴	P
	丹麦	2008	全面战略伙伴	CSP
	芬兰	2013	未来导向的新型合作伙伴	P
	法国	1997	合作伙伴	P
		2004	全面战略伙伴	CSP
	德国	2004	全球责任的战略合作伙伴	SP
		2014	全面战略伙伴	CSP
	希腊	2006	全面战略伙伴	CSP
	匈牙利	2004	友好合作伙伴	P
	爱尔兰	2012	互惠互利的战略合作伙伴	SP
	意大利	2004	全面战略伙伴	CSP
	荷兰	2014	开放包容的合作伙伴	P
	波兰	2004	友好合作的伙伴	P
		2011	战略合作伙伴	SP
	葡萄牙	2005	全面战略伙伴	CSP
	罗马尼亚	2004	友好合作的伙伴	P
	俄罗斯	1994	建设新合作伙伴	P
		1996	战略合作伙伴	SP
		2011	全面战略伙伴	CSP
	西班牙	2005	全面战略伙伴	CSP
	乌克兰	2011	战略合作伙伴	SP
	英国	1998	合作伙伴	P
		2004	全面战略伙伴	CSP
	塞尔维亚	2009	战略合作伙伴	SP
中东 (3)	埃及	2014	全面战略伙伴	CSP
	卡塔尔	2014	战略合作伙伴	SP
	阿拉伯联合酋长国	2012	战略合作伙伴	SP

续表

区域	伙伴名称	年份	伙伴关系	类型
大洋洲（3）	澳大利亚	2013	互信互利的战略合作伙伴	SP
		2014	全面战略伙伴	CSP
	斐济	2006	重要合作伙伴	P
	新西兰	2014	全面战略伙伴	CSP

资料来源：Strüver（2015）。

笔者将没有签署任何伙伴关系的外交关系（NO）设为基准，以观测上述不同外交关系是否影响进口方与中国的 TBT 与 STC 案例所影响的产品品类数量。主要变量的描述性统计和相关性系数见表 1-9 和表 1-10；中国外交关系类别变量 PR_type 所对应的 P、SP、CSP 与基准 NO 的分组数值差异见表 1-11 的不同外交伙伴关系的数值变量 t 检验表。

表 1-9　　　　　形成动机小节基准模型的变量描述性统计

变量名称	样本量	单位	均值	最小值	最大值	标准差	中位数
TBTSTCnum	42,184	个	607.67	1	889	305.07	774
GDPgrowth	42,184	%	3.42	-5.48	11.89	2.65	3.21
*Crisis*08	42,184	—	0.08	0	1	0.28	0.00
PR_type	42,184	—	0.49	0	3	0.90	0.00
year	42,184	—	2,003	1,999	2,011	3.41	2,003

资料来源：笔者计算自 WTO-TBT 通报数据库、WTO-STC 数据库、世界银行 WDI 数据库以及中国自 1993 年至 2014 年所有官方公布或签署的外交关系信息。

表 1-10　　　　形成动机小节基准模型的主要数值变量相关性系数

变量名称	*TBTSTCnum*	*GDPgrowth*	*Crisis*08
TBTSTCnum	1.000		
GDPgrowth	-0.111***	1.000	
*Crisis*08	-0.309***	-0.166***	1.000

注：*** $p<0.01$，** $p<0.05$，* $p<0.1$。

资料来源：笔者计算得到。

表1–11　　　　　　　不同外交伙伴关系的数值变量 t 检验

PR_type	T test on PR_type					
	变量名称	取值为0的样本量	取值为0的均值	取值为1的样本量	取值为1的均值	均值差异	T 值
NO & P	TBTSTCnum	30773	650.719	5106	616.740	33.979***	7.532
	GDPgrowth	30773	3.641	5106	3.024	0.617***	14.879
	Crisis08	30773	0.040	5106	0.045	-0.005*	-1.673
	变量名称	取值为0的样本量	取值为0的均值	取值为1的样本量	取值为1的均值	均值差异	T 值
NO & SP	TBTSTCnum	30773	650.719	3516	526.341	124.378***	24.099
	GDPgrowth	30773	3.641	3516	2.758	0.883***	17.731
	Crisis08	30773	0.040	3516	0.467	-0.427***	-97.790
	变量名称	取值为0的样本量	取值为0的均值	取值为1的样本量	取值为1的均值	均值差异	T 值
NO & CSP	TBTSTCnum	30773	650.719	3516	526.341	124.378***	24.099
	GDPgrowth	30773	3.641	3516	2.758	0.883***	17.731
	Crisis08	30773	0.040	3516	0.467	-0.427***	-97.790

资料来源：笔者计算得到。

（三）实证结果分析

OLS 估计和负二项回归估计结果的正负号方向和系数显著性完全一致，如表1–12所示。其中，进口方的经济增长与中国遭到其技术性贸易壁垒的产品覆盖范围呈现显著的负相关关系，从负二项回归的边际效应来看，进口方 GDP 增长率每下降1个百分点，双边技术性贸易壁垒产品覆盖种类增加近13个 HS6 小项。经济危机虚拟变量与中国遭到其技术性贸易壁垒的产品覆盖范围反而呈现显著的负相关关系，这可能是由于样本中进口方经济体受到2008年国际经济危机的影响程度时不同的。值得关注的是，中国与进口方的外交伙伴关系对于技术性贸易壁垒存在的解释作用很强：不同程度的外交伙伴关系影响不同，随着双边外交伙伴关系的加深，技术性贸易壁垒覆盖范围越少。这可以从本书定义双边技术性贸易壁垒的角度来解释，即目的地伙伴提出 TBT 通报，中国后续对此以 STC 形式表示异议。有两种予以解释的可能性：一方面可能是与中国建立更深层次伙伴关系的进口方在对外决定是否通报 TBT 时，会考虑从中国进口的产品品类，避免过度伤害伙伴；另一方面可能是中国在面临给定进口方通报的 TBT 时，会斟酌是否有必要提出 STC，对于建立更深层次伙伴关系的进口方可能更少地提出 STC。

表 1-12　　　　　　经济和外交因素对技术性贸易壁垒数量的影响

VARIABLES	(1) OLS TBTSTCnum	(2) OLS TBTSTCnum	(3) Negative Binominal TBTSTCnum dydx	(4) Negative Binominal TBTSTCnum	(5) Negative Binominal TBTSTCnum dydx	(6) Negative Binominal TBTSTCnum
$GDPgrowth$	-6.527*** (0.202)	-6.527*** (0.202)	-0.021*** (0.001)	-12.600*** (0.373)	-0.021*** (0.001)	-12.600*** (0.373)
$Crisis08$		-102.800*** (18.900)			-0.251*** (0.044)	-153.900*** (26.710)
PR_type						
P	5.253** (2.582)	5.253** (2.582)	0.021*** (0.006)	13.410*** (3.653)	0.0214*** (0.006)	13.410*** (3.653)
SP	-22.670*** (2.519)	-22.670*** (2.519)	-0.071*** (0.006)	-42.590*** (3.467)	-0.071*** (0.006)	-42.590*** (3.467)
CSP	-39.540*** (1.381)	-39.540*** (1.381)	-0.122*** (0.004)	-71.000*** (2.419)	-0.122*** (0.004)	-71.000*** (2.419)
常数项	916.900*** (1.272)	916.900*** (1.272)	6.801*** (0.005)	13.410*** (3.653)	6.801*** (0.005)	
样本量	42,184	42,184	42,184	42,184		
R^2	0.969	0.969	—	—		
Pseudo R^2	—	—	0.211	0.211		
目的地固定效应	是	是	是	是		
年份固定效应	是	是	是	是		
lnalpha 值	—	—	-3.709***	-3.709***		

注：***、** 与 * 分别表示估计的系数在 1%、5% 与 10% 的水平上显著；括号中为聚类稳健标准误，聚类在"目的地"层面。

本小节的实证模型设定较为简单，有待进一步拓展，但本小节只是用于承上启下，并不是全文的重点。在今后的研究中，可以进一步加入进出口双方对于特定产品的显示性比较优势指数、产品进出口集中度、产品专业化程度等指标，对于进出口双方在选择TBT-STC表态的产品选择决策上进行进一步探究。此类研究需要耗费相当程度的收集、整理、计算等工作时间，故暂时不在本书中体现。但是无论如何，从表1-12的回归结果证明了：经济因素和双边外交关系都会影响技术性贸易壁垒所覆盖的产品品类范围。

第七节　新形势下应对对华技术性贸易壁垒对维护国家经济安全的重要性分析

随着经济全球化发展，世界范围内关税税率大幅降低，非关税壁垒[1]（Non-tariff Barriers，NTB）日益成为各国变相实施贸易保护主义的新形式。近年来，中国出口因遭遇TBT[2]的冲击，频繁出现货物被目的地管理部门扣留、退回、销毁等情况，以至于引发大量企业丧失后续出口订单。[3]

---

[1] 非关税措施：定义参见联合国贸易和发展会议（UNCTAD）的概念，是指以影响交易数量或价格的形式对国际货物贸易产生作用的非关税政策措施。UNCTAD, "International Classification of Non-Tariff Measures", http://unctad.org/en/PublicationsLibrary/ditctab20122_en.pdf.

[2] 技术性贸易措施的定义参见1995年关税与贸易总协定（General Agreement on Tariffs and Trade, GATT）项下的《技术性贸易壁垒协定》（TBT Agreement，以下简称《TBT协定》），是指一国为实现政策目标（如维护人类健康和安全、保护环境、避免欺诈消费者行为、确保产品质量等）而制定的产品要求以及采取的相应措施。其适用对象包括国内生产的货物和进口的货物，旨在确保进口方的技术法规、标准和合格评定程序是非歧视性的，避免对国际贸易造成不必要的障碍。资料来源：https://www.wto.org/english/tratop_e/tbt_e/tbt_e.htm.

[3] 中华人民共和国国家质量监督检验检疫总局：《中国技术性贸易措施年度报告》，中国质检出版社，2008年、2019年。

在省部级主要领导干部学习贯彻党的十八届五中全会精神专题研讨班上，习近平总书记指出："西方国家等强化贸易保护主义，除反倾销、反补贴等传统手段之外，在市场准入环节对技术性贸易壁垒、劳工标准、绿色壁垒等方面的要求越来越苛刻。"①

为什么对华技术性贸易壁垒对国家经济安全具有重要影响？对上述问题的准确回答是做好政策应对的基本前提。一方面，从概念角度看，国家经济安全是指国民经济发展和经济实力处于不受根本威胁的状态。② 维护国家经济安全的根本目的是保障国家利益。对华技术性贸易壁垒虽然表现为"目的地—产品"维度上的技术性要求，但其对于国际贸易存在"实质性阻碍"，直接影响中国微观企业的出口决策和经济表现。整体的国家经济利益是由无数微观企业的经济利益组成的，当个体调整行为积累到一定程度，行业或地区的群体特征就可能发生显著变化，即间接影响与所涉技术要求相关的产业结构、产品结构和劳动力结构，进而影响国民经济运行的稳定状态。现有国内文献对于技术性贸易壁垒的研究存在概念不清、数据不全、分析不深、脱离实际等问题，聚焦对华技术性贸易壁垒与国家经济安全的研究比较少见。另一方面，着眼现实，对华技术性贸易壁垒的数量自2018年以来明显增多，这一趋势很可能在中外竞争日益加剧、新冠疫情引发全球经济下行的背景下进一步恶化，对中国经济运行的持续稳定和转型升级带来严峻的挑战。

国家是一定范围内的人群形成的共同体。国家经济安全是指国民经济发展和经济实力处于不受根本威胁的状态，包括国内经济安全和国际经济安全两方面。维护国家经济安全的根本目的是保障国家利益。总体而言，对华技术性贸易壁垒是贸易伙伴在国际市场中为维护自身利益而采取的策略性手段，通过名义上"非歧视性"的

---

① 习近平：《在省部级主要领导干部学习贯彻党的十八届五中全会精神专题研讨班上的讲话》，http://www.xinhuanet.com/politics/2016-05/10/c_128972667.htm。
② 中国现代国际关系研究院经济安全研究中心编著：《国家经济安全》，时事出版社2005年版。

技术要求来掩盖其贸易保护主义的目的。此类壁垒通过直接影响中国微观主体参与国际贸易的经济行为，引发国内行业和地区的结构性调整，并通过产品市场与劳动力市场的均衡作用、出口市场与国内市场的内外联动等途径作用于国民经济运行的稳定状态，从而深刻影响国家经济安全。

一 影响企业生产经营决策与产品质量调整

企业是社会主义市场经济的重要主体，对华技术性贸易壁垒对于中国企业的出口经营决策、产品生产规模、产品质量优劣具有重要影响。技术性贸易壁垒与产品技术标准以及相关要求紧密相关，可能对产品生产成本和贸易成本产生冲击，进而影响企业的出口。结合海关微观企业出口交易数据，构建面板固定效应回归模型，笔者定量检验了对华技术性贸易壁垒对中国企业出口决策、出口金额及出口产品质量的影响，对华技术性贸易壁垒冲击对于中国出口企业的影响与壁垒来源国的经济发展程度有关，来自发达经济体的对华技术性贸易壁垒发挥了显著的企业间"优胜劣汰"和企业内"提质升级"的作用，而来自发展中或转型经济体的对华技术性贸易壁垒只有"劣汰"影响。[1]

第一，来自发达经济体的对华技术性贸易壁垒促使受冲击细分市场[2]内的出口企业总数显著增加；来自发展中或转型经济体的对华技术性贸易壁垒则显著减少了受冲击细分行业内的企业总数。

第二，发达经济体对华技术性贸易壁垒在细分市场维度的积极效应是通过加速市场内出口企业的动态调整、新旧更替而得以实现。

---

[1] 郑休休、刘青、赵忠秀：《技术性贸易壁垒与中国企业出口调整——"优胜劣汰"与"提质升级"》，《中国人民大学学报》2022年第4期，第92—107页。该文基于WTO技术性贸易措施通报数据、特别贸易关注案例数据，结合2000—2010年海关微观企业出口交易数据，检验了发达经济体对华技术性贸易壁垒（"目的地－HS产品六位码"维度）对中国微观企业出口二元边际和产品质量升级的影响。

[2] 细分市场的维度为"目的地－HS产品六位码"维度。

也就是，一方面被淘汰的企业数量显著增多，另一方面吸引更多的新企业进入市场。

第三，在发达经济体对华技术性贸易壁垒的影响下，市场内出口低质量产品的企业更容易被淘汰，即便幸存，其出口金额也显著减少；而出口高质量产品的企业的出口则没有遭受明显的阻碍，其产品质量在壁垒生效后显著提升。相比之下，来自发展中或转型经济体的对华技术性贸易壁垒只对于市场内出口低质量产品的企业具有"劣汰"效应，但优质企业并没有从中受益。

二 影响出口结构转型与产业结构升级

对华技术性贸易壁垒对于中国出口产品结构转型、产业生产技术调整与升级具有重要影响。通过定量检验对华技术性贸易壁垒对中国出口的总体影响，我们发现：通过企业层面的"优胜劣汰"与"提质升级"机制，发达经济体的对华技术性贸易壁垒冲击并未削弱中国总体出口，反而推动了出口产品结构的转型升级；但是发展中或转型经济体的对华技术性贸易壁垒则未产生此类结构性影响。第一，发达经济体的对华技术性贸易壁垒推动了中国出口产品结构逐渐转向高技术密集度细分行业。具体而言，壁垒促使企业显著增加从低技术密集度产品市场退出的倾向，并减少相关产品的出口金额；相反的，促使企业显著降低从高技术密集度产品市场退出的倾向，并增加相关产品的出口金额。第二，出口目的地市场的技术性贸易壁垒从需求端反映了产品生产技术标准或相关要求的改变，将通过供需平衡影响中国出口的产品结构，并可能进一步激励相关产业在国内的生产调整和转型升级。

三 影响就业稳定与劳动力结构调整

企业生产经营的稳定性是影响就业稳定性的重要因素，而行业生产技术需求的变化会通过劳动力供需平衡机制对劳动力供给的人员技术结构产生重要影响。第一，从微观企业个体角度看，企业出口产品结构的改变很可能直接影响对相关就业岗位的劳动力需求规模。① 对于被市场淘汰的企业而言，原出口业务遭受严重打击，原生产计划被打乱，出口经济收益遭受负面冲击，这很可能间接影响企业给就业人员提供的薪酬水平。第二，从总出口的行业结构角度看，壁垒推动了出口产品结构从低技术密集度行业向高技术密集度行业的集中，这一产品结构优化趋势将影响出口行业对于劳动力人员技术结构优化的需求，并进一步通过供需平衡机制影响劳动力供给，对总体劳动力技术结构的发展方向产生进一步影响。第三，从出口产品质量升级的发展趋势看，壁垒冲击对于企业出口产品质量优化具有倒逼作用，为满足壁垒来源国的新设技术标准和要求，相关行业的出口产品平均质量有望持续提升，而产品质量改善往往与技术进步和劳动力技能水平提高息息相关，这对于中国劳动力平均技能水平提升提出了新的要求。

四　影响地区经济收入与区域间发展差距

出口是国民收入的重要组成部分，各地区的出口产品结构与当地物质资源禀赋、人力资本情况、工业发展基础息息相关，因此各地在支柱型出口产品类别和主要贸易伙伴上往往具有明显的差异。对华技术性贸易壁垒可能进一步拉大地区间经济发展的差距。

第一，从地区自身发展角度看，技术性贸易壁垒对于地区经济发展的短期负面影响与长期积极影响共存。从短期看，壁垒的倒逼作用推动企业生产和经营决策自发调整，出口企业数量和出口规模发生显著变化，在受壁垒冲击程度较深的地区可能出现短期经济波动。从长期看，发达经济体对华技术性贸易壁垒推动出口产品结构优化，对于出口依存度较高、出口产品类别相对广泛的地区，若能

---

① Navaretti, Giorgio B., Lionel Fontagné, Gianluca Orefice, Giovanni Pica and Anna C. Rosso, "TBTs, Firm Organization and Labour Structure", *CESifo Working Paper* No. 8494, 2020, https://ssrn.com/abstract=3676100.

够实现从低技术密集度、低质量出口产品向高技术密集度、高质量出口产品的转型,则将有利于该地区的产业结构优化与经济高质量发展。

第二,从地区间差异角度看,来自某一特定国别、特定产品的对华技术性贸易壁垒冲击可能对于依赖该"国别—产品"市场的地区产生重大影响,这一地区间冲击程度的差异可能进一步拉大地区间经济发展的差距。尤其是对于经济支柱产业集中于低技术密集度行业且相关产业出口依存度较高的地区,相对落后的产业结构限制了出口产品结构的可优化空间。一旦遭受相关壁垒的冲击,其出口表现、企业经济收益以及就业稳定性可能遭受沉重的打击。因此,此类地区尤其需要加强对于相关壁垒的预警跟踪。

第八节 本章小结

本章围绕技术性贸易壁垒,对技术性贸易壁垒的相关概念区别、制度背景、特征事实、发展趋势、最新动向、形成动机及其在新形势下对于国家经济安全的重要影响进行了充分梳理和详细分析。

首先,在概念区别方面,尤其需要厘清技术性贸易壁垒与技术性贸易措施之间的区别。技术性贸易措施应当是"非歧视性"的,同时适用于经济体从外部市场进口和内部自身生产的产品。而技术性贸易壁垒则带有"实质性阻碍贸易"和"不必要"的限定条件,通过特别贸易关注信息可以帮助识别该条件。一般情况下,可以把中国基于WTO其他成员已通报或未及时通报的技术标准、技术法规、合格评定程序提出STC的情况视为相关成员实施了对华技术性贸易壁垒。

其次,在制度背景方面,本章系统介绍了技术性贸易措施的历史背景、发展沿革和最新动向,并且详细梳理了技术性贸易措施通报和特别贸易关注提案在WTO平台的实施流程,分析了中国应对和使用技术性贸易措施的运行机制，以及中国企业受技术性贸易措施影响的经典案例。根据所有上述系统梳理和细致分析，笔者归纳出了以下几项与本研究相关的重要信息。

（1）TBT 是 WTO 成员贸易争端的重要来源之一，一定程度上侧面支撑了其作为非关税贸易壁垒对于贸易的重大影响。

（2）TBT 通报和 STC 一定程度上反映了贸易伙伴双方就同一非关税贸易壁垒的施加方和承受方的关系，而且通过这一关系识别出技术性贸易壁垒对于出口企业往往冲击巨大，并难以通过简单调整生产而进行规避，其更加类似于一种一次性较高固定成本投入的门槛限制。

（3）TBT 通报所涉及的技术性贸易措施是否最终实施，并没有被官方记录，相关争端结果需要通过双方官方相关机构进行了解或持续追踪。

（4）政府对于贸易伙伴的 TBT 措施具有评议和影响的可能性，若能够合理行使评议权、提出 STC，一定程度上能够设法维护本经济体的贸易利益。

（5）STC 案例在正式讨论并被记录前是可以通过双边预先协商而取消的，因此我们所观察到的 STC 很大概率上是 TBT 受影响方无法接受 TBT 通报方相关措施的情况，因此支持了采用 TBT 通报和 STC 提案用以确定双边的技术性壁垒识别的合理性。

（6）上述 STC 可以同各国双边预先协商而取消的情况可能受到双方外交关系或者国家利益协商的影响，支持了本书关于探究 TBT-STC 双边关系形成的驱动因素（例如是否与外交关系相关）的必要性。

再次，在形成动机方面，本书探讨了技术性贸易壁垒的形成是否与进出口贸易伙伴双方的国际关系深入合作程度和进口国的经济增长情况相关。结果显示：经济环境和外交关系都是影响技术性贸易壁垒的形成的驱动因素。以中国为例，中国与进口方的外交关系对于技术性贸易壁垒存在的解释作用很强，而且不同程度的外交关系影响程度不同，随着双边外交伙伴关系的加深，技术性贸易壁垒覆盖范围越少。

最后，对华技术性贸易壁垒具有覆盖产品品类广泛、欧美主导和彼此效仿的特征，并呈现聚焦能源环境议题、向价值链上游环节延伸的趋势。壁垒形成受经济、政治、技术、外交因素驱动，是国家利益在特定市场发生竞争性冲突的结果。在新形势下，对华技术性贸易壁垒将通过直接影响中国微观主体参与国际贸易的经济行为，引发国内行业维度、地区维度的结构性调整，并通过产品市场与劳动力市场的均衡作用、国外市场与国内市场的内外联动等途径影响国民经济运行的稳定状态，从而深刻影响国家经济安全。

第 二 章

技术性贸易壁垒议题相关文献综述

Baldwin 早在 1970 年就指出："实际上,降低关税正如抽干沼泽,水位的降低愈发暴露出非关税壁垒的障碍。任何导致国际贸易商品或服务(或专门用于生产这些商品和服务的资源)实际收入减少的公共或私人领域的措施,都属于非关税贸易扭曲政策(即非关税壁垒)。"[1] 因此,汇率政策、选择性信贷政策、区域发展政策、进口配额、健康安全法规等都可能成为非关税贸易扭曲政策。[2] 1964 年,美国的实际进口关税平均为 17%,而非关税壁垒增加了 3% 的有效保护。根据 Baldwin (1970)[3] 的估计,1972 年生效的肯尼迪回合关税削减计划会使得有效保护关税税率将减少近 10%,但非关税壁垒的有效保护将增加 5%。Trefler (1993)[4] 的研究证明

---

[1] Baldwin, Robert Edward, *Nontariff Distortions of International Trade*, Washington, D. C. : Brookings Institution, 1970.

[2] Krueger, Anne O. , " Nontariff Distortions of International Trade: Robert E. Baldwin", *Journal of International Economics*, Vol. 2, No. 3, 1972, pp. 305 – 307.

[3] Baldwin, Robert Edward, *Nontariff Distortions of International Trade*, Washington, D. C. : Brookings Institution, 1970.

[4] Trefler, Daniel, "Trade Liberalization and the theory of Endogenous Protection: an Econometric Study of US Import Policy", *Journal of Political Economy*, Vol. 101, No. 1, 1993, pp. 138 – 160.

了非关税壁垒导致1983年的美国制造业进口额下降24%。由此可见，非关税壁垒的出现并非新兴事物，而是具有一定的历史背景，只是随着经济发展和科技进步，出现了越来越多的表现形式。

技术性贸易壁垒在非关税壁垒中属于影响较为广泛的形式，早在OECD（2005）的报告中，研究者们就提到，技术性贸易壁垒通报的数量占非关税壁垒通报总数的一半以上，高于海关行政程序通报及SPS通报的数量之和[①]。技术性贸易壁垒所覆盖的贸易产品范围甚广，技术标准和技术法规的适用会影响从农产品到高精尖机械设备的几乎所有的贸易品，且对于贸易品的数量和价格都会产生不同程度的影响，因此其对于国际贸易的作用不容忽视。而且，随着产品复杂度的提高，这些技术性贸易壁垒将变得更加严格、复杂，并带来更加昂贵的技术升级成本。

总体来看，技术性贸易壁垒研究属于非关税壁垒研究领域，该领域的研究与全球贸易自由化发展息息相关。相比于对关税措施的研究，学术界关于技术性贸易壁垒的研究还非常不足。本章将从理论、实证两个方面梳理相关文献，并说明本研究的边际贡献。

第一节 与技术性贸易壁垒相关的理论研究综述

一 非关税壁垒领域的理论研究

大多数企业层面的非关税壁垒模型建立在Melitz（2003）[②]的异质性企业模型之上，并作非关税壁垒增加了企业从事出口的固定成

---

① Organization for Economic Co‑Operation and Development, *Looking Beyond Tariffs: The Role of Non‑Tariff Barriers in World Trade*, 2005.

② Melitz, Marc J., "The Impact of Trade on Intra-Industry Reallocations and Aggregate Industry Productivity", *Econometrica*, Vol. 71, No. 6, 2003, pp. 1695–1725.

本和可变成本的假设。例如 Shepherd（2007）[1] 将 Melitz（2003）[2] 拓展到了考虑非关税壁垒的三国贸易版本。

虽然异质性企业贸易理论的标准 CES 偏好设置有助于解释一些事实，但是无法解释为何现实中大部分的企业只出口少量产品，而且决定出口的顺序也不仅仅基于生产率的高低[3]。在异质性企业贸易理论的标准 CES 偏好设置下，贸易的成本上升对于不同规模的企业所产生的在集约边际上的影响是相同的，但越来越多的理论文献强调了贸易政策的影响会受到企业规模和生产率的影响。这些拓展的模型放松了 Melitz（2003）[4] 的一些标准假设，例如放松了不同产品的替代弹性不变、贸易成本外生等假设。Spearot（2013）[5] 放松了不同产品替代弹性不变的设置，指出贸易自由化会增加高成本品种的进口，这些品种以相对较高的需求弹性销售，收入相对较低。应用到非关税壁垒层面，其导致的贸易成本的上升也可能对拥有不同出口品种和出口收入状况的企业产生不同的影响。Arkolakis（2010）[6] 则放松了贸易成本外生的假设，假定企业进行市场开拓的边际成本递增，但是增长到一定程度以后，随着出口市场的扩大而递减。在这种情况下，如果出口企业遭遇来自进口国的贸易限制措施，那么规模较小的出口企业会比规模较大的出口企业遭受更大的出口损失。

---

[1] Shepherd, Ben, *Product Standards, Harmonization, and Trade: Evidence from the Extensive Margin*, Washington, D. C.: World Bank Publications, Vol. 4390, 2007.

[2] Melitz, Marc J., "The Impact of Trade on Intra-Industry Reallocations and Aggregate Industry Productivity", *Econometrica*, Vol. 71, No. 6, 2003, pp. 1695 – 1725.

[3] Eaton, Jonathan, Samuel Kortum and Francis Kramarz, "An Anatomy of International Trade: Evidence from French firms", *Econometrica*, Vol. 79, No. 5, 2011, pp. 1453 – 1498.

[4] Melitz, Marc J., "The Impact of Trade on Intra-Industry Reallocations and Aggregate Industry Productivity", *Econometrica*, Vol. 71, No. 6, 2003, pp. 1695 – 1725.

[5] Spearot, Alan C., "Variable Demand Elasticities and Tariff Liberalization", *Journal of International Economics*, Vol. 89, No. 1, 2013, pp. 26 – 41.

[6] Arkolakis, Costas, "Market Penetration Costs and the New Consumers Margin in International Trade", *Journal of Political Economy*, Vol. 118, No. 6, 2010, pp. 1151 – 1199.

此外，由于技术性贸易壁垒影响了企业出口所涉及的贸易成本，因此不得不提到量化贸易成本的相关研究。Anderson 等（2004）[1]提供了当时关于贸易成本的详细研究综述，相关研究还有 Anderson 等（2003）[2]、Eaton 等（2002）[3]、Head 等（2001）[4]、Helpman 等（2008）[5]、Hummels（2007）[6]、Jacks（2008）[7]。这一类文献还大多进行了实证检验，有的选取可以反映贸易成本的直接衡量指标，有的通过对跨国贸易数据进行模型拟合，推导出与理论一致的贸易成本指数。最近的 Irarrazabal 等（2015）[8]区分了以固定成本为代表的增加性贸易成本和以可变成本为代表的乘数性贸易成本（如贸易理论中常用的"冰山成本"），认为增加性贸易成本的降低所产生的福利效应和贸易量的增长要远远高于乘数性贸易成本的类似下降所带来的结果。有研究者认为，技术性贸易壁垒导致了企业贸易成本的增加，主要体现在固定成本上（即增加性贸易成本），在价格异质性情况下，反映为增加性贸易成本的贸易壁垒扭曲了两种产品在市场

---

[1] Anderson, James E. and Eric van Wincoop, "Trade Costs", *Journal of Economic Literature*, Vol. 42, No. 2, 2004, pp. 691–751.

[2] Anderson, James E. and Eric van Wincoop, "Gravity with Gravitas: A Solution to the Border Puzzle", *American Economic Review*, Vol. 93, No. 1, 2003, pp. 170–192.

[3] Eaton, Jonathan and Samuel Kortum, "Technology, Geography, and Trade", *Econometrica*, Vol. 70, No. 5, 2002, pp. 1741–1779.

[4] Head, Keith and John Ries, "Increasing Returns Versus National Product Differentiation as an Explanation for the Pattern of US – Canada trade", *American Economic Review*, Vol. 91, No. 4, 2001, pp. 858–876.

[5] Helpman, Elhanan, Marc Melitz and Yona Rubinstein, "Estimating Trade Flows: Trading Partners and Trading Volumes", *The Quarterly Journal of Economics*, Vol. 123, No. 2, 2008, pp. 441–487.

[6] Hummels, David, "Transportation Costs and International Trade in the Second Era of Globalization", *The Journal of Economic Perspectives*, Vol. 21, No. 3, 2007, pp. 131–154.

[7] Jacks, David S., Christopher M. Meissner and Dennis Novy, "Trade Costs, 1870–2000", *American Economic Review*, Vol. 98, No. 1, 2008, pp. 529–534.

[8] Irarrazabal, Alfonso, Andreas Moxnes and Luca David Opromolla, "The Tip of the Iceberg: A Quantitative Framework for Estimating Trade Costs", *Review of Economics and Statistics*, Vol. 97, No. 4, 2015, pp. 777–792.

内部和跨市场间的相对价格,因此技术性贸易壁垒对于贸易的影响不容忽视(反映为乘数性贸易成本壁垒只会扭曲跨市场价格,而不会扭曲市场内部的价格[①])。

除了侧重于贸易规模的研究,一系列经典文献讨论了企业进出市场动态决策的影响因素[②],认为企业出口的动态决策在一定程度上是由进入特定出口市场的沉没成本所推动的。Baldwin(1989)[③] 详细阐述了沉默成本的时滞效应,在冲击中持续的时间越长,就越有可能让根基稳固的公司做出退出决定。Kasahara 等(2019)[④] 的研究分析了 2000—2006 年中国一般贸易出口企业存在频繁进入、频繁退出的特征,并基于 "learning from neighbors" 的两阶段决策模型从企业自我开拓市场需求的角度进行了解释。

在理论研究方面,针对技术性贸易壁垒的理论研究较少,由于其与产品技术标准、技术要求紧密相关,常被视作一种影响贸易成本或生产成本的冲击。例如:Ganslandt 等(2001)[⑤] 指出,技术标

[①] 具体证明过程参见 Irarrazabal 等(2015)的第 3 页脚注。资料来源:Irarrazabal, Alfonso, Andreas Moxnes and Luca David Opromolla, "The Tip of the Iceberg: A Quantitative Framework for Estimating Trade Costs", *Review of Economics and Statistics*, Vol. 97, No. 4, 2015, pp. 777 – 792.

[②] Krugman, Paul R., *Exchange – Rate Instability*, Cambridge, MA: MIT Press, 1989, https://mitpress.mit.edu/books/exchange – rate – instability; Dixit, Avinash, "Entry and Exit Decisions under Uncertainty", *Journal of Political Economy*, Vol. 97, No. 3, 1989a, pp. 620 – 638; Dixit, Avinash, "Hysteresis, Import Penetration, and Exchange Rate Pass – Through", *The Quarterly Journal of Economics*, Vol. 104, No. 2, 1989b, pp. 205 – 228; Baldwin, Richard, "Sunk – Cost Tysteresis", *NBER Working Paper* No. 2911, 1989, https://www.nber.org/papers/w2911.

[③] Baldwin, Richard, "Sunk – Cost Hysteresis", *NBER Working Paper* No. 2911, 1989, https://www.nber.org/papers/w2911.

[④] Kasahara, Hiroyuki and Heiwai Tang, "Excessive Entry and Exit in Export Markets", *Journal of the Japanese and International Economies*, Vol. 53, No. 101031, 2019.

[⑤] Ganslandt, Mattias and James R. Markusen, "Standards and Related Regulations in International Trade: A Modeling Approach", *NBER Working Papers*, No. 8346, 2001, https://www.nber.org/papers/w8346.

准和法规一方面通过提高出口商的成本而导致贸易阻碍效应，另一方面则通过向消费者证明产品质量与安全性而引发需求促进效应。Baldwin 等（2000）[①]是第一篇针对技术性贸易壁垒构建理论模型的文献，认为技术性贸易壁垒会带来较高的一次性新增固定成本和较低的后续新增可变成本，进而影响企业在国家间的贸易量。由于技术性贸易壁垒不仅包含涉及单位产品可变成本变动的技术要求（例如要求产品新增某项功能），还包含一次性的固定成本投资（例如更换技术信息更丰富的标签、增加样品的实验室测试次数等），而后者的成本若过于高昂，则可能导致资金不充裕的企业退出市场，从而影响企业出口的动态决策变化。

二 贸易偏转领域的理论研究

传统的贸易文献在模型设定时一般排除了"贸易偏转"的情况。[②]直到20世纪90年代开始，Georgakopoulos 等（1992）[③]拓展了 Shibata（1968）[④]关于贸易偏转的分析，强调了当存在关税扭曲

[①] Baldwin, Robert Edward, J. McLaren, A. Panagariya, "Regulatory Protectionism, Developing Nations, and a Two – Tier World Trade System", *Brookings Trade Forum*, 2000, pp. 237 – 293.

[②] Whalley, John, "Uniform Domestic Tax Rates, Trade Distortions and Economic Integration", *Journal of Public Economics*, Vol. 11, No. 2, 1979, pp. 213 – 221; Berglas, Eitan, "Harmonization of Commodity Taxes: Destination, Origin and Restricted Origin Principles", *Journal of Public Economics*, Vol. 16, No. 2, 1981, pp. 377 – 387; Haufler, Andreas, "Unilateral Tax Reform under the Restricted Origin Principle", *European Journal of Political Economy*, Vol. 10, No. 3, 1994, pp. 511 – 527.

[③] Georgakopoulos, Thanasis and T. Hitiris, "On the Superiority of the Destination Over the Origin Principle of Taxation for Intra – Union Trade", *The Economic Journal*, Vol. 102, No. 410, 1992, pp. 117 – 126.

[④] Shibata, Hirofumi, *The Theory of Economic Unions: A Comparative Analysis of Customs Unions, Free Trade Areas, and Tax Unions*, Columbia University, 1968.

时，贸易偏转就变得很重要。Shibata（1968）[①] 和 Georgakopoulos（1989）[②] 的模型假设所有商品的贸易偏转都是没有成本的，而 Georgakopoulos 等（1992）[③] 的模型加入了所有商品存在线性贸易偏转成本的假定。Haufler（1996）[④] 的模型则假设贸易偏转的交易成本是一个凸函数。上述模型主要强调了预算约束对于贸易的作用，用于解释外部关税设置在三国间造成的影响。

Baldwin 等（2000）[⑤] 是第一篇为技术性贸易壁垒与贸易偏转效应构建模型的研究。他结合了技术性贸易壁垒的高固定成本、低后续附加可变成本的特征，描绘了一个初期呈倒"U"形的一次性成本（例如一次性的新政产品注册手续、检测手续、合格评定程序等），与后期附加相对较低的持续成本（例如设计了符合要求的新标签后对于每个产品加贴上新标签）所构成的成本曲线形式（见图 2-1）。假设企业在古诺寡头垄断竞争为特征的行业开展竞争，企业面临恒定的边际成本和两种类型的固定成本，一种是企业特有的建立生产的固定成本（与 TBT 无关），另一种成本是向每个市场销售产品的固定成本（与 TBT 有关），基于此构建了一个技术性贸易壁垒施加国、承受国和其余贸易伙伴的三方模型，而贸易偏转程度是壁垒承受国出口至壁垒施加国和出口至其余贸易伙伴的差异。

[①] Shibata, Hirofumi, *The Theory of Economic Unions: A Comparative Analysis of Customs Unions, Free Trade Areas, and Tax Unions*, Columbia University, 1968.

[②] Georgakopoulos, Theodore A., "Harmonisation of Commodity Taxes: The Restricted Origin Principle - Comment", *Journal of Public Economics*, Vol. 39, No. 1, 1989, pp. 137 - 139.

[③] Georgakopoulos, Thanasis and T. Hitiris, "On the Superiority of the Destination Over the Origin Principle of Taxation for Intra - Union Trade", *The Economic Journal*, Vol. 102, No. 410, 1992, pp. 117 - 126.

[④] Haufler, Andreas, "Tax Differentials and External Tariffs in a Trade Deflection Model", *FinanzArchiv / Public Finance Analysis*, Vol. 53, No. 1, 1996, pp. 47 - 67.

[⑤] Baldwin, Robert Edward, J. McLaren, A. Panagariya, "Regulatory Protectionism, Developing Nations, and a Two - Tier World Trade System", *Brookings Trade Forum*, 2000, pp. 237 - 293.

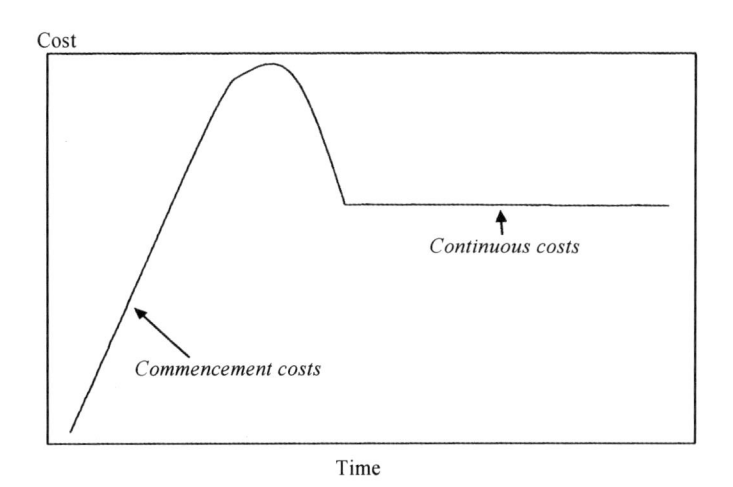

图 2-1　Baldwin 等（2000）提出的技术性贸易壁垒成本函数

资料来源：Baldwin, Robert Edward, J. McLaren, A. Panagariya, "Regulatory Protectionism, Developing Nations, and a Two-Tier World Trade System", *Brookings Trade Forum*, 2000, pp. 237-293。

Bown 等（2007）[1]的理论模型是这一支文献中引用较高的贸易偏转模型，其构建了一个假定技术同质、边际成本递增的单一产品三国贸易模型，并将一国遭受的非关税壁垒反映为贸易成本（τ）的增加。通过三国间贸易成本变化所带来的偏导正负差异，可分为壁垒施加国对于壁垒承受国之间的贸易阻碍效应，壁垒承受国第三国彼此间的贸易偏转效应和贸易收缩效应，以及第三国对于壁垒施加国之间的贸易创造效应。

第二节　与技术性贸易壁垒相关的实证研究综述

由于关税已经下降至历史较低水平，非关税壁垒对于贸易的作

---

[1] Bown, Chad P. and Meredith A. Crowley, "Trade Deflection and Trade Depression", *Journal of International Economics*, Vol. 72, No. 1, 2007, pp. 176-201.

用越来越凸显。虽然大多数非关税措施单独来看似乎是无害的，但如果把它们叠加起来，就能显著地分割世界市场①。

Baldwin等（2000）②是第一个试图区分技术性贸易壁垒影响种类的文献。该研究将技术性贸易壁垒分为垂直技术性贸易壁垒和水平技术性贸易壁垒。垂直技术性贸易壁垒的表现为，进口国技术标准的设定使外国生产商的成本上升幅度大于国内生产商的成本上升幅度，从而以牺牲外国生产商、外国出口商和国内消费者的利益为代价，提高国内生产商的利润。例如，瑞典市场对进口车车灯所设置的严格的技术安全标准导致法国车出口瑞典成本上升，进而只出口高端车型，不出口低端车型，一定程度上保护了瑞典国内生产商在低端汽车市场的份额。水平技术性贸易壁垒的表现为，技术标准的差异使得贸易伙伴双方进入对方市场时都会遇到成本上升。例如，两国电器插座接头或适用电压不一样，虽然两种产品在本国市场都符合安全标准，但在出口到对方国家时需要进行生产设计的技术调整。如果没有相应的国际标准予以约束，则这两种技术标准或法规要求都可能成为贸易壁垒：例如某国对于汽车排放过于严苛的要求（垂直技术性贸易壁垒），或进口产品包装的小语种要求（水平技术性贸易壁垒）。

一系列文献试图量化非关税壁垒及其项下的技术性贸易壁垒分支对于国际贸易所产生的影响。立足本书的研究重点，本节主要从技术性贸易壁垒对贸易影响的直接衡量、技术标准互认与贸易自由化、技术性贸易壁垒究竟是贸易保护主义还是促进了进口品质量提升及其对贸易偏转所造成的影响这几个角度展开。

---

① Baldwin, Robert Edward, J. McLaren, A. Panagariya, "Regulatory Protectionism, Developing Nations, and a Two–Tier World Trade System", *Brookings Trade Forum*, 2000, pp. 237–293.

② Baldwin, Robert Edward, J. McLaren, A. Panagariya, "Regulatory Protectionism, Developing Nations, and a Two–Tier World Trade System", *Brookings Trade Forum*, 2000, pp. 237–293.

一 技术性贸易壁垒对国际贸易的影响

技术性贸易措施和技术性贸易壁垒增加的趋势与关税降低的趋势相伴而生。随着关税的不断降低,技术标准和技术法规的限制越来越成为贸易成本增加的动因,例如相关的环境标准,包括产品含量标准、强制性和自愿性标签、测试和认证程序等。许多国家设置技术法规的初衷是为了减轻消费和生产的外部性,通过标准化产品、提供质量保证和纠正信息不对称来促进市场的有效发展和社会福利的提升。[①] 然而规定进口产品必须符合进口国国内测试和认证要求的行为,不可避免地会增加外国生产商的出口成本。尤其是对发展中国家来说,要达到发达国家的技术标准,通常需要其政府在建立产品测试设施、完善检测程序等方面投入大量资金,这对于物质和技术人力资源有限的发展中国家来说,并不总是可行的。[②] Essaji (2008)[③] 用25岁以上人口的平均受教育年限作为人力资源指标,用政府有效性数据作为公共设施服务能力指标证明了这一点,发展中国家(或者贫穷国家)的确更易受到发达国家技术性贸易壁垒的限制。

为了探究技术性贸易措施究竟对于贸易产生了怎样的影响,研究者们从各个方面入手,试图寻找衡量技术性贸易措施的方法,验证其对于贸易所施加的影响。然而,数据问题一直是困扰该领域研究的一大挑战,使得定量研究的进展相对其他贸易壁垒的研究而言相对缓慢。一方面,准确衡量非关税壁垒的经济影响是一项长久以

---

① Essaji, Azim, "Technical Regulations and Specialization in International Trade", *Journal of International Economics*, Vol. 76, No. 2, 2008, pp. 166 – 176.

② Maskus, Keith E. and John S. Wilson, "A Review of Past Attempts and the New Policy Context", *Quantifying the Impact of Technical Barriers to Trade: Can it be done*, Ann Arbor: University of Michigan Press, 2001.

③ Essaji, Azim, "Technical Regulations and Specialization in International Trade", *Journal of International Economics*, Vol. 76, No. 2, 2008, pp. 166 – 176.

来的难题。20 世纪 90 年代以前，已经存在一系列研究非关税壁垒的文献，虽然受非关税壁垒影响的商品种类覆盖范围极高，但大多数实证结果的相关性系数普遍偏低[1]，Laird 等 (1990)[2] 对此的解释是研究受限于非关税壁垒的数据衡量问题。数据的衡量问题一直是对技术性贸易壁垒等非关税壁垒研究的极大限制。另一方面，聚焦于技术性贸易壁垒议题，相关定量文献对于数据的使用存在明显不足，近年取得一些进展，从早期使用分散的文本数据、问卷调查数据，发展到近期使用通报数据和特别贸易关注数据。20 世纪 90 年代末的文献大多使用分散的官方文本资料或企业抽样调查数据：Swann 等 (1996)[3] 使用简单计数的方法来衡量英国的国家标准和技术规范的有效存量，发现技术标准的增加促进了英国的出口；Moenius (2004)[4] 基于德国、法国、英国三大标准化组织联合构建的 PERINORM 数据库所发布的 16 个经济体的标准和技术法规文件信息，来识别技术标准的双边共享情况，发现单边国家标准大多属于贸易壁垒，而标准的双边互认或统一有利于促进贸易；Chen 等 (2006)[5] 使用 2002 年世界银行对 17 个发展中国家分属 24 个部门（包括农业和制造业）的 619 家公司的调查数据，探究了产品检测对于贸易的影响，发现进口方规定的检测程序会使得出口方企业出口占其销售额的比例下降 9%，国有企业下降则更为明显（下降了 16%）。随着 UNCTAD

---

[1] Harrigan, James, "OECD Imports and Trade Barriers in 1983", *Journal of International Economics*, Vol. 35, No. 1, 1993, pp. 91 – 111; Nogués, Julio J., Andrzej Olechowski and L. Alan Winters, "The Extent of Nontariff Barriers to Industrial Countries' Imports", *The World Bank Economic Review*, Vol. 1, No. 1, 1986, pp. 181 – 199.

[2] Laird, Sam and Alexander Yeats, *Quantitative Methods for Trade – Barrier Analysis*, London: The Macmillan Press Ltd, 1990.

[3] Swann, Peter, Paul Temple and Mark Shurmer, "Standards and Trade Performance: The UK Experience", *The Economic Journal*, Vol. 106, No. 438, 1996, pp. 1297 – 1313.

[4] Moenius, Johannes, "Information Versus Product Adaptation: The Role of Standards in Trade", 2004, https://ssrn.com/abstract=608022.

[5] Chen, Maggie Xiaoyang, Tsunehiro Otsuki and John Sullivan Wilson, *Do Standards Matter for Export Success?*, Washington, DC: World Bank Publications, 2006.

主动收集非关税措施信息的 TRAINS 数据库投入使用，研究者开始直接使用技术性贸易措施指标数据，发现技术性贸易措施显著减少了发展中国家对 OECD 经济体的总出口，却不影响 OECD 成员之间的贸易。[①] 但是由于产品数量、进口国法规的信息收集成本非常高，因此 TRANS 的非关税措施（Non-Tariff Measures，NTM）数据从 2001 年后更新缓慢，尤其是关于技术性贸易壁垒的统一数据一直没有公布。此外，TRANS 数据库只记录了一个国家是否实施了 NTM，而没有表明该措施是否构成贸易壁垒，所以无法区分法规或标准是否属于合理的技术要求还是具有歧视性的技术性贸易壁垒。随着 WTO 的 TBT 统一通报系统建立，使得 TBT 通报数据的可得性与准确度大大提升，成为衡量进口国产品标准和法规变化的重要指标。[②] 基于这一数据集，Bao 等（2012）[③] 的研究发现，无论是来自发达经济体还是发展中经济体的技术性贸易措施，都会阻碍发展中经济体的出口数量，而发达经济体只会受到同样来自发达经济体的技术性贸易措施的负面影响。

近年来，基于 WTO 的"TBT 通报—STC 提案"机制，已有少数国外研究结合印度、埃及、法国的微观企业数据检验了技术性贸易壁垒对于企业进出口行为和要素投入结构的影响。例如，印度对于中间品进口所设置的技术性贸易壁垒并未导致进口产品价格的显著上升，该冲击所带来的新增边际成本由印度进口企业通过降低价格

[①] Disdier, Anne-Célia, Lionel Fontagné and Mondher Mimouni, "The Impact of Regulations on Agricultural Trade: Evidence from the SPS and TBT Agreements", *American Journal of Agricultural Economics*, Vol. 90, No. 2, 2008, pp. 336–350; Essaji, Azim, "Technical Regulations and Specialization in International Trade", *Journal of International Economics*, Vol. 76, No. 2, 2008, pp. 166–176.

[②] Grundke, Robert and Christoph Moser, "Hidden Protectionism? Evidence from Non-Tariff Barriers to Trade in the United States", *Journal of International Economics*, Vol. 117, 2019, pp. 143–157.

[③] Bao, Xiaohua and Larry D. Qiu, "How Do Technical Barriers to Trade Influence Trade?", *Review of International Economics*, Vol. 20, No. 4, 2012, pp. 691–706.

加成予以抵消;① 技术性贸易壁垒显著影响了埃及企业的市场进出决策,但对于企业出口金额的影响并不显著;② 技术性贸易壁垒还显著导致了法国企业劳动力结构的变化。③ 然而,检验技术性贸易壁垒如何影响中国微观企业经济行为的相关研究尚且少见、亟待拓展。

然而,识别技术性贸易壁垒时,尤其是基于"TBT 通报—STC 提案"机制进行双边技术性贸易壁垒指标构建时可能存在内生性问题。TBT 委员会为 WTO 成员提供了一个讨论其他成员所采取的 TBT 的合理性的平台。WTO 成员可以对其他成员所通报的 TBT 进行评议,还可以对给本国产生实质性贸易壁垒的技术法规或标准提出 STC。提出 STC 的成员会详细说明关注的产品、关注的技术要求对象,以及担忧的原因,所关注的对象除了进口方的 TBT 通报之外,还可以是进口方未向 WTO 报告的一些地方法规(包括现行版本或在拟草案)。一般认为,STC 可以反映对于出口商而言影响较大的技术性贸易壁垒,因为这些进口方的技术标准或法规足以使出口商受损,以至于该经济体会向 WTO 的 TBT 委员会提出"关切和担忧"。换言之,STC 数据能够用以衡量被出口商和各国政府判断为技术性贸易壁垒(而不是合理的技术要求)的相关标准和法规。但是,使用这一数据的一个潜在缺点是可能存在内生性问题:因为提出 STC 的成本很高(反映了经济体的关切态度,可能涉及国际关系、外交关系、政治态度),政府可能倾向于对出口份额较大的关键产品提出 STC。这是进行贸易政策研究时常见的内生性问题,因为贸易政策的制定

---

① Singh, Rahul and Rupa Chanda, "Technical Regulations, Intermediate Inputs, and Performance of Firms: Evidence from India", *Journal of International Economics*, Vol. 128, 2021, No. 103412.

② Kamal, Yasmine and Chahir Zaki, "How Do Technical Barriers to Trade Affect Exports? Evidence from Egyptian Firm - Level Data", *Journal of Economic Integration*, Vol. 33, No. 4, 2018, pp. 659 - 721.

③ Navaretti, Giorgio B., Lionel Fontagné, Gianluca Orefice, Giovanni Pica and Anna C. Rosso, "TBTs, Firm Organization and Labour Structure", *CESifo Working Paper* No. 8494, 2020.

可能与国内政治游说、国内市场竞争等因素息息相关[①]，所以政策制定的本身就与贸易规模相关。为处理技术性贸易壁垒研究领域可能存在的内生性问题，研究者们采取了多种方法：Essaji（2008）[②] 在研究美国的技术性贸易壁垒时，选用了与美国技术法规较为类似但进口模式截然不同的国家（德国）所使用的相关技术标准或法规作为工具变量。Fontagné 等（2015）[③] 一方面使用出口商市场份额和贸易壁垒变量的交叉项，用该项系数不显著的结果说明政府在提出 STC 时没有针对出口占比较大的企业，因此不存在内生性；另一方面也使用同一 HS2 项下其他产品受到 STC 的数量作为原产品指标的工具变量。Grundke 等（2019）[④] 使用了滞后期的核心变量作为工具变量，并尝试使用欧洲的进口拒收指标作为美国的进口拒收指标的工具变量。

还有一些研究使用了侧面的间接数据来衡量技术性贸易壁垒的经济影响。例如：Buzby 等（2008）[⑤] 基于美国食品及药物管理局（FDA）的进口拒收数据的研究发现，美国进口食品产品中反复出现海鲜和水果产品的卫生不合格、蔬菜中的农药残留不合格以及罐头食品加工过程未经注册这三个方面的问题记录。然而，并没有证据显示这些进口食品可能对美国消费者构成食品安全风险。

[①] Trefler, Daniel, "Trade Liberalization and the Theory of Endogenous Protection: An Econometric Study of US Import Policy", *Journal of political Economy*, Vol. 101, No. 1, 1993, pp. 138–160.

[②] Essaji, Azim, "Technical Regulations and Specialization in International Trade", *Journal of International Economics*, Vol. 76, No. 2, 2008, pp. 166–176.

[③] Fontagné, Lionel, Gianluca Oreficeb, Roberta Piermartinic and NadiaRocha, "Product Standards and Margins of Trade: Firm–level Evidence", *Journal of International Economics*, Vol. 97, No. 1, 2015, pp. 29–44.

[④] Grundke, Robert and Christoph Moser, "Hidden Protectionism? Evidence from Non–Tariff Barriers to Trade in the United States", *Journal of International Economics*, Vol. 117, 2019, pp. 143–157.

[⑤] Buzby, Jean C., Laurian J. Unnevehr and Donna Roberts, *Food Safety and Imports: An Analysis of FDA Food–Related Import Refusal Reports*, No. 1476–2016–121050, 2008.

Grundke 等（2019）① 进一步证明，FDA 的进口拒收行为会导致美国进口产品价值下降，而且非 OECD 国家因为不符合美国产品标准而导致的贸易成本上升情况更为严重（OECD 国家不显著），发展中国家因 FDA 进口拒收所导致的对美出口损失达近 50 亿美元。值得注意的是，FDA 可以根据非经过实验室检测的、仅仅是"表面上看上去似乎不符合美国产品标准"的理由实行进口拒收，这一情况在次贷危机期间显著增加，中国、智利、斯里兰卡和俄罗斯是美国实施这一隐形贸易保护主义的主要对象。

国内对于技术性贸易壁垒的研究随着中国加入 WTO 而开始出现。夏友富（2001）② 梳理了技术性贸易壁垒在技术法规、标准、合格评定程序，检验检疫，包装标签要求，信息技术壁垒，绿色环保壁垒这五大领域内面临的主要挑战。但是从国际贸易角度对技术性贸易壁垒效应进行定量研究的文献相对较少。鲍晓华、朱达明（2014）③ 基于产品类别 HS2 维度下受 TBT 影响的 HS4 种类以构建产品覆盖率，使用 HMR 两阶段引力模型来处理零值问题，检验了 TBT 通报对于产业层面边际效应和集约效应的影响。该文还进一步检验了 TBT 对于中国的贸易限制效应变化，指出 2002—2009 年该限制效应的降低贡献了近 5% 的贸易增长。④ 杨艳红（2009）⑤ 也基于 TBT 的数量验证了发达经济体所设置的技术性贸易壁垒对于中国出

---

① Grundke, Robert and Christoph Moser, "Hidden Protectionism? Evidence from Non – Tariff Barriers to Trade in the United States", *Journal of International Economics*, Vol. 117, 2019, pp. 143 – 157.

② 夏友富：《技术性贸易壁垒体系与当代国际贸易》，《中国工业经济》2001 年第 5 期，第 14—20 页。

③ 鲍晓华、朱达明：《技术性贸易壁垒与出口的边际效应——基于产业贸易流量的检验》，《经济学（季刊）》2014 年第 4 期，第 1393—1414 页。

④ 鲍晓华、朱达明：《技术性贸易壁垒的差异化效应：国际经验及对中国的启示》，《世界经济》2015 年第 11 期，第 71—89 页。

⑤ 杨艳红：《中外 WTO 技术性贸易壁垒的绩效差异分析》，《中南财经政法大学学报》2009 年第 5 期，第 60—65 + 143 页。

口贸易的阻碍作用。田曦、柴悦（2019）[①] 从 STC 的角度入手，基于产品层面引力模型，发现中国出口农产品所受到来自技术性贸易壁垒的负面影响比异质性工业制成品更强。大多数研究仍然落脚在定性层面，分析中国遭遇技术性贸易壁垒的特点和趋势[②]。也有不少具有针对性的研究来自检验检疫系统、技术标准研究系统等获取相关一手信息的从业者，研究对象多集中于现实遭遇，针对某一特定地域，例如对于广东省电子产品出口遭遇 TBT 的分析[③]、对于江苏省机电产品出口遭遇 TBT 的分析[④]；或者针对某一类产品，例如技术含量较低的机电产品类别[⑤]、水产品[⑥]；或者针对某一具体的通报案例，例如美国、澳大利亚、新西兰的农药残留限制标准[⑦]，欧盟、日

[①] 田曦、柴悦：《特别贸易关注视角下技术性贸易措施对我国出口贸易的影响》，《国际贸易问题》2019 年第 3 期，第 41—55 页。

[②] 李丽：《全球技术性贸易壁垒发展的新特点、趋势及对我国的启示》，《WTO 经济导刊》2013 年第 Z1 期，第 119—121 页；隋军：《TBT 新近案例关键争议点分析：趋势与启示》，《国际经贸探索》2013 年第 10 期，第 48—61 页；李丽：《欧美技术性贸易壁垒的新变化及趋势》，《WTO 经济导刊》2014 年第 3 期，第 89—92 页；胡方、曹情：《全球技术性贸易壁垒发展的七大趋势》，《WTO 经济导刊》2015 年第 5 期，第 88—91 页；陈琼、邓超寅、王文君、雷锐：《从2014TBT 通报看国际贸易的"门槛"》，《WTO 经济导刊》2015 年第 7 期，第 91—92 页；徐战菊、李柏洲：《技术性贸易措施发展的新趋势及我国宏观管理对策研究》，《中国软科学》2009 年第 9 期，第 68—74 页。

[③] 余建华：《我国应对技术性贸易措施的现状与对策分析——以广州出口企业为例》，《对外经贸实务》2012 年第 8 期，第 43—46 页。

[④] 杨光、田泽、冒婷婷：《江苏省机电产品应对技术性贸易壁垒风险的预警及策略》，《江苏商论》2013 年第 4 期，第 47—49 页。

[⑤] 胡卫东：《区域经济一体化下 TBT 问题研究——以我国机电产品出口为例》，硕士学位论文，商务部国际贸易经济合作研究院，2013 年。

[⑥] 何雅静、李乐、房金岑、孟娣、宋怿：《WTO 成员有关水产品技术性贸易措施的通报趋势及其对中国的影响》，《中国渔业质量与标准》2015 年第 2 期，第 28—34 页。

[⑦] 张建群、潘鹏飞、鲁翔：《国外农产品技术性贸易壁垒实施状况及影响分析》，《经济研究导刊》2012 年第 28 期，第 177—179 页；陈晓娟、穆月英：《韩国技术性贸易壁垒对中国农产品出口的影响分析》，《经济问题探索》2015 年第 7 期，第 121—127 页；彭勇：《技术性贸易壁垒对中国农产品出口的影响研究——基于日本、美国、欧盟和韩国的实证研究》，《世界农业》2017 年第 4 期，第 97—102 页。

本、美国的酒类标签技术信息要求①。此外，也有研究将 TBT 与 SPS 相比较，但仍多从产品层面展开②。此外，还有一些文献从进口角度探索了中国对外的技术性贸易措施监管的影响③，也有一些文献细致介绍了某个经济体的技术性贸易壁垒设置特征④。还有文献针对上海出口企业对于技术性贸易壁垒的认知水平进行了问卷调查，发现企业虽然关注相关出口产品可能遭遇的技术性贸易壁垒，但是对于具体技术要求的信息获取却十分困难⑤。

总体来看，现有上述相关研究普遍认为：技术法规或技术标准一方面可以通过提升产品质量以改善福利和促进市场；但另一方面也会通过增加贸易的边际成本（例如增加检验或认证所付出的资金成本、调整生产所付出的时间成本等）而阻碍贸易，而且这种技术性贸易壁垒的阻碍效应主要作用于非发达经济体。造成这一现象的原因可能是贫穷国家往往缺乏满足技术措施所必需的基础设施支撑、人力资本资源及资金支持，导致企业在面临技术法规时，短期成本显著增加，进而无力支撑出口，⑥ 这种冲击还一定程度上促使了贫穷

---

① 程铁辕、刘彬、李明春、张莹、何开蓉：《欧盟、美国和日本酒类标签技术贸易措施对我国酒类产品出口的启示》，《现代食品科技》2013 年第 1 期，第 207—210 页。

② 秦臻、倪艳：《WTO 成立以来技术性贸易措施对中国农产品出口影响研究——基于多边贸易阻力的两阶段引力模型》，《国际经贸探索》2013 年第 1 期，第 35—47 页。

③ 鲍晓华：《我国技术性贸易壁垒的贸易效应——基于行业数据的经验研究》，《经济管理》2010 年第 12 期，第 7—15 页。

④ 全毅：《浅析美国食品技术性贸易壁垒体系》，《世界经济与政治论坛》2006 年第 1 期，第 54—59 页。

⑤ 李小林、侯吉、郑浩、钱大钧、汪习、管宇、邵倩、周萍：《上海市农食产品标签技术贸易措施认知水平的调查》，《检验检疫学刊》2013 年第 6 期，第 54—58 页。

⑥ Maskus, Keith Eugene, Tsunehiro Otsuki and John S. Wilson, *The Cost of Compliance with Product Standards for Firms in Developing Countries: An Econometric Study*. Vol. 3590. Washington, D. C.: World Bank Publications, 2005; Disdier, Anne – Célia, Lionel Fontagné and Mondher Mimouni, "The Impact of Regulations on Agricultural Trade: Evidence from the SPS and TBT Agreements", *American Journal of Agricultural Economics*, Vol. 90, No. 2, 2008, pp. 336 – 350.

国家企业进行专业化生产。[1] 从影响的机制上看，进口国的技术标准实施对于出口国贸易的广延边际角度大多存在负向影响，阻碍新的外国出口商进入国内市场；[2] 但是对于集约边际角度的影响并不统一。考虑企业的异质性，TBT 可能对于不同企业规模、企业生产率等特征的出口商产生不同的影响，小规模企业在参与出口和决定进入和退出时受到的负面影响更大。[3]

二 技术标准互认与贸易自由化

技术性贸易壁垒在国际贸易中具有重要影响，但由于量化难度较大，常常在学术研究中被忽视。[4] 例如技术性贸易壁垒的设置很难明确区分其目的是究竟为了提升贸易质量还是因为贸易保护主义，或者两者兼有。因此一部分研究者转而研究这一领域内更为具体的一大议题：技术标准互认及其协调。

WTO 成员在 1995 年签署的《技术性贸易壁垒协定》中给产品技术标准下了明确的定义。"产品标准是指由认可机构批准的文件所阐明的，适用于产品或相关流程和生产方法的规则或指导方针，一般不要求强制遵守。"这些特征主要涉及技术安全规则，但也可以包括设计、尺寸、重量、能源性能等其他属性要求。[5] 由此看来，制定技术标准的动机不仅从目的上来看是积极的，而且在适用主体上看

---

[1] Essaji, Azim, "Technical Regulations and Specialization in International Trade", *Journal of International Economics*, Vol. 76, No. 2, 2008, pp. 166–176.

[2] Chen, Maggie Xiaoyang, Tsunehiro Otsuki and John Sullivan Wilson, *Do Standards Matter for Export Success?*, Washington, D. C.: World Bank Publications, 2006.

[3] Kamal, Yasmine and Chahir Zaki, "How Do Technical Barriers to Trade Affect Exports? Evidence from Egyptian Firm–Level Data", *Journal of Economic Integration*, Vol. 33, No. 4, 2018, pp. 659–721.

[4] Baldwin, Robert Edward, J. McLaren, A. Panagariya, "Regulatory Protectionism, Developing Nations, and a Two-Tier World Trade System", *Brookings Trade Forum*, 2000, pp. 237–293.

[5] Reyes, Daniel, "International Harmonization of Product Standards and Firm Heterogeneity in International Trade", *World Bank Policy Research Working Paper*, No. 5677, 2011.

似也十分公平：与关税不同，进口国的技术标准一般同时适用于外国企业和国内企业。当然，不是所有的产品标准都会减少贸易，但有些标准的确会增加出口成本，成为贸易壁垒。因为合规成本可能在不同经济技术发展程度的国家之间存在差异，因此即便是所谓平等的"对称待遇"，也可能产生"高度不对称的"贸易影响。[1] 以对于中国出口的研究为例，鲍晓华（2010）[2] 的研究发现：出口产品黄曲霉毒素含量标准的严格化，对中国谷类产品的出口具有阻碍效应，出口目的地的标准相对于中国越高，相应的出口规模就越小。

技术标准及相关技术法规为什么会对贸易产生阻碍呢？主观上来看，一国政府大多根据国内企业的产品特点或技术能力制定标准并执行相关技术法规，所以可能存在一定的保护主义效应；客观上来看，不同市场的标准常常天然地存在很大的差异。而他国出口商为了符合进口国的市场标准所进行的定制设计、检测、认证，甚至由于进口国相关行政手续所导致的时间上的耽搁，都会成为阻碍企业出口的隐性障碍，尤其是在产品生命周期更新速度极快的产品品类上。因此，不同市场技术标准的差异会影响企业在出口数量、价格、价值、品种上的决策。[3] Baldwin 等（2000）[4] 用瑞典市场对进口车车灯设置的严格的技术安全标准导致法国车出口瑞典成本上升，进而只出口高端车型，不出口低端车型的案例说明了进口国的技术

---

[1] Chen, Maggie Xiaoyang and Aaditya Mattoo, "Regionalism in Standards: Good or Bad for Trade?", *Canadian Journal of Economics*, Vol. 41, No. 3, 2008, pp. 838 – 863.

[2] 鲍晓华：《技术性贸易壁垒及其自由化对谷物出口的影响——基于中国数据的实证检验和政策模拟》，《经济管理》2010 年第 7 期，第 20—28 页。

[3] Fontagné, Lionel, Gianluca Oreficeb, Roberta Piermartinic and NadiaRocha, "Product Standards and Margins of Trade: Firm – level Evidence", *Journal of International Economics*, Vol. 97, No. 1, 2015, pp. 29 – 44.

[4] Baldwin, Robert Edward, J. McLaren, A. Panagariya, "Regulatory Protectionism, Developing Nations, and a Two – Tier World Trade System", *Brookings Trade Forum*, 2000, pp. 237 – 293.

标准或技术法规限制能够起到"零配额"的贸易限制效果。在技术标准的种类区分方面，现有多数文献主要关注"强制性技术标准"多过"自愿性技术标准"，这些研究大多证明了强制性的产品技术标准对与市场外部成员的贸易产生了负面影响，但影响强度因部门而异。[1]

也有文献从跨国标准互认以促进贸易自由化的角度进行研究，例如 Baldwin 等（2000）[2] 和 Chen 等（2008）[3]。不同市场间现有技术标准的相互承认或者协调（Mutual Recognition Agreements，MRA）是消除技术性贸易壁垒的主要方式之一，即一个国家给予任何符合互认协议缔约方国内技术标准的产品不受限制地进入其市场的机会。这也是欧盟在处理技术标准和法规差异时在原则上采取的方法。一系列文献为产品技术标准协调促进出口量这一影响机制提供了有力

---

[1] Brenton, Paul and Mombert Hoppe, *Clothing and Export Diversification: Still Aroute to Growth for Low - Income Countries?*, Washington, D. C.: World Bank Publications, Vol. 4343, 2007; De Frahan, Bruno Henry and Mark Vancauteren, "Harmonisation of Food Regulations and Trade in the Single Market: Evidence from Disaggregated Data", *European Review of Agricultural Economics*, Vol. 33, No. 3, 2006, pp. 337 - 360; Fontagné, Lionel, Friedrich von Kirchbach and Mondher Mimouni, "An Assessment of Environmentally - Related Non - Tariff Measures", *World Economy*, Vol. 28, No. 10, 2005, pp. 1417 - 1439; Chen, Maggie Xiaoyang and Aaditya Mattoo, "Regionalism in Standards: Good or Bad for Trade?", *Canadian Journal of Economics*, Vol. 41, No. 3, 2008, pp. 838 - 863; Disdier, Anne - Célia, Lionel Fontagné and Mondher Mimouni, "The Impact of Regulations on Agricultural Trade: Evidence from the SPS and TBT Agreements", *American Journal of Agricultural Economics*, Vol. 90, No. 2, 2008, pp. 336 - 350; Baller, Silja, *Trade Effects of Regional Standards Liberalization: A Heterogeneous Firms Approach*, Washington, D. C.: World Bank Publications, Vol. 4124, 2007.

[2] Baldwin, Robert Edward, J. McLaren, A. Panagariya, "Regulatory Protectionism, Developing Nations, and a Two - Tier World Trade System", *Brookings Trade Forum*, 2000, pp. 237 - 293.

[3] Chen, Maggie Xiaoyang and Aaditya Mattoo, "Regionalism in Standards: Good or Bad for Trade?", *Canadian Journal of Economics*, Vol. 41, No. 3, 2008, pp. 838 - 863.

的证据。① 还有一些文献研究了不同区域层次的技术标准互认对于贸易产品品类的影响：Czubala 等（2009）② 发现国际统一标准比区域间标准（如欧盟标准）对贸易产生的限制程度更低；Moenius（2004）③ 验证了双边技术标准协调对于贸易的促进作用，而特定国家单边的技术标准会阻碍简单商品（包括农产品、食品、饮料和矿物燃料）的贸易，同时促进复杂商品（如机械和电子产品）的贸易，这与主流文献将特定国家单边技术标准视为贸易壁垒的观点相符。④ Shepherd（2007）⑤ 验证了国际技术标准协调与出口产品品类的关系，发现标准协调能显著促进发展中国家对于欧盟出口产品品类的增加。Reyes（2011）⑥ 首次从企业层面研究国际标准协调所涉及的贸易效应，发现跨市场的产品标准协调有利于促进中小型企业进入新的出口市场。欧盟市场产品标准的协调一致增加了美国电子行业制造商对欧盟的出口，而这种增长主要反映在广延边际层面，更多的美国公司得以进入欧盟市场，而且这些新进入者主要是那些

---

① Shepherd, Ben, *Product Standards, Harmonization, and Trade: Evidence from the Extensive Margin*, Washington, D. C. : World Bank Publications, Vol. 4390, 2007; Czubala, Witold, Ben Shepherd and John S. Wilson, "Help or Hindrance? The Impact of Harmonised Standards on African Exports", *Journal of African Economies*, Vol. 18, No. 5, 2009, pp. 711 - 744; Portugal - Perez, Alberto, José - Daniel Reyes and John S. Wilson, "Beyond the Information Technology Agreement: Harmonization of Standards and Trade in Electronics", *The World Economy*, Vol. 33, No. 12, 2009, pp. 1870 - 1897.

② Czubala, Witold, Ben Shepherd and John S. Wilson, "Help or Hindrance? The Impact of Harmonised Standards on African Exports", *Journal of African Economies*, Vol. 18, No. 5, 2009, pp. 711 - 744.

③ Moenius, Johannes, "Information Versus Product Adaptation: The Role of Standards in Trade", 2004, https://ssrn.com/abstract = 608022.

④ Harrigan, James, "OECD Imports and Trade Barriers in 1983", *Journal of International Economics*, Vol. 35, No. 1, 1993, pp. 91 - 111; Casella, Alessandra, "Free trade and Evolving Standards", *CEPR Discussion Papers*, No. 1204, 1995.

⑤ Shepherd, Ben, *Product Standards, Harmonization, and Trade: Evidence from the Extensive Margin*, Washington, D. C. : World Bank Publications, Vol. 4390, 2007.

⑥ Reyes, Daniel, "International Harmonization of Product Standards and Firm Heterogeneity in International Trade", *World Bank Policy Research Working Paper*, No. 5677, 2011.

原先向发展中市场出口产品的生产率较高的企业（但还是比原先出口到欧盟的企业规模更小、生产率更低）。Baldwin 等（2000）[①] 肯定了技术性贸易壁垒的重要性，但他强调了发达国家之间在技术领域的法规和标准互认会促使"两级市场准入体系"的形成——发达国家属于一级，发展中国家被排除在另一级，发达国家较高技术标准所带来的贸易成本的上升对试图进入发达国家市场的发展中国家来说可能成为沉重的负担。同时，过于严苛的"边境后"技术标准很可能成为贸易保护主义的利用手段。因此他呼吁 WTO 重视解决区域 TBT 自由化倡议中潜在的对外歧视性问题。

还有一些文献侧重于标准互认所产生的第三国影响上，例如 Chen 等（2008）[②] 研究了欧盟统一及其标准互认协议对欧洲内部和外部的贸易影响，并首次将标准协调区分为向上标准协调和向下标准协调两个维度；Baller（2007）[③] 的研究角度十分相似，分析了欧盟和东盟进行标准协调和互认协议所产生的贸易影响。以上两项研究证明了：当标准互认协定（MRA）包含限制性原产地规则时，其利益就局限于该区域内的国家，而损害了从世界其他地区（特别是发展中国家）的进口。当 MRA 对不包含原产地限制而一视同仁时，无论是区域内贸易还是与世界其他地区的贸易（特别是与发展中国家的贸易）都将大幅增长。

从中国来看，赵志强、胡培战（2009）[④] 基于浙江 1997—2007 年的出口数据研究指出，内部角度的技术标准战略的实施以及外部

[①] Baldwin, Robert Edward, J. McLaren, A. Panagariya, "Regulatory Protectionism, Developing Nations, and a Two–Tier World Trade System", *Brookings Trade Forum*, 2000, pp. 237–293.

[②] Chen, Maggie Xiaoyang and Aaditya Mattoo, "Regionalism in Standards: Good or Bad for Trade?", *Canadian Journal of Economics*, Vol. 41, No. 3, 2008, pp. 838–863.

[③] Baller, Silja, *Trade Effects of Regional Standards Liberalization: A Heterogeneous Firms Approach*, Washington, D. C.: World Bank Publications, Vol. 4124, 2007.

[④] 赵志强、胡培战：《技术标准战略、技术贸易壁垒与出口竞争力的关系——基于浙江出口美日欧的实证研究》，《国际贸易问题》2009 年第 10 期，第 79—86 页。

角度的国外技术性贸易壁垒的倒逼有助于提高出口产品在美日欧市场上的竞争力。郭俊芳和武拉平（2015）[①] 基于中国对 11 个主要禽肉出口目的地的贸易数据构建的引力模型研究发现，跨国标准互认有利于贸易便利化，也有利于中国对相应地区出口规模的扩大。来自智库的研究者们也指出，技术性贸易壁垒的存在暴露了 WTO 规则的一定局限性，中国政府需要认识到这一点，一方面推进自由贸易，另一方面也不能忽视自贸区建设等双边贸易关系的维护[②]。同时，中国需要积极参与标准制定，推动标准协调，以缓解标准不符所带来的技术性贸易壁垒障碍。[③]

三 技术性贸易壁垒、外交关系与贸易保护主义

全球贸易便利化不仅仅是一个经济议题，其治理与实现更与国际外交关系、政治关系息息相关。[④] 贸易壁垒作为贸易便利化的障碍之一，其在经济衰退的时候更加频繁出现的这一现象向来备受关注。虽然研究者们尚未达成共识，但迄今为止对于经济危机期间出现贸易衰退现象的主要的解释有两个：一个解释强调了全球分工和供应链的作用，[⑤] 另一个解释强调了经济危机期间融资约束收紧的作用。[⑥] 此外，有经济理论认为，贸易政策在经济衰退期间会变得更加

[①] 郭俊芳、武拉平：《食品安全标准对中国禽肉出口的影响及政策模拟》，《科技与经济》2015 年第 1 期，第 47—51 页。

[②] 安佰生：《国内规制主权与自由贸易的冲突及解决方案——技术性贸易壁垒的本质及规则发展趋势初探》，《国际经济法学刊》2015 年第 3 期，第 146—179 页。

[③] 齐欣、岳晋峰：《标准制度互认机制与发展中国家技术性贸易壁垒的突破》，《国际贸易》2005 年第 6 期，第 36—40 页。

[④] 邝艳湘、向洪金：《全球贸易便利化治理：成效与挑战》，《复旦国际关系评论》2016 年第 1 期，第 217—236 页。

[⑤] Bems, Rudolfs, Robert C. Johnson and Kei‑Mu Yi, "Vertical Linkages and the Collapse of Global Trade", *American Economic Review*, Vol. 101, No. 3, 2011, pp. 308 – 312.

[⑥] Amiti, Mary and David E. Weinstein, "Exports and Financial Shocks", *The Quarterly Journal of Economics*, Vol. 126, No. 4, 2011, pp. 1841 – 1877.

具有保护主义①。然而，贸易政策作为保护主义的手段之一，没有被视作经济危机期间导致全球贸易衰退的主要影响因素。不过，国家在经济危机期间往往会调整其贸易政策，这一点是被多数研究所肯定的。例如，在经济危机期间，玻利维亚和厄瓜多尔改变了大部分进口产品的关税税率②，而印度则增加了对于反倾销措施的使用③。Kee 等（2013）④ 基于 Anderson 等（1994）⑤、Anderson 等（1996）⑥、Anderson 等（2003）⑦ 的理论基础，通过 2008—2009 年国家层面总贸易限制性指数（Overall Trade Restrictiveness Indices, OTRI）数据和 Kee 等（2008）⑧ 的多边进口需求弹性估计方法，计算了国家间的进口需求弹性。研究结果发现，尽管美国和欧盟的关税税率在经济危机期间大体保持不变，但反倾销税的飙升导致其

---

① Baldwin R. E., McLaren J., Panagariya A., "Regulatory Protectionism, Developing Nations, and a Two – Tier World Trade System", *Brookings Trade Forum*, 2000, pp. 237 – 293; Bagwell, Kyle and Robert W. Staiger, "Protection and the Business Cycle", *Advances in Economic Analysis & Policy*, Vol. 3, No. 1, 2003, pp. 1 – 43.

② Gamberoni, Elisa and Richard Newfarmer, "10. Trade Protection: Incipient but Worrisome Trends", *The Collapse of Global Trade, Murky Protectionism, and the Crisis: Recommendations for the G20*, 2009, p. 49.

③ Bown, Chad P., "The Global Resort to Antidumping, Safeguards, and Other Trade Remedies Amidst the Economic Crisis", *Effective Crisis Response and Openness: Implications for the Trading System*, London, UK: CEPR and World Bank, 2009, pp. 91 – 118.

④ Kee, Hiau Looi, Cristina Neagu and Alessandro Nicita, "Is Protectionism on the rise? Assessing National Trade Policies during the Crisis of 2008", *Review of Economics and Statistics*, Vol. 95, No. 1, 2013, pp. 342 – 346.

⑤ Anderson, E. James and J. Peter Neary, "Measuring the Restrictiveness of Trade Policy", *The World Bank Economic Review*, Vol. 8, No. 2, 1994, pp. 151 – 169.

⑥ Anderson, E. James and J. Peter Neary, "A New Approach to Evaluating Trade Policy", *The Review of Economic Studies*, Vol. 63, No. 1, 1996, pp. 107 – 125.

⑦ Anderson, E. James and J. Peter Neary, "The Mercantilist Index of Trade Policy", *International Economic Review*, Vol. 44, No. 2, 2003, pp. 627 – 649.

⑧ Kee, Hiau Looi, Alessandro Nicita and Marcelo Olarreaga, "Import Demand Elasticities and Trade Distortions", *The Review of Economics and Statistics*, Vol. 90, No. 4, 2008, pp. 666 – 682.

OTRI 分别上升了 0.5% 和 0.1%。如果将所有国家在经济危机期间由于关税和反倾销税变化所导致的贸易缩减相加，进口总额下降约 430 亿美元，大于 2008 年世界进口总额的一半。

着眼于技术性贸易壁垒的研究范畴，Trefler（1993）[1] 的研究发现，出于保护主义动机，国家可能制定严格的技术标准及技术法规，或对于现行产品标准实施更严格的执行力度。以美国为例，2008—2012 年，基于美国所通报技术性贸易措施或技术法规的特别贸易关注所覆盖的产品范围（HS4 位码水平）出现了显著扩张；在实际执行上，危机期间美国对于进口产品标准的执行力度更加严格，表现在其增加了不进行任何产品样本分析的进口拒收行为，而且这一进口拒收行为的增加并未伴随进口产品质量的提升，这在一定程度上说明美国在次贷危机期间利用技术性贸易壁垒来实现了隐性的贸易保护主义[2]。

还有一些研究者认为，非关税壁垒的出现跟进口国国内政治背景和贸易伙伴之间的国际关系息息相关。Ray（1981）[3] 发现非关税贸易壁垒限制补充了美国的关税保护，关税和非关税贸易限制都偏向美国在世界贸易中明显处于相对劣势的行业，而远离消费者福利因保护而蒙受巨大损失的行业。而且，关税和非关税贸易限制分别在具有不同市场特征的行业中占主导地位。关于非关税贸易壁垒形成的机制，Mansfield 等（1995）[4] 的研究表明，当国内施压集团和

---

[1] Trefler, Daniel, "Trade Liberalization and the Theory of Endogenous Protection: An Econometric Study of US Import Policy", *Journal of Political Economy*, Vol. 101, No. 1, 1993, pp. 138 – 160.

[2] Grundke, Robert and Christoph Moser, "Hidden Protectionism? Evidence from Non – Tariff Barriers to Trade in the United States", *Journal of International Economics*, Vol. 117, 2019, pp. 143 – 157.

[3] Ray, Edward John, "The Determinants of Tariff and Nontariff Trade Restrictions in the United States", *Journal of Political Economy*, Vol. 89, No. 1, 1981, pp. 105 – 121.

[4] Mansfield, Edward D. and Marc L. Busch, "The Political Economy of Nontariff Barriers: A Cross – National Analysis", *International Organization*, Vol. 49, No. 4, 1995, pp. 723 – 749.

政策制定者的偏好趋于一致时,非关税壁垒的发生率往往最大。而且,进口国倾向于保护产业薄弱、走下坡路、在政治上很重要或受到进口竞争的威胁的产业[1]。当涉及技术的进口时,Acemoglu 等(2000)[2] 认为,现有进口国国内强大的"利益集团"会为了保护自己的经济利益而阻止新技术的引进,例如垄断者可能希望阻止竞争对手引进一项将占领市场的新技术,而社会只有在能够击败这些集团的情况下才能取得技术进步。此外,van Bergeijk 等(1992)[3] 甚至创造了一个名词——"外交贸易壁垒",用以强调国家间外交关系或外交谈判对于贸易的影响。郭吴新、刘运顶(2001)[4] 分析了民族经济主义对于美国对外贸易中选择非关税壁垒政策工具的影响。

从聚焦中国的研究来看,朱启荣(2003)[5] 定性分析了技术性贸易壁垒形成的政治经济学动因。定量分析方面,早在 2006 年,鲍晓华、朱钟棣(2006)[6] 就从政治经济学角度验证了国家利益和利益集团对于中国技术性贸易壁垒保护程度的适用程度。也有文献针对具体的非关税壁垒案件进行了国际政治因素分析,例如中美纺织

---

[1] Lee, Jong-Wha and Phillip Swagel, "Trade Barriers and Trade Flows across Countries and Industries", *The Review of Economics and Statistics*, Vol. 79, No. 3, 1997, pp. 372–382.

[2] Acemoglu, Daron and James A. Robinson, "Political losers as a Barrier to Economic Development", *American Economic Review*, Vol. 90, No. 2, 2000, pp. 126–130.

[3] van Bergeijk, A. G. Peter, "Diplomatic Barriers to Trade", *De Economist*, Vol. 140, No. 1, 1992, pp. 45–64.

[4] 郭吴新、刘运顶:《美国外贸政策中的经济民族主义取向剖析》,《世界经济与政治》2001 年第 7 期,第 49—54 页。

[5] 朱启荣:《技术贸易壁垒问题的政治经济学分析》,《世界经济研究》2003 年第 9 期,第 52—56 页。

[6] 鲍晓华、朱钟棣:《贸易政治经济学在中国的适用性检验:以技术性贸易壁垒为例》,《管理世界》2006 年第 1 期,第 41—47 + 56 页。

品反倾销摩擦[1]、知识产权壁垒[2]等。同时也有一些研究者指出，不仅仅要着眼于欧盟等发达经济体的技术性贸易壁垒，在进一步加深"一带一路"伙伴关系、东盟伙伴关系的同时也要注意相关经济体的技术性贸易措施发展趋势，帮助中国出口企业合理规避不必要的贸易壁垒[3]。综上所述，在涉及国家间贸易壁垒政策的研究中，应更多地关注贸易伙伴的国家关系因素和贸易伙伴国内社会因素之间的相互作用。

四 技术性贸易壁垒与产品质量升级

大部分文献对于出口产品质量的观测都是从基于出口产品价格来反映的，一般称为"质量调整后价格"。相应的构造方法通常是对价格进行控制了不同层面的固定效应和参数设定处理后，用残差来反映。文献中经常参考的这类质量指标的处理模型如 Feenstra 等（2012）[4]、Khandelwal 等（2013）[5] 等。刘伟丽等（2017）[6] 基于 Feenstra 的方法构造了基于出口产品价格信息的出口产品质量指数，结果发现中国的出口产品虽然存在质量升级的情况，但是整体上相对于发达经济体仍然显得落后，尤其是对于计算机、电子设备、通信设备等中国重要出口产品，其质量仍相对较低。另有一系列文献衡量了

---

[1] 史伟成：《中美贸易中非关税壁垒的政治因素分析——以中美纺织品贸易摩擦为例》，《福建论坛》（社科教育版）2010 年第 12 期，第 7—8 页。

[2] 徐元：《知识产权贸易壁垒的实质及国际政治经济学分析》，《太平洋学报》2012 年第 2 期，第 61—73 页。

[3] 林春贵、黄欣欢、张玉晴、郭瑾瑜：《"一带一路"战略下东盟技术性贸易措施分析及对策研究》，《中国标准化》2016 年第 2 期，第 101—106 页；董红、林慧慧：《"一带一路"战略下我国对外贸易格局变化及贸易摩擦防范》，《中国流通经济》2015 年第 5 期，第 119—124 页。

[4] Feenstra, Robert C. and John Romalis, "International Prices and Endogenous Quality", *The Quarterly Journal of Economics*, Vol. 129, No. 2, 2012, pp. 477 – 527.

[5] Khandelwal, Amit K., Peter K. Schott and Shang – Jin Wei, "Trade Liberalization and Embedded Institutional Reform: Evidence from Chinese Exporters", *American Economic Review*, Vol. 103, No. 6, 2013, pp. 2169 – 2195.

[6] 刘伟丽、余淼杰、吕乔：《制造业出口质量升级的跨国比较》，《学术研究》2017 年第 12 期，第 25—30 + 177 页。

中国加入世界贸易组织之后的出口产品质量表现[1]。对于使用价格衡量质量这一做法,也有一些文献指出了对于产品定价复杂性是否能传递质量信息的担忧:企业之间以及企业内部产品之间的边际成本、质量、定价策略的差异使衡量企业生产率和成本加成变得复杂[2]。樊海潮、郭光远(2015)[3]基于 Johnson(2012)[4]的研究框架,验证了中国出口企业产品价格、生产率和产品质量之间的关系,指出当出口产品质量存在异质性时,企业生产率与出口价格显著正相关(质量效应主导);出口产品质量存在同质性时,企业生产率与出口价格显著负相关(生产率效应主导)。除了直接对于出口产品的质量进行衡量,还有一部分文献研究了其他因素对出口产品质量的影响,例如 FDI[5]、政府补贴[6]、融资约束[7]、广告效率[8]。

---

[1] 殷德生:《中国入世以来出口产品质量升级的决定因素与变动趋势》,《财贸经济》2011 年第 11 期,第 31—38 页;张杰、郑文平、翟福昕:《中国出口产品质量得到提升了么?》,《经济研究》2014 年第 10 期,第 46—59 页。

[2] De Loecker, Jan, Pinelopi K. Goldberg, Amit K. Khandelwal and Nina Pavcnik, "Prices, Markups and Trade Reform", *Econometrica*, Vol. 84, No. 2, 2016, pp. 445 – 510; De Loecker, Jan and Frederic Warzynski, "Markups and Firm – Level Export Status", *American Economic Review*, Vol. 102, No. 6, 2012, pp. 2437 – 71.

[3] 樊海潮、郭光远:《出口价格、出口质量与生产率间的关系:中国的证据》,《世界经济》2015 年第 2 期,第 58—85 页。

[4] Johnson, Robert C., "Trade and Prices with Heterogeneous Firms", *Journal of International Economics*, Vol. 86, No. 1, 2012, pp. 43 – 56.

[5] 李坤望、王有鑫:《FDI 促进了中国出口产品质量升级吗?——基于动态面板系统 GMM 方法的研究》,《世界经济研究》2013 年第 5 期,第 60—66 + 89 页;施炳展:《FDI 是否提升了本土企业出口产品质量》,《国际商务研究》2015 年第 2 期,第 5—20 页。

[6] 李秀芳、施炳展:《补贴是否提升了企业出口产品质量?》,《中南财经政法大学学报》2013 年第 4 期,第 139—148 页;张杰、翟福昕、周晓艳:《政府补贴、市场竞争与出口产品质量》,《数量经济技术经济研究》2015 年第 4 期,第 71—87 页。

[7] 张杰:《金融抑制、融资约束与出口产品质量》,《金融研究》2015 年第 6 期,第 64—79 页。

[8] 施炳展、邵文波:《中国企业出口产品质量测算及其决定因素——培育出口竞争新优势的微观视角》,《管理世界》2014 年第 9 期,第 90—106 页。

还有一类文献，产品质量只是其研究的一个立足点，它们进一步衡量了更丰富的企业决策和经济表现。例如，有的文献从产品质量差异化的角度探讨多产品企业的产品组合调整，尤其是在应对贸易改革或汇率变动等冲击时，产品之间的重新配置提高了企业的生产率和绩效[1]。Manova 等（2017）[2] 构建了一个多产品企业的出口决策模型，假定企业通过使用不同质量水平的投入来改变产品的质量。其研究发现，公司的核心竞争力在于高质量的产品，虽然这些产品的价格更高，但与低质量的廉价产品相比，却能产生更高的销售额。在产品供应较少的市场中，企业通过大量放弃低质量的周边产品和集中销售高质量的产品来集中生产核心产品。然而，有一点值得探讨的是，这篇文章模型的设定是边际成本与生产率正相关，但是生产率越高的企业一般会因为规模经济效益而得到更低的边际成本。还有的文献则从投入要素互补性的角度来讲这个质量的故事——更成功的出口商雇用更多的熟练工人并支付更高的工资，而复杂的投入和熟练的劳动力在产出质量方面是互补的。[3] 在全球生产分工深化和价值链延长的趋势下，也出现了从中间品和最终品的区别入手的一类文献，致力于探讨与国内中间投入相比，使用更多的外国中间投入是否意味着更高质量产品的生产，

---

[1] Bernard, Andrew B., Stephen J. Redding and Peter K. Schott, "Multiple - Product Firms and Product Switching", *American Economic Review*, Vol. 100, No. 1, 2010, pp. 70 – 97; Bernard, Andrew B., Stephen J. Redding and Peter K. Schott, "Multiproduct Firms and Trade Liberalization", *The Quarterly Journal of Economics*, Vol. 126, No. 3, 2011, pp. 1271 – 1318; Gopinath, Gita and Brent Neiman, "Trade Adjustment and Productivity in Large Crises", *American Economic Review*, Vol. 104, No. 3, 2014, pp. 793 – 831.

[2] Manova, Kalina and Zhihong Yu, "Multi - Product Firms and Product Quality", *Journal of International Economics*, Vol. 79, 2017, pp. 116 – 137.

[3] Bernard, Andrew B., J. Bradford Jensen, Stephen J. Redding and Peter K. Schott, "The Empirics of Firm Heterogeneity and International Trade", *The Annual Review of Economics*, Vol. 4, 2012, pp. 283 – 313; Verhoogen, Eric A., "Trade, Quality Upgrading, and Wage Inequality in the Mexican Manufacturing Sector", *The Quarterly Journal of Economics*, Vol. 123, No. 2, 2008, pp. 489 – 530.

又是否可能使得企业能够扩大产品范围、提高生产率[①]。

从技术性贸易壁垒或技术标准、法规约束的角度来看，据美国报道称，美国 FDA 经常在边境拦截从中国进口的有毒或有问题的产品，这些产品的数量高于从其他任何国家进口的问题产品的总量。2011 年 4 月，美国对中国商品发出了 197 项进口拒收令，印度和墨西哥次之，分别为 107 项和 105 项。从而引出对于技术性贸易壁垒是否促进了进口产品质量提升的讨论。Fontagné 等（2015）[②] 认为，技术性贸易措施设置了进入壁垒，可能导致市场份额在参与者之间的重新分配，从而导致战略性定价调整。在不完全竞争条件下，技术性贸易壁垒导致进口国市场竞争者减少，因此所带来的利润空间将在现存出口商和国内企业之间进行分配，部分企业有可能会在此期间做出升级产品组合的决定。但是这一推论并非没有缺陷，因为无法区分进入壁垒对单位产品价格所产生的正向影响是由于价格反映了更高的生产成本，还是存在产品质量的升级、结构的优化，或者仅仅是因为竞争减少而导致价格上涨。

国内对于技术性贸易措施对于产品质量影响的研究较少，但是徐惟、卜海（2019）[③] 使用进化博弈模型和中医药制造业数据，论证

---

① Amiti, Mary and Jozef Konings, "Trade Liberalization, Intermediate Inputs, and Productivity: Evidence from Indonesia", *American Economic Review*, Vol. 97, No. 5, 2007, pp. 1611 – 1638; Bas, Maria and Vanessa Strauss – Kahn, "Input – Trade Liberalization, Export Prices and Quality Upgrading", *Journal of International Economics*, Vol. 95, No. 2, 2015, pp. 250 – 262; Goldberg, Pinelopi K., Amit Khandelwal, Nina Pavcnik and Petia Topalova, "Imported Intermediate Inputs and Domestic Product Growth: Evidence from India", *The Quarterly Journal of Economics*, Vol. 125, No. 4, 2010, pp. 1727 – 1767; Fan, Haichao, Yao Amber Li and Stephen R. Yeaple, "Trade Liberalization, Quality, and Export Prices", *Review of Economics and Statistics*, Vol. 97, No. 5, 2015, pp. 1033 – 1051.

② Fontagné, Lionel, Gianluca Oreficeb, Roberta Piermartinic and NadiaRocha, "Product Standards and Margins of Trade: Firm – Level Evidence", *Journal of International Economics*, Vol. 97, No. 1, 2015, pp. 29 – 44.

③ 徐惟、卜海：《技术贸易壁垒设置与出口国创新决策的博弈分析》，《现代经济探讨》2019 年第 6 期，第 79—85 页。

了技术性贸易壁垒对于倒逼出口国进行创新的效应。蔡静静等（2017）①的研究发现，经济发达的经济体对于中国高技术产品采取的知识产权保护与技术性贸易壁垒"双管齐下"的措施产生了显著的贸易阻碍效应，动机可能是这些技术发达国家通过提高技术标准门槛来减少来自发展中经济体的模仿产品的竞争。另有李春萍（2005）②讨论了检验检疫标准对于出口产品质量提升的作用。

五 非关税壁垒与贸易偏转

与贸易偏转相关的概念有贸易创造和贸易转移效应。以经典的欧洲关税同盟为例，由于成员国间原本的关税取消，来自关税同盟伙伴国的低价进口取代了高价的国内生产，形成"贸易创造"；同时，原本从外部第三国的低价进口也能因为同一对外设定关税而转移到同盟内部比原先第三国价格更高的伙伴，导致"贸易转移效应"。基于这一理论，大量的文献从进口角度分析了歧视性贸易政策对贸易流向的影响及其对国内福利机制的影响，例如自由贸易区、特惠贸易协定。21世纪初，研究者们开始从出口角度探究歧视性贸易政策导致的国际贸易流向偏转。Bown等（2007）③是第一个实证检验一国使用进口限制贸易政策是否会扭曲另一国对第三国市场出口的研究，证实了美国对日本征收反倾销税的措施会导致日本对第三国市场的同类产品出口平均增长5%—7%，该研究还认为贸易偏转导致的从美国退出的出口商，在歧视性贸易壁垒设置前属于低成本高效率出口商，因此这一贸易偏转会导致全球福利的损失。类似

---

① 蔡静静、何海燕、李思奇、李宏宽：《技术性贸易壁垒与中国高技术产品出口——基于扩展贸易引力模型的经验分析》，《工业技术经济》2017年第10期，第45—54页。

② 李春萍：《检验检疫标准与进出口商品质量》，《检验检疫学刊》2005年第3期，第44—45页。

③ Bown, Chad P. and Meredith A. Crowley, "Trade Deflection and Trade Depression", *Journal of International Economics*, Vol. 72, No. 1, 2007, pp. 176–201.

的，Lu 等（2013）[①] 使用2000—2006年中国海关企业出口数据检验了这一设想，通过分析美国反倾销调查对中国出口企业的冲击，发现美国反倾销调查导致中国HS6位码产品出口总量大幅下降，主要由出口企业数量显著减少、幸存出口企业出口量下降导致，但是这一研究发现反倾销措施没有导致中国企业出现出口产品的贸易偏转效应。这可能是由于反倾销措施侧重于中国出口品价格的调整，而本书所关注的技术性贸易壁垒导致不符合技术要求的中国出口产品完全无法进入目的国市场，因此在常理上来说更可能出现贸易偏转的现象。尤其是有一部分技术性贸易壁垒的要求与原产地规则息息相关（例如标签注明原产地及相关详细信息），而文献指出了这一信息的披露对于贸易偏转的重要影响[②]。但是，冯宗宪和向洪金（2010）[③] 指出2002—2007年欧美对中国的纺织品反倾销措施导致了中国相关产品对于第三国的贸易偏转显著增加。此外，Chandra（2016）[④] 的研究证明，美国的临时性贸易壁垒（Temporary Trade Barriers，TTB，反倾销措施也是其表现形式之一），导致中国对其他国家的出口增长8%—15%，即出现了贸易偏转，而且偏转的目的地是出口厂商现存的其他国家贸易伙伴，而不是新开拓的市场。

第三节　文献研究述评

综上所述，现有文献大多认为技术性贸易壁垒在发达国家之间

[①] Lu, Yi, Zhigang Tao and Yan Zhang, "How do Exporters Respond to Antidumping Investigations?", *Journal of International Economics*, Vol. 91, No. 2, 2013, pp. 290 – 300.

[②] 孟夏:《潜在的限制与扭曲——探析自由贸易安排中的原产地规则》,《国际贸易》2005年第1期, 第44—47页。

[③] 冯宗宪、向洪金:《欧美对华反倾销措施的贸易效应: 理论与经验研究》,《世界经济》2010年第3期, 第31—55页。

[④] Chandra, Piyush, "Impact of Temporary Trade Barriers: Evidence from China", *China Economic Review*, Vol. 38, 2016, pp. 24 – 48.

的阻碍作用相对较小，但是会对发展中国家对发达国家的出口产生较大的阻碍影响，影响企业的出口金额、数量和动态决策，原因之一是因为非关税贸易壁垒本身与外交关系、经济环境、制度背景息息相关。技术标准的统一对于技术差距较小的经济体而言意味着市场的扩大，而对于技术差距较大的经济体而言，可能因为人力资本、技术资本的约束而受到阻碍。还有一些文献探索了技术性贸易壁垒通过增加竞争者成本而对世界市场价格产生的影响[1]，对贸易多元化、全球生产分工、外包产生的影响[2]，以及对贸易专业化产生的影响[3]。在技术性贸易壁垒与贸易偏转方面，现有文献研究较少，主要可参考的文献集中于反倾销等其他非关税壁垒。由于技术性贸易壁垒会以影响贸易成本的方式（例如检测成本）影响贸易产品的数量、价格及价值，导致企业在遭遇技术性贸易壁垒情况下继续出口需要耗费时间成本、资金成本，甚至重新投入生产设计，不仅可能产生明显的出口调整时滞，而且在生产技术无法满足进口国的技术标准或法规要求时，只能选择寻找新的出口市场或退出出口市场。所以，进口国的技术性贸易壁垒很可能引发出口国的贸易偏转现象，这也是笔者后续研究中的侧重点之一。

从研究的数据可能性拓展角度看，早期用各国技术标准文本数量作为技术性贸易壁垒代理变量的处理方法并不准确，首先是无法区分标准属于合理的技术要求范畴还是贸易壁垒范畴。其次，大多数标准协调的数据范围主要集中在双边标准的协调，而不是国际标准的协调，存在特殊性、缺乏普适性。21 世纪初，文献大

---

[1] Bagwell, Kyle and Robert W. Staiger, "Protection and the Business Cycle", Advances in Economic Analysis & Policy, Vol. 3, No. 1, 2003, pp. 1–43.

[2] Chen, Maggie Xiaoyang, Tsunehiro Otsuki and John Sullivan Wilson, Do Standards Matter for Export Success? Washington, D. C. : World Bank Publications, 2006.

[3] Grupp, Hariolf and Thomas Schnöring, eds., Forschung und Entwicklung Für Die Telekommunikation: Internationaler Vergleich Mit Zehn Ländern, Springer - Verlag, Berlin; New York, 1990.

多基于总贸易流量或国家—部门层面进行双边分析，只有少数文献从企业层面进行分析①，而且受限于数据来源方式是抽样调查，因此样本数量有限，而且存在无法界定一般合理技术要求和技术性贸易壁垒界限的缺陷。随着近年来 WTO 技术性贸易壁垒通报系统的完善，成员的常规技术性贸易措施通报和反映出口国态度的特别贸易关注数据独立分开，使得一般合理技术要求和技术性贸易壁垒之间界限得到了一定程度上的区分②。此外，美国 FDA 的进口拒收数据从一个侧面反映了不符合进口技术标准的产品处理情况，但是这一数据仍然难以区分合理的技术要求范畴和贸易壁垒范畴，例如进口拒收的原因可能的确是企业产品质量较差。而且，美国 FDA 对于进口产品的抽样并非完全随机，而是基于出口商违反美国进口法规的历史记录进行风险判断，记录越差的出口商越可能遭到抽查，因此研究时需要格外注意模型设置的内生性问题。

从研究的变量所反映的侧重点角度看，大多数研究集中在进口国技术性贸易壁垒对于出口国贸易在集约边际和广延边际上的影响。集约边际所使用的变量有出口金额、出口数量、出口价格、出口倾向（出口份额）。广延边际方面侧重于企业出口动态的分析（参与、进入、退出）。此外，市场多元化也是一部分文献所关注的话题，例如用出口企业所进入的出口市场总数来衡量。近期企业层面的相关研究常用的控制变量有：企业规模、企业生产率、企业出口的市场份额等。此外，还有一支文献侧重于分析技术标准的贸易效应，并普遍认为技术标准互认等标准共享协议（例如 MRA）有利于促进贸

---

① Chen, Maggie Xiaoyang, Tsunehiro Otsuki and John Sullivan Wilson, *Do Standards Matter for Export Success?*, Washington, D. C.: World Bank Publications, 2006.

② Fontagné, Lionel, Gianluca Oreficeb, Roberta Piermartinic and NadiaRocha, "Product Standards and Margins of Trade: Firm – level Evidence", *Journal of International Economics*, Vol. 97, No. 1, 2015, pp. 29 – 44; Kamal, Yasmine and Chahir Zaki, "How Do Technical Barriers to Trade Affect Exports? Evidence from Egyptian Firm – Level Data", *Journal of Economic Integration*, Vol. 33, No. 4, 2018, pp. 659 – 721.

易；而特定国家独立的单边进口技术标准产生了阻碍贸易的效应，是技术性贸易壁垒的典型代表。

从实证方法的角度看，以 Moenius（2004）[①] 为代表的早期研究曾出现实证结果显示特定国家技术标准反而促进了制造业产品贸易的悖论，研究者试图用信息成本来解释，宣称这是因为进口国为该特定国家标准提供了丰富信息，使得出口商获取信息的便利性提高。但是也极有可能是因为早期研究中忽略了对于贸易伙伴国家特征、行业特征、贸易关系（例如关税）等干扰因素的控制。这一现象随着后期类似研究中引力模型和固定效应模型的使用而有所改善。然而，多数研究仍是从国家部门或产品层面展开的[②]，可能存在加总偏差。近期考虑企业异质性的技术性贸易壁垒研究所采用的技术方法主要有最小二乘回归模型（OLS）、两阶段动态 GMM 模型、线性概率模型（LPMs）、双重差分（DID）模型等。

第四节　本研究的边际贡献

综上所述，现有多数定量衡量技术性贸易壁垒对出口影响的研究侧重于对产品层面、集约边际、静态角度的检验，包括对出口产品金额、数量、价格的影响，但普遍缺乏在企业层面、广延边际、动态角度的检验，也缺少对技术性贸易壁垒如何影响出口产品质量

[①] Moenius, Johannes, "Information Versus Product Adaptation: The Role of Standards in Trade", 2004, https://ssrn.com/abstract=608022.

[②] Swann, Peter, Paul Temple and Mark Shurmer, "Standards and Trade Performance: The UK Experience", *The Economic Journal*, Vol. 106, No. 438, 1996, pp. 1297 – 1313; Disdier, Anne – Célia, Lionel Fontagné and Mondher Mimouni, "The Impact of Regulations on Agricultural Trade: Evidence from the SPS and TBT Agreements", *American Journal of Agricultural Economics*, Vol. 90, No. 2, 2008, pp. 336 – 350; Bao, Xiaohua and Larry D. Qiu, "How Do Technical Barriers to Trade Influence Trade?", *Review of International Economics*, Vol. 20, No. 4, 2012, pp. 691 – 706.

的探讨，更少关注企业在相关壁垒影响下的市场偏转行为。考虑到全球经济下行与国际形势不稳定背景下，技术性贸易壁垒成为各国变相实施贸易保护主义的新形式。在此背景下，本书以对华技术性贸易壁垒为研究对象，充分开展了定性研究和定量研究。本书的创新之处在于：结合异质性企业贸易理论、贸易偏转理论，从静态与动态的双视角出发，定量检验了技术性贸易壁垒对于中国微观企业出口集约边际、广延边际、产品质量升级和贸易偏转行为的影响，并揭示了总体影响背后的"优胜劣汰""提质升级""市场偏转"作用机制。

从本书各章节的研究重点看，在定性研究方面，本书致力于辨析概念上的误区，总结相关特征事实和最新趋势，讨论壁垒形成动机，分析其对国家经济安全的影响（第一章），并充分梳理学术界现有文献研究进展（第二章）。在定量研究方面，本书通过匹配 WTO 技术性贸易措施通报数据和特别贸易关注案例数据，从广泛的技术性贸易措施中识别和构建了"产品—目的地"层面的"对华技术性贸易壁垒"指标，并结合中国海关企业出口交易数据开展定量分析，除了检验出口产品和企业在壁垒冲击下的集约边际表现外（第三、四章），尤其关注企业的出口动态决策（第四章）、质量调整行为（第五章）和市场偏转行为（第六章），并追溯了壁垒宣布、生效、适用不同时点的差异（第七章），验证了不同时点下技术性贸易壁垒在相关出口市场对不同竞争者所产生的"贸易阻碍""市场偏转"和"贸易创造"效应，弥补了相关领域微观定量研究稀少的缺陷。最后，本书基于上述微观出口企业在技术性贸易壁垒冲击下的决策和行为调整结果，在第八章中总结了中国当前应对对华技术性贸易壁垒的现存问题，并针对性地在管理制度改革、信息传递、基础研究、技术标准国际化建设等方面提出了具体的优化措施，旨在助力实现全球化新形势下中国外贸"破壁"与"提质"并举的转型升级目标。

第 三 章

技术性贸易壁垒对中国产品出口表现的影响

中国企业遭遇技术性贸易壁垒，产品面临新的技术性要求，需要对原有产品的设计或生产进行调整，以满足新的技术性要求，才能被出口目的地所接受。这将很可能影响企业的生产成本，进而影响其出口决策和出口表现。相比之下，数量控制措施、价格控制措施等非技术性外部冲击虽然也可能对出口产品产生影响，但未必直接影响企业的技术性生产调整。技术性贸易壁垒为"产品—目的地"层面的冲击，本章将构建实证模型，利用"产品—目的地"层面的数据检验发达经济体对华技术性贸易壁垒对中国出口的总体影响，进而为后续章节利用更细致的"企业—产品—目的地"层面数据识别壁垒在微观层面的影响，以及进一步分析背后作用机制作铺垫。

第一节 技术性贸易壁垒影响中国产品出口的计量模型设定

中国出口遭遇的技术性贸易壁垒仍大多来自发达经济体[①]。一方

[①] 王健、王红梅：《贸易保护主义的社会规制国际化分析》，《中国人民大学学报》2007 年第 4 期，第 53—58 页。

面，从"TBT 通报－STC 提案"的数量看，如表 1-4 所示，在 1999—2021 年中国基于贸易伙伴 TBT 通报而提出 STC 的所有案例中，超过 84% 的情况是来源于以美欧为代表的发达经济体。另一方面，从上述"TBT 通报—STC 提案"所覆盖的中国出口产品品类（HS6）范围看，在本章相关样本时间段内（2000—2010 年），发达经济体所覆盖的相应出口产品品类数量是发展中或转型经济体相应指标的三倍以上（如表 3-1 所示）。据 UN Comtrade 数据计算显示，在本章样本时间段所包含的 2000—2010 年，中国对发达经济体的出口总额占总出口额的 50%—58%[1]，且中国出口企业因未及时处理发达经济体技术性贸易壁垒相关要求而遭受损失的形式主要是丧失出口订单[2]。

表 3-1　　中国对出口目的地 TBT 通报提出 STC 提案的
所涉产品品类范围（2000—2010 年）　　　单位：次

年份	TBT 通报来自发达经济体	TBT 通报来自发展中或转型经济体
2000	14	0
2001	0	0
2002	125	0
2003	1379	0
2004	0	0
2005	48	52
2006	405	0
2007	714	0

---

[1] 本书对贸易伙伴经济发展程度的区分根据"UNCTAD Handbook of Statistics 2016"的划分标准进行界定。

[2] 资料来源：笔者手动整理自中国国家质检总局 2001—2011 年《中国技术性贸易措施年度报告》；汪莉：《经济转型中的国家标准化政策选择》，《中国人民大学学报》2011 年第 4 期，第 100—107 页。

续表

年份	TBT 通报来自发达经济体	TBT 通报来自发展中或转型经济体
2008	53	14
2009	1	760
2010	31	0
总计	2770	826

资料来源：笔者基于 WTO - TBT 通报数据库和 WTO 官网 STC 信息整理计算得到，产品品类为 1996 版的 HS6 品类维度。

据此，本章主要聚焦发达经济体技术性贸易壁垒对于中国出口的影响，把发达经济体提出 TBT 通报并被中国后续提出 STC 的情况视为中国出口遭遇了相应发达经济体的技术性贸易壁垒，被该 TBT - STC 双边关系所覆盖的出口产品类别在 TBT 通报被提出后即被认为已遭遇壁垒冲击。在本章的最后一节中，笔者也补充了发展中或转型经济体的技术性贸易壁垒对中国出口的影响的检验结果作为对比。

一 指标和模型构建

检验发达经济体对华技术性贸易壁垒对中国出口总体影响的实证模型设定如式（3-1）所示：

$$\ln Y_{pdt} = \beta_0 + \beta_1 TBTSTC_{pdt-1} + \beta_{pt} + \beta_{dt} + \varepsilon_{pdt}$$

$$TBTSTC_{pdt-1} = \begin{cases} 1, \text{如果产品 } p \text{ 在 } t-1 \text{ 期受目的地 } d \text{ 的技术性贸易壁垒覆盖} \\ 0, \text{其他} \end{cases}$$

(3-1)

其中，被解释变量 ln$Y$ 衡量的是中国在 t 年出口产品 p（HS6 位码）至目的地 d 的表现指标，该表现包括取对数形式的出口金额 ln$Value$、出口数量 lnQty 和出口企业数量 $\ln(1+Firms)$；等式右边的核心解释变量 $TBTSTC$ 为哑变量，代表 $t-1$ 年产品 p 是否"被目的地 d 提出 TBT 通报并被中国以 STC 形式表达关切"，是则赋值为 1，否则为 0；β_{pt}、β_{dt} 分别用于控制产品—时间、目的地—时间维度的固定效应；ε_{pdt} 为聚类稳健的误差项，聚类在核心解释变量维度（即产品—目的地层面）；β_1 即估计了 TBTSTC 的总体影响。

二　数据说明

本章定量研究所使用的数据主要来源于中国海关微观企业出口交易数据库（2000—2010 年）和 WTO TBT‑STC 案例数据库（1995—2012 年），样本时间段为两者的共同区间（2000—2010 年）[①]。

中国海关进出口数据库详细记录了中国所有进出口企业的交易数据，包括进出口交易的产品品类 HS 代码、贸易伙伴目的地所在经济体、贸易方式（如一般贸易、加工贸易或其他细分贸易方式）、进出口金额、进出口数量、注册企业所有制等信息。由于 HS 代码为不同版本，本书将出口交易所涉及的产品品类统一至 1996 版本 HS6 位码层面，同时，统一出口交易所涉及的产品数量单位（统一为第一数量单位）、企业名称变更、企业代码变更等变化。由于中国企业通过一般贸易和加工贸易方式出口的金额约占出口总额的 90%（如表 3‑2 所示）。其中，加工贸易方式具有原材料和产成品"两头在外"的特征，对于生产调整的主导性相对较弱，而技术性贸易壁垒侧重于通过影响产品生产而发挥作用，故本研究用于基准模型检验的样本基于以一般贸易方式出口的企业交易数据构建得到，并在安慰剂检验中使用以加工贸易方式出口的企业交易数据进行对比。

[①] 时间段为 2000—2010 年的中国海关微观企业出口交易数据中的贸易金额、数量信息较为可靠，受限于数据可得性和准确性，暂时没有在实证分析中进一步拓展样本时间段。但是，本书中其他非微观企业维度的数据均已更新至最新年份。

表 3 - 2　　清理后海关企业贸易数据与 UN Comtrade 的对比

年份	贸易方式（原始数据信息）	清理后海关数据 贸易总额（百亿美元）	出口额（百亿美元）	进口额（百亿美元）	与 UN Comtrade 的差距 贸易总额（%）	出口额（%）	进口额（%）
2000	加工贸易和一般贸易	43.55	24.28	19.26	-8.19	-2.56	-14.43
2001	加工贸易和一般贸易	46.72	25.97	20.75	-8.33	-2.40	-14.80
2002	加工贸易和一般贸易	56.57	31.56	25.01	-8.88	-3.08	-15.28
2003	加工贸易和一般贸易	77.28	42.30	34.98	-9.19	-3.47	-15.25
2004	加工贸易和一般贸易	103.89	57.09	46.80	-10.02	-3.79	-16.61
2005	加工贸易和一般贸易	127.48	72.50	54.98	-10.35	-4.85	-16.69
2006	加工贸易和一般贸易	157.57	92.41	65.16	-10.49	-4.63	-17.68
2007	加工贸易和一般贸易	198.73	119.28	79.45	-8.68	-2.24	-16.90
2008	加工贸易和一般贸易	224.99	138.57	86.43	-12.12	-3.15	-23.69
2009	加工贸易和一般贸易	197.40	115.67	81.73	-10.56	-3.74	-18.72
2010	加工贸易和一般贸易	262.47	153.85	108.62	-11.74	-2.49	-22.19

资料来源：笔者整理计算。

本书使用的 TBT - STC 案例数据库来自 WTO 技术性贸易措施通报系统（TBT - IMS）。笔者整理了 TBT 通报中具有 STC 信息的案例作为研究对象，并选取"目的地提出 TBT 通报 - 中国后续提出 STC"的双边关系用于识别技术性贸易壁垒，如图 3 - 1 的阴影区域 F 所示。这一处理将导致以下三类相关情况被剔除：一是不受任何 TBT 通报覆盖的产品（区域 A）；二是没有遭到中国 STC 提案反对的 TBT 通报（区域 B 和 C）；三是遭到 STC 提案反对的非 TBT 形式的进口经济体内部的法规（区域 D 和 E），这一区域可能包含现存法规，故难以确定其初始时间点。

综上所述，我们的筛选设定有助于从"技术性贸易措施和技术性法规"中识别出中外双边层面的"技术性贸易壁垒"。再将 TBT 通报方限制为发达经济体，识别出"发达经济体对华技术性贸易壁

第三章　技术性贸易壁垒对中国产品出口表现的影响　99

中国（CHN）对某一目的地（d）的所有出口产品：

不受"TBT通报d"覆盖的产品（A）

被"TBT通报d"覆盖的产品（B）

被"TBT通报d-STC_{notCHN}"覆盖的产品（C）

被"TBT通报d-STC_{CHN}"覆盖的产品（F）

被"法规d-STC_{notCHN}"覆盖的产品（D）

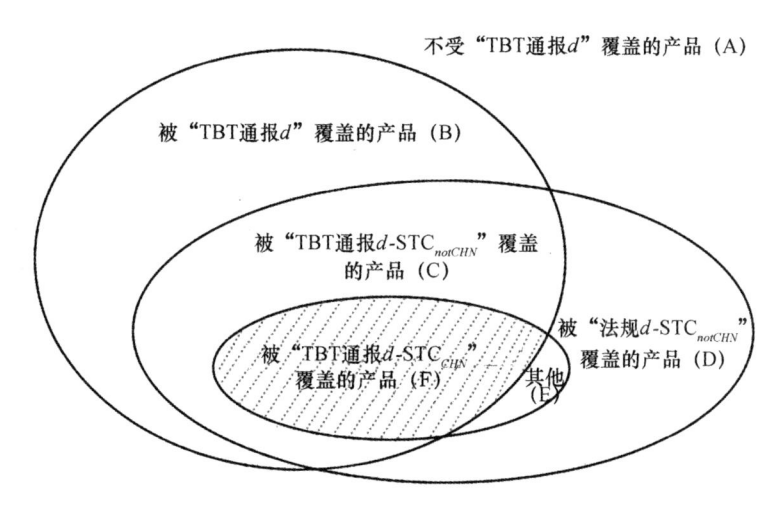

其他（E）

图 3-1　TBT 和 STC 的范畴和关系

注：区域 E 代表被"法规$_d$-STC_{CHN}"覆盖的产品，因篇幅有限，标示为"其他"。
资料来源：笔者绘制。

垒"。同时，由于 STC 提出方在一些情况下包含 2 个或 2 个以上成员，即技术性贸易壁垒双边关系可能为"一对多"的情况，本书对此进行循环匹配以避免遗漏。此外，本书对于贸易伙伴经济发展程度的区分根据"UNCTAD Handbook of Statistics 2016"的标准进行界定①。当 STC 的提出方涉及欧盟成员时，由于"欧盟"这一一体化组织在不同的时间点可能代表不同的经济体组合，本书对于其所包含的经济体组合的界定根据欧盟官方宣布的各经济体加入欧盟的时间为准（如表 3-3 所示）。据此，本书将中国对 WTO 发达经济体成员所通报的 TBT 提出 STC 的案例项下所覆盖的出口产品品类（HS6

---

① 发达经济体样本包含以下 WTO 成员（ISO3 位码）：AND, AUS, AUT, BEL, BMU, BGR, CAN, HRV, CYP, CZE, DNK, EST, FIN, FRA, DEU, GRC, GRL, HUN, ISL, IRL, ISR, ITA, JPN, LVA, LTU, LUX, MLT, NLD, NZL, NOR, POL, PRT, SVN, ESP, PRI, SWE, SVK, CHE, GBR, USA。

位码）识别为发达经济体设置对华技术性贸易壁垒的情况，该冲击的发生年份以相应 TBT 通报被首次提出的时间为准①。

表 3-3　　　　　　关于欧盟（EU）成员的时间点划分

年份	国家	国家 ISO 代码
1995—2003（15 国）	Belgium（比利时）	BEL
1995—2003（15 国）	France（法国）	FRA
1995—2003（15 国）	Italy（意大利）	ITA
1995—2003（15 国）	Luxembourg（卢森堡）	LUX
1995—2003（15 国）	Netherlands（荷兰）	NLD
1995—2003（15 国）	Denmark（丹麦）	DNK
1995—2003（15 国）	United Kingdom（英国）	GBR
1995—2003（15 国）	Germany（德国）	DEU
1995—2003（15 国）	Ireland（爱尔兰）	IRL
1995—2003（15 国）	Greece（希腊）	GRC
1995—2003（15 国）	Portugal（葡萄牙）	PRT
1995—2003（15 国）	Spain（西班牙）	ESP
1995—2003（15 国）	Austria（奥地利）	AUT
1995—2003（15 国）	Finland（芬兰）	FIN
1995—2003（15 国）	Sweden（瑞典）	SWE
2004—2006（新加入 10 国）	Poland（波兰）	POL
2004—2006（新加入 10 国）	Latvia（拉脱维亚）	LVA
2004—2006（新加入 10 国）	Lithuania（立陶宛）	LTU
2004—2006（新加入 10 国）	Hungary（匈牙利）	HUN
2004—2006（新加入 10 国）	Estonia（爱沙尼亚）	EST

---

① 由于 WTO 成员基于其他成员 TBT 通报存在异议的 STC 提案仅在 TBT 委员会举行每年三次的会议时统一记录，因此相比之下被提出 STC 异议的 TBT 通报的首次提出时间更加准确地反映了壁垒最初产生的时间。

续表

年份	国家	国家 ISO 代码
2004—2006（新加入10国）	Czech Rep（捷克共和国）	CZE
2004—2006（新加入10国）	Slovak Rep（斯洛伐克）	SVK
2004—2006（新加入10国）	Malta（马耳他）	MLT
2004—2006（新加入10国）	Slovenia Rep（斯洛文尼亚）	SVN
2004—2006（新加入10国）	Cyprus（塞浦路斯）	CYP
2007—2012（新加入2国）	Bulgaria（保加利亚）	BGR
2007—2012（新加入2国）	Romania（罗马尼亚）	ROU

资料来源：笔者整理自欧盟官网。

综上，回归所使用的变量含义及描述性统计情况如表 3-4 所示。

表 3-4　　　　　　基准回归主要变量的描述性统计

变量名称	变量含义	样本量	均值	标准差	最小值	最大值
$\ln Value$	出口金额（美元）的对数形式	824343	11.35	2.89	0	21.95
$\ln Qty$	出口数量（第一单位）的对数形式（剔除了出口数量小于1的观测值）	807663	9.86	3.53	0	24.08
$Firms$	企业个数	824343	25.13	98.24	1	10072
$\ln(1+Firms)$	企业个数加1的对数形式	824343	2.04	1.30	0.69	9.22
$TBTSTC\_lag1$	上一期中国该产品是否遭遇来自该目的地的技术性贸易壁垒	824343	0.03	0.18	0	1

资料来源：笔者计算得到。

第二节　发达经济体对华技术性贸易壁垒影响中国产品出口的实证结果分析

表 3-5 报告了发达经济体对华技术性贸易壁垒对中国产品出口总体表现的影响。列（1）至列（3）的估计结果表明，发达经济体对华技术性贸易壁垒冲击使得中国出口至相关目的地的产品金额、数量以及出口企业个数均显著增加。例如，在控制其他条件不变前提下，遭受技术性贸易壁垒冲击之后，中国在"产品—目的地"维度的出口金额增长了 15.5%，数量增长了 20.5%，产品市场内出口企业的数量增长了 8.8%。列（4）考虑了企业个数变量的计数数据特征，使用负二项回归模型进行估计，结果依然稳健。上述结果说明，与直觉相反，发达经济体对华技术性贸易壁垒并未在总体上削弱中国出口表现，反而存在正向的净效应。

表 3-5　发达经济体对华技术性贸易壁垒对中国产品出口的总体影响

	(1)	(2)	(3)	(4)	(5)	(6)
当期样本所基于的参与者类型	全样本				退出者	新进入者
估计方法	OLS			NB	OLS	
VARIABLES	ln Value	ln Qty	ln (1+Firms)	Firms	ln (1+Firms)	ln (1+Firms)
TBTSTC_lag1	0.155*** (0.020)	0.205*** (0.021)	0.088*** (0.007)	0.080*** (0.016)	0.099*** (0.007)	0.073*** (0.007)
常数项	11.353*** (0.004)	9.866*** (0.004)	2.046*** (0.002)	0.840*** (0.191)	1.803*** (0.001)	1.879*** (0.001)
样本量	820749	803974	820749	824343	672530	716731
R^2	0.639	0.725	0.803	—	0.778	0.791

续表

	（1）	（2）	（3）	（4）	（5）	（6）
Pseudo R^2	—	—	—	0.0985	—	—
目的地 – 年份固定效应	是	是	是	是	是	是
产品 HS6 – 年份固定效应	是	是	是	—	是	是
产品 HS2 – 年份固定效应	—	—	—	是	—	—

注：***、**与*分别表示估计的系数在1%、5%与10%的水平上显著；括号中为聚类稳健标准误，聚类在"产品HS6—目的地"层面；lag数字代表滞后期数。

然而，这一平均意义上的正面影响是如何实现的？我们区分出口调整的广延边际和集约边际进行进一步检验。相应回归结果显示，技术性贸易壁垒导致了出口企业的动态调整、新旧更替，即既导致了企业的退出，同时也吸引了企业的进入。列（5）检验了技术性贸易壁垒对于企业退出的影响，结果显示技术性贸易壁垒显著地增加了退出企业的数量。与此同时，列（6）的估计结果也表明技术性贸易壁垒显著地促进了新企业进入该产品市场。

第三节　发达经济体对华技术性贸易壁垒影响中国产品出口的内生性处理

"技术性贸易壁垒"这一核心解释变量的界定是基于"出口目的地经济体是否向WTO提出TBT通报，且该通报随后被中国以STC形式表示关切"的双边关系。然而，对"技术性贸易壁垒"的这一界定方法可能给本研究带来内生性问题，例如，如果中国对于相关TBT通报给予STC的决定取决于相应市场的现实或预期出口份额，则被解释变量与核心解释变量可能存在反向因果问题。为缓解这一潜在内生性问题，本章采取以下方法予以处理。

第一，基准模型中均已使用滞后一期的技术性贸易壁垒冲击，且被解释变量相对于核心解释变量在维度上更细分，使得反向因果问题得到一定程度缓解。

第二，使用基于倾向得分匹配法进行样本筛选后的双重差分模型（PSM－DID）进行检验。

第三，构造工具变量（IV）进行两阶段最小二乘法（2SLS）估计。

一　倾向得分匹配—双重差分模型设定和结果分析

首先，笔者采用 PSM－DID 方法对基准模型进行修正。首先，先使用倾向得分匹配（PSM）优化控制组样本。此处 PSM 筛选样本的目的是为每一个"产品—年"组合中设置了对华技术性贸易壁垒的发达经济体 A 匹配一个没有设置对华技术性贸易壁垒的发达经济体 B[①]。用于第一阶段 PSM 的协变量及其含义如表 3－6 所示，包括研发支出、双边贸易市场份额、外交关系、目的地死亡率和经济增长率指标。上述指标选取具有文献支撑：技术是国际贸易的重要影响因素，研发支出是衡量一国技术水平的直接指标之一[②]，同时也会通过影响生产率，进而对经贸活动产生间接影响[③]；进口国倾向于保护产业薄弱、在政治上很重要或受到进口竞争威胁的产业，而市场份额是反映其重要性的表现之一[④]；国家间外交关系或外交谈判会影

---

① 在实际操作中通过"产品 HS6—年份"组合的双层循环代码各自匹配后再行合并。匹配后的控制组和处理组在除外交关系和研发支出占比外的其他特征上无显著差异，这印证了在模型中加入"目的地—年"哑变量的必要性。经 1∶1 匹配后的控制组在个体数量上与处理组相近，故回归总样本规模小于基准模型的样本规模。

② 傅帅雄、罗来军：《技术差距促进国际贸易吗？——基于引力模型的实证研究》，《管理世界》2017 年第 2 期，第 43—52 页。

③ 吴延兵：《自主研发、技术引进与生产率——基于中国地区工业的实证研究》，《经济研究》2008 年第 8 期，第 51—64 页；周亚虹、贺小丹、沈瑶：《中国工业企业自主创新的影响因素和产出绩效研究》，《经济研究》2012 年第 5 期，第 107—119 页。

④ Lee, Jong－Wha and Phillip Swagel, "Trade Barriers and Trade Flows across Countries and Industries", *The Review of Economics and Statistics*, Vol. 79, No. 3, 1997, pp. 372–382.

响贸易[1]，经济表现不佳时，若国内施压集团和政策制定者的贸易保护偏好趋于一致，则非关税壁垒发生的概率较大[2]；死亡率则是衡量一国政治经济制度的常用工具变量[3]。其次，我们基于 PSM 处理后所得样本，参照式（3-2）的模型，使用 DID 模型进行检验，该计量方法的详细推导过程请参见附录2。其中，式（3-2）与基准模型的设置差异在于对核心解释变量的定义。对于某一特定"产品—目的地"组合，在样本时间段可能遭遇不止一次"技术性贸易壁垒"冲击，基准模型的核心解释变量对此保留各壁垒冲击的原有时间点，即在遭遇冲击的年份取值为1，在无冲击的年份取值为0。而式（3-2）中的处理组（$Treat$）为遭遇至少一次壁垒冲击的特定"产品—目的地"组合，$Post$ 在首次冲击及其之后的年份取值为1。

表3-6　　　　　　　　　　用于 PSM 的协变量含义

数据维度	协变量名称	协变量含义
产品 HS6 - 目的地 - 年份	*ImpMkts*	中国出口金额占目的地同年进口 HS2 总额的占比，衡量了中国该 HS6 品类对于目的地相应产品大类进口的重要性
	ExpMkts	中国出口金额占中国同年出口 HS2 总额的占比，衡量了中国该 HS6 品类对于中国相应产品大类出口的重要性

---

[1] van Bergeijk, Peter AG, "Diplomatic Barriers to Trade", *De Economist*, Vol. 140, No. 1, 1992, pp. 45-64.

[2] Mansfield, Edward D. and Marc L. Busch, "The Political Economy of Nontariff Barriers: A Cross-National Analysis", *International Organization*, Vol. 49, No. 4, 1995, pp. 723-749；王晋斌：《对中国经济出口导向型发展模式的思考》，《中国人民大学学报》2010年第1期，第83—91页。

[3] Acemoglu, Daron, Simon Johnson, and James A. Robinson, "The Colonial Origins of Comparative Development: An Empirical Investigation", *American Economic Review*, Vol. 91, No. 5, 2001, pp. 1369-1401.

续表

数据维度	协变量名称	协变量含义
目的地—年份	DeathRate	死亡率
	RDshare	R&D 支出占 GDP 的比重
	Diploma	中国与目的地的双边伙伴关系程度（非伙伴关系为0，伙伴关系为1，战略伙伴关系为2，全面战略伙伴关系为3）
	GDPgrowth	GDP 增长率

资料来源：出口金额来源于 UN Comtrade 数据库（WITS）；死亡率和 R&D 占 GDP 的比重来自世界银行 WDI 数据库；中国与其他经济体的双边伙伴关系程度引自 Strüver（2015）。

$$\ln y_{pdt} = \beta_0 + \beta_1 Treat_{pd} \times Post_{pdt-1} + \beta_{pt} + \varepsilon_{pdt}$$

$$Treat_{pd} = \begin{cases} 1, & \text{如果产品 } p \text{ 在样本时间段内受到过目的地 } d \text{ 的技术性贸易壁垒} \\ 0, & \text{其他} \end{cases}$$

$$Post_{pdt} = \begin{cases} 1, & \text{年份大于或等于产品 } p \text{ 遭遇目的地 } d \text{ 首次技术性贸易壁垒的年份} \\ 0, & \text{其他} \end{cases}$$

$$(3-2)$$

表 3-7 所呈现的 PSM-DID 模型的结果与基准模型的结果基本一致。在总体上，发达经济体技术性贸易壁垒对中国出口存在正向的净效应，对相应"产品—目的地"市场的出口金额、数量、市场内企业个数均显著增加，如列（1）至列（3）所示；同时，壁垒冲击也引发了市场淘汰效应，退出企业个数显著增加，但同时也吸引了更多新进入者，如列（4）和列（5）所示。

表 3-7　　　　　　　　　　基于 PSM-DID 模型的检验

	(1)	(2)	(3)	(4)	(5)
	\multicolumn{5}{c}{PSM-DID}
样本	全样本	全样本	全样本	退出者	新进入者
VARIABLES	$\ln Value$	$\ln Qty$	\multicolumn{3}{c}{$\ln(1+Firms)$}
$TBTSTC \times Post\_lag1$	0.621***	0.662***	0.162***	0.114***	0.124***
	(0.059)	(0.064)	(0.025)	(0.024)	(0.024)
常数项	11.804***	9.468***	2.333***	1.961***	2.036***
	(0.048)	(0.053)	(0.021)	(0.020)	(0.020)
样本量	5915	5889	5915	5630	5673
R^2	0.333	0.586	0.417	0.408	0.411
产品 HS6-年份固定效应	是	是	是	是	是

注：(1) ***、**与*分别表示估计的系数在 1%、5% 与 10% 的水平上显著；括号中为聚类稳健标准误，聚类在产品"产品 HS6-目的地"层面；lag 数字代表滞后期数。(2) 由于 PSM 筛选样本的条件是对每一个"产品 HS6-年"组合对应的存在冲击的目的地 A 近邻匹配一个目的地 B，故此处不宜再加入目的地层面的固定效应。

二　工具变量与 2SLS 模型设定和结果分析

首先，笔者采用 IV 处理潜在内生性问题。我们利用除中国外的其余亚洲经济体是否在相同产品市场内遭遇来自相同发达经济体的技术性贸易壁垒的虚拟变量（IV_ExtraAsia）来作为 IV。由于亚洲是出口至发达经济体的重要来源地，而中国是亚洲最主要的出口经济体之一，在同一市场中，其他亚洲经济体与中国遭遇相同壁垒冲击的情况具有一定相关性，但同时不直接影响中国的出口。表 3-8 的各列结果显示，该 IV 的选择符合相关性要求；列（1）报告的第 1 阶段结果表明，其余亚洲经济体与中国遭受同一"产品—目的地—年"技术性贸易壁垒的情况存在正相关关系；列（2）至列（4）的第 2 阶段结果与基准模型一致，发达经济体技术性贸易壁垒冲击使得中国总体上对相应市场的出口金额、数量、市场内企业个数均显著增加。

表 3-8　　　　　　　　　　IV-2SLS 结果汇总

	(1)	(2)	(3)	(4)
2SLS 阶段	1st	2nd		
VARIABLES	TBTSTC_lag1	lnValue	lnQty	ln(1+Firms)
IV_ExtraAsia_lag1	0.845*** (0.003)			
TBTSTC_lag1		0.213*** (0.023)	0.293*** (0.025)	0.097*** (0.008)
样本量	819401	819401	802678	819401
R^2	0.889	0.0001	0.0001	0.0003
产品 HS6-年份固定效应	是	是	是	是
目的地-年份固定效应	是	是	是	是
识别不足检验（KP-rk-LM Chi-sq）		27527.42	26481.48	27527.42
弱工具变量检验（AR-Wald F）		P=0.0000	P=0.0000	P=0.0000
弱识别检验（KP-rk-Wald F）		$1.1×10^5$	$1.1×10^5$	$1.1×10^5$

注：(1) ***、**与*分别表示估计的系数在 1%、5% 与 10% 的水平上显著；括号中为聚类稳健标准误，聚类在"产品 HS6-目的地"层面；lag 数字代表滞后期数；模型包含常数项，为结果表格呈现清晰而暂予省略。(2) 本表中识别不足检验检验值较大、弱工具变量检验 P 值接近 0，表示 IV 组合的选取符合相关性要求。

第四节　对比分析发展中或转型经济体对华技术性贸易壁垒的相关影响

笔者同时检验了发展中或转型经济体对华技术性贸易壁垒对于中国的出口影响，除壁垒来源经济体发生变化外，其他模型设定内容与本章基准模型一致。表 3-9 的结果显示：发展中或转型经济体的技术贸易壁垒对中国出口的总体影响是负面的，主要表现在显著减少细分市场内部的企业数量（包括在位者、进入者和退出者），对出口金额和数量的影响不显著。

表 3-9　发展中或转型经济体对华技术性贸易壁垒的对中国产品出口的总体影响

	(1)	(2)	(3)	(4)	(5)	(6)
当期样本所基于的参与者类型	全样本			退出者	新进入者	
估计方法	OLS			NB	OLS	
VARIABLES	ln Value	ln Qty	ln(1+Firms)	Firms	ln(1+Firms)	ln(1+Firms)
TBTSTC_lag1	0.124	0.162	-0.106**	-0.066	-0.158***	-0.176***
	(0.129)	(0.142)	(0.051)	(0.089)	(0.046)	(0.047)
常数项	10.653***	9.284***	1.701***	0.457**	1.532***	1.597***
	(0.003)	(0.003)	(0.001)	(0.203)	(0.001)	(0.001)
样本量	1734855	1689364	1734855	1737313	1392115	1519571
R^2	0.515	0.672	0.644	—	0.622	0.634
Pseudo R^2	—	—	—	0.111	—	—
目的地-年份 FE	是	是	是	是	是	是
HS6-年份 FE	是	是	是		是	是
HS2-年份 FE	—	—	—	是		

注：***、**与*分别表示估计的系数在1%、5%与10%的水平上显著；括号中为聚类稳健标准误，聚类在"产品HS6-目的地"层面；lag数字代表滞后期数。

第五节　本章小结

本章基于WTO技术性贸易措施通报数据、特别贸易关注案例数据，结合2000—2010年海关微观企业出口交易数据，定量检验了发达经济体对华技术性贸易壁垒对中国出口的总体影响。结果发现：发达经济体对华技术性贸易壁垒并未能削弱中国总体出口，遭遇壁垒后中国出口金额、数量、出口企业个数均呈现净增加。其中，技术性贸易壁垒显著地增加了进入企业、退出企业的数量，即加速了市场中参与企业的进出流动。然而，在受到发展中或转型经济体的对华技术性贸易壁垒时，中国产品出口并未呈现相似的正向的净增加效应，也没有呈现市场加速流动效应，即其总体影响是负面的，主要表现在显著减少细分市场内部的企业数量（包括在位者、进入者和退出者），对出口金额和数量的影响不显著。综上所述，从产品维度看，发达经济体的技术性贸易壁垒是一把"双刃剑"，总体上有促进市场加速"新陈代谢"的作用，其背后很可能是企业维度存在更为复杂的作用机制，这也是本书后续章节的研究重点。

第四章

技术性贸易壁垒对中国企业出口二元边际的影响

前述章节验证了发达经济体技术性贸易壁垒对中国出口所产生的总体正向净效应，以及发展中或转型经济体技术性贸易壁垒对中国出口所产生的总体负向净效应。然而，产品维度的总体净效应很可能忽略了企业微观层面的差异化表现。因此，本章致力于在更为细分的"企业—产品—目的地"层面对于异质性参与者在壁垒冲击下的表现展开进一步的检验，检验内容包括微观企业在面临技术性贸易壁垒影响下的集约边际的出口规模表现，以及广延边际的市场进入、退出决策表现。

第一节 集约边际：技术性贸易壁垒对中国企业出口规模的影响

一 技术性贸易壁垒影响中国企业出口规模的理论模型

（一）假设条件

1. 全世界有 $j+1$ 个经济体相互进行贸易，经济体的需求都是对称的，厂商面临垄断竞争的市场。

2. 每个经济体中进行出口的厂商具有异质性：企业具有不同的劳动生产率 φ，假设该劳动生产率是随机抽取的，并且无法在企业初始阶段体现，$\varphi \in (0, \infty)$ 且服从于某一特定分布 $G(\varphi)$。

3. 厂商可以生产多种产品，其生产某一种产品 i 的专业化能力由 λ_i 表示，$\lambda_i \in (0, \infty)$ 且服从于某一特定分布 $Z(\lambda)$，由于企业不能生产无限多种类的产品，所以对于每一个随机抽取的厂商整体生产能力 φ，对应着一个某种产品的专业能力使得利润为零的产品范畴界限 $\lambda^*(\varphi)$，有 $\dfrac{\mathrm{d}\lambda^*(\varphi)}{\mathrm{d}\varphi} < 0$，意味着生产率越高、专业能力下限越低，厂商可以生产更多种产品 i。而且 λ_i 在厂商、产品间是独立同分布的（iid）。

4. 厂商所生产的产品质量可以通过一个结合厂商整体生产能力 φ 和产品专业化生产能力 λ_i 的指标构成，即 $q_i(\varphi, \lambda_i) = (\varphi \lambda_i)^\theta$，$\theta > 0$，来表示。这一设定隐含的假定是：产品质量随着企业生产能力和专业化产品生产能力的提升而提升。

5. 厂商可以生产多种产品，对于某一种特定产品 i，厂商可以选择仅仅在国内市场销售（不出口），或者在进行国内销售的同时出口到另一个经济体，也可以选择在进行出口之后于下一期停止出口（退出某一市场）。厂商可以对于这一特定产品 i 在多个目的地经济体市场 j 销售。

6. 假定劳动力是厂商生产所需的唯一生产投入，假定单位劳动投入的工资标准化为 1。

7. 可变成本：生产每单位产品的成本除了生产的边际成本以外，还存在冰山成本 τ_j，以及由于技术性贸易壁垒所引发的新增可变成本 δ_{ji}，δ_{ji} 是随目的地—产品维度变化的。需要注意的是，由于本书在实证部分中的价格由海关出口数据计算所得，而出口报价是不含运输费用和保险费用的离岸时的"船上交货价"形式（Free On Board，FOB），因此在实证过程中 τ_j 并不体现在价格中。本章在推导的过程中也会说明这一点。

8. 固定成本：对于出口到某一经济体的不同程度的参与决策，分别有从事生产的固定成本 f，出口所涉及的固定成本 f^{ex}，因出口到某国所遭到技术性贸易壁垒而引发的固定成本 f^{ex}_{TBT}，例如进行某项一次性的合格评定、检验测试、产品注册、安全审查等。

（二）需求设定

从消费者需求角度出发，假设目的地市场 j 的消费者偏好消费多种产品，并用 CES 效用函数来刻画。其中，x_{ji} 代表消费产品 i 的数量，q_{ji} 代表产品 i 的质量，p_{ji} 代表产品 i 的价格，不同产品之间的替代弹性 $\sigma > 1$：

$$\max U_j \equiv \left[\int_{i \in \Omega_j} (q_{ji} \times x_{ji})^{\frac{\sigma-1}{\sigma}} di \right]^{\frac{\sigma}{\sigma-1}}, \sigma > 1 \quad (4-1)$$

$$s.t. \int_{i \in \Omega_j} (p_{ji} \times x_{ji}) di = R_j$$

在预算约束下求效用最大化可以解出：

$$x_{ji} = \left(\frac{R_j}{q_{ji} P_j}\right)\left(\frac{p_{ji}}{q_{ji} P_j}\right)^{1-\sigma} = R_j P_j^{\sigma-1} q_{ji}^{\sigma-1} p_{ji}^{-\sigma} \quad (4-2)$$

其中，$P_j = \left[\int_{i \in \Omega_j} \left(\frac{p_{ji}}{q_{ji} P_j}\right)^{1-\sigma} di \right]^{\frac{1}{1-\sigma}}$

故通过求偏导可以推出：

$$\frac{\partial x_{ji}}{\partial R_j} > 0$$

$$\frac{\partial x_{ji}}{\partial P_j} > 0$$

$$\frac{\partial x_{ji}}{\partial q_{ji}} > 0$$

$$\frac{\partial x_{ji}}{\partial p_{ji}} < 0$$

上述偏导关系分别意味着：消费市场 j 对某一产品 i 的消费数量

随着消费市场总收入的提升而提升，随着消费市场价格水平的提高而提高，随着消费市场特定产品 i 质量的提高而提高，随着消费市场特定产品 i 价格的提高而减少。

（三）供给设定

由于前提假设已经将唯一的生产投入（劳动力）的工资标准化为 1，则厂商在遭受到技术性贸易壁垒之后，生产出口至 j 国的产品 i 的生产成本函数就可以表示为：

$$Cost_{ji}(x) = f + f_j^{ex} + f_{TBTji}^{ex} + \frac{\delta_{ji} \tau_j x_{ji}}{\varphi \lambda_i} \qquad (4-3)$$

其中，$f + f_j^{ex} + f_{TBTji}^{ex}$ 表示的分别是固定成本中的来自生产产品的部分、来自出口到目的地 j 的部分、使得产品 i 符合目的地 j 对其设置的技术性贸易壁垒所增加的固定成本部分；$\varphi \lambda_i$ 在可变成本的分母中，说明企业整体生产率越高、生产产品 i 的专业化能力越高，则生产每单位产品的成本就越低。$\frac{\delta_{ji} \tau_j x_{ji}}{\varphi \lambda_i}$ 衡量的就是考虑进冰山成本和技术性贸易壁垒之后的可变成本项。

所以，边际成本为：

$$MC = \frac{\delta_{ji} \tau_j}{\varphi \lambda_i} \qquad (4-4)$$

考虑厂商在定价时在边际成本上设置一个不变的价格加成，定价公式如下，其中 $|\varepsilon|$ 为替代弹性：

$$p_{ji}(\varphi) = \frac{MC}{1 - \frac{1}{|\varepsilon|}} \qquad (4-5)$$

由于本书设定的 CES 函数替代弹性为 σ，且 $\sigma > 1$，故定价为：

$$p_{ji}(\varphi) = \frac{MC}{1 - \frac{1}{\sigma}} = \frac{\left(\frac{\delta_{ji} \tau_j}{\varphi \lambda_i}\right)}{\left(\frac{\sigma - 1}{\sigma}\right)} = \frac{\left(\frac{\sigma}{\sigma - 1}\right) \delta_{ji} \tau_j}{\varphi \lambda_i} \qquad (4-6)$$

所以该企业在这一特定目的地市场 i 获取的出口产品 i 的利润为：

$$\pi_{ji}(\delta_{ji},\varphi,\lambda_i) = p_{ji}(\delta_{ji},\varphi,\lambda_i) \times x_{ji}(\delta_{ji},\varphi,\lambda_i)$$
$$- \frac{\delta_{ji}\tau_j x_{ji}(\delta_{ji},\varphi,\lambda_i)}{\varphi\lambda_i} - f - f_j^{ex} - f_{TBTji}^{ex} \quad (4-7)$$

（四）双边单一产品市场均衡

对于某一个特定的出口目的地 j 和特定产品 i，考虑其需求和供给实现开放均衡，即将该产品 i 的需求端的约束加入厂商在市场 j 中利润最大化的求解过程：

$$\max_{p,x} \pi_{ji}(\delta_{ji},\varphi,\lambda_i) = p_{ji}(\delta_{ji},\varphi,\lambda_i) \times x_{ji}(\delta_{ji},\varphi,\lambda_i)$$
$$- \frac{\delta_{ji}\tau_j x_{ji}(\delta_{ji},\varphi,\lambda_i)}{\varphi\lambda_i} - f - f_j^{ex} - f_{TBTji}^{ex}$$
$$(4-8)$$

$$s.t. \quad x_{ji} = \left(\frac{R_j}{q_{ji}P_j}\right)\left(\frac{p_{ji}}{q_{ji}P_j}\right)^{1-\sigma} = R_j P_j^{\sigma-1} q_{ji}^{\sigma-1} p_{ji}^{-\sigma}$$

其中，$P_j = \left[\int_{i\in\Omega_j}\left(\frac{p_{ji}}{q_{ji}P_j}\right)^{1-\sigma}di\right]^{\frac{1}{1-\sigma}}$，$\sigma > 1$

并有 $q_i(\varphi,\lambda_i) = (\varphi\lambda_i)^\theta$，$\theta > 0$

可以解出：

$$\frac{p_{ji}\varphi\lambda_i}{\delta_{ji}\tau_j} = \frac{\sigma}{1-\sigma} \quad (4-9)$$

$$p_{ji} = \frac{\sigma}{\sigma-1}\left(\frac{\delta_{ji}\tau_j}{\varphi\lambda_i}\right) \quad (4-10)$$

由于总收益函数的表达式为：

$$r_{ji} = p_{ji}x_{ji} = p_{ji} \times (R_j P_j^{\sigma-1} q_{ji}^{\sigma-1} p_{ji}^{-\sigma})$$
$$= R_j P_j^{\sigma-1} p_{ji}^{1-\sigma} q_{ji}^{\sigma-1} \quad (4-11)$$

代入质量函数 $q_i(\varphi, \lambda_i) = (\varphi \lambda_i)^\theta$ 和解出的价格函数 $p_{ji} = \frac{\sigma}{\sigma-1}(\frac{\delta_{ji}\tau_j}{\varphi \lambda_i})$，可以得到：

$$r_{ji} = R_j \times \left[\left(\frac{\sigma-1}{\sigma}\right)\frac{P_j}{\delta_{ji}\tau_j}\right]^{\sigma-1} \times (\varphi \lambda_i)^{\sigma-1+\theta(\sigma-1)}$$

$$= R_j \left[\left(\frac{\sigma-1}{\sigma}\right)\frac{P_j}{\delta_{ji}\tau_j}\right]^{\sigma-1} (\varphi \lambda_i)^{(\theta+1)(\sigma-1)}$$

利润可表示为：

$$\pi_{ji}(\delta_{ji}, \varphi, \lambda_i) = \frac{r_{ji}(\delta_{ji}, \varphi, \lambda_i)}{\sigma} - f - f_j^{ex} - f_{TBTji}^{ex} \quad (4-12)$$

由于出口数据价格为 FOB 报价，即不含冰山成本 τ_j，故有：

$$p_{ji}^{FOB} = \frac{\sigma}{\sigma-1}\left(\frac{\delta_{ji}}{\varphi \lambda_i}\right) \quad (4-13)$$

$$r_{ji}^{FOB} = R_j \times \left[\left(\frac{\sigma-1}{\sigma}\right)\frac{P_j}{\delta_{ji}}\right]^{\sigma-1} (\varphi \lambda_i)^{(\theta+1)(\sigma-1)} \quad (4-14)$$

（五）主要命题

命题： 目的地 j 对于进口产品 i 设置的技术性贸易壁垒 δ_{ji} 会导致出口厂商出现出口数量下降的贸易阻碍效应、出口总收益（出口金额）的阻碍效应、出口价格上升的效应。

证明： 由于模型中假定了 $\sigma > 1$ 和 $\theta > 0$，容易得到以下的偏导关系：

$$\frac{\partial p_{ji}^{FOB}}{\partial \delta_{ji}} > 0$$

$$\frac{\partial r_{ji}^{FOB}}{\partial \delta_{ji}} < 0$$

又因为 $\frac{\partial p_{ji}}{\partial x_{ji}} < 0$，故得到：

$$\frac{\partial x_{ji}}{\partial \delta_{ji}} < 0$$

所以，技术性贸易壁垒总体上会导致单个厂商的出口相关产品的数量下降、价格上升、总收益（即出口金额）下降。

二　技术性贸易壁垒影响中国企业出口规模的计量模型设定

（一）指标及模型构建

本节利用"企业—产品—目的地"层面数据来研究技术性贸易壁垒对中国出口企业在出口规模方面的影响，基本模型设定如下：

$$\ln y_{ipdt} = \beta_0 + \beta_1 TBTSTC_{pdt-1} + \beta_2 \ln Size_{it-1} + \beta_{ip} + \beta_{pt} + \beta_{dt} + \varepsilon_{ipdt}$$

$$TBTSTC_{pdt-1} = \begin{cases} 1, \text{如果产品 } p \text{ 在 } t-1 \text{ 期受目的地 } d \text{ 的技术性贸易} \\ \quad\quad 壁垒覆盖 \\ 0, \text{其他} \end{cases}$$

(4-15)

其中，被解释变量 $\ln y_{ipdt}$ 度量企业 i 的取对数形式的出口金额（$\ln Value$）和出口数量（$\ln Qty$）。等式右边的核心解释变量 TBTSTC 的含义与第三章一致，即为哑变量，代表 $t-1$ 年产品 p 是否"被目的地 d 提出 TBT 通报并被中国以 STC 形式表达关切"，是则赋值为 1。控制变量 $\ln Size$ 以企业 i 对全球出口总额的对数形式度量。此外，β_{ip}、β_{pt}、β_{dt} 分别是企业—产品、产品—时间、目的地—时间维度的哑变量；ε_{ipdt} 为聚类稳健的误差项，聚类在核心解释变量维度（即产品—目的地层面）。

技术性贸易壁垒对出口的影响可能因出口产品或企业的特征而呈现差异化表现，因此我们进一步在基准模型的基础上增加产品或企业维度的异质性特征项变量，及其与壁垒冲击的交互项变量，进行异质性检验。我们考虑产品的 BEC 分类、技术密集度、替代弹性特征和企业的所有制、贸易方式特征五个维度，模型设定如公式（4

-16) 所示：

$$Z_{ipdt} = \beta_0 + \beta_1 TBTSTC_{pdt-1} + \beta_2 TBTSTC_{pdt-1} \times Hetero_p$$
$$+ \beta_3 \ln Size_{it-1} + \beta_{ip} + \beta_{pt} + \beta_{dt} + \varepsilon_{ipdt} \qquad (4-16)$$

其中，被解释变量 Z 为前文所述的企业在 t 年对"产品—目的地"市场的进入或退出决策，或企业的相应出口金额、数量、质量指标。异质性指标 $Hetero$ 为哑变量，分别满足以下特征时取值为 1，否则取 0：参考联合国 BEC 分类标准以判定产品是否属于"消费品""中间投入品"或"资本品"①；产品的技术密集度是否处于中位数以上水平，相关技术密集度数据来源于 Ma 等（2014）②，基于中国各行业雇用劳动力中拥有高中（含）以上学历的比例信息构建得到；产品的替代弹性是否处于中位数以上水平，相关替代弹性数据来源于 Broda 等（2006）③；企业是否属于国有、私营、外资企业，所有制信息来源于海关进出口交易数据库；企业是否在市场中出口高质量产品，质量指标基于海关进出口交易数据库和 KSW 方法计算得到。

（二）数据说明

本小节定量研究的数据主要来源于中国海关微观企业出口交易数据库（2000—2010 年）和 WTO TBT - STC 案例数据库（1995—2012 年），样本时间段为两者的共同区间（2000—2010 年）④。笔者

---

① 联合国 BEC 分类标准，即 United Nations, "The Classification by Broad Economic Categories（BEC）"。

② Ma, Yue, Heiwai Tang and Yifan Zhang, "Factor Intensity, Product Switching, and Productivity: Evidence from Chinese Exporters", *Journal of International Economics*, Vol. 92, No. 2, 2014, pp. 349 - 362.

③ Broda, Christian, and David E. Weinstein, "Globalization and the Gains from Variety", *The Quarterly Journal of Economics*, Vol. 121, No. 2, 2006, pp. 541 - 585.

④ 如前所述，时间段为 2000—2010 年的中国海关微观企业出口交易数据中的贸易金额、数量信息较为可靠，受限于数据可得性和准确性，暂时没有在实证分析中进一步拓展样本时间段。但是，本书中其他非微观企业维度的数据均已更新至最新年份。

整理了 TBT 通报中具有 STC 信息的案例作为研究对象，并选取"目的地提出 TBT 通报—中国后续提出 STC"的双边关系用于识别技术性贸易壁垒。进一步将 TBT 通报方限制为发达经济体，识别出"发达经济体对华技术性贸易壁垒"。在上述识别条件下，中国对 WTO 发达经济体成员所通报的 TBT 提出 STC 的案例项下所覆盖的出口产品品类（HS6 位码）被识别为发达经济体设置对华技术性贸易壁垒的情况。

综上，回归所使用的变量含义及描述性统计情况如表 4-1 所示。

表 4-1　　　　　基准回归主要变量的描述性统计

变量名称	变量含义	样本量	均值	标准差	最小值	最大值
$lnValue$	出口金额（美元）的对数形式	20712431	8.95	2.34	0.00	20.12
$lnQty$	出口数量（第一单位）的对数形式（剔除了出口数量小于 1 的观测值）	20183113	7.68	2.67	0.00	23.09
$TBTSTC\_lag1$	上一期中国该产品是否遭遇来自该目的地的技术性贸易壁垒（HS6—目的地—年层面）	20712431	0.02	0.14	0	1
$High\_qua\_lag1$	企业上一期出口的该产品的质量是否在"HS6—目的地—年"组合中处于中位数以上	7209611	0.65	0.48	0	1
$lnSize\_lag1$	企业上一期对世界出口总额加 1 的对数形式（企业—年层面）	17972700	15.54	2.26	0.00	23.99

三 发达经济体对华技术性贸易壁垒影响中国企业出口规模的实证结果分析

出口产品技术密集度和质量是企业生产能力的重要表现之一。技术性贸易壁垒主要涉及技术标准与产品质量要求，因此笔者在企业维度的基准模型中进一步引入产品技术密集度指标、企业出口产品质量指标及其与壁垒冲击的交互项，以更深入地考察企业调整是如何实现的。其中，产品技术密集度指标（Skill_inten）为产品的技术密集度是否处于中位数以上水平的哑变量，是则取值为1，否则取0，产品维度的技术密集度指标来源于 Ma 等（2014）[①]，经中国出口产品所属行业雇用劳动力中拥有高中（含）以上学历的人数占比计算所得；企业出口产品质量指标（High_qua）为产品是否属于高质量产品的哑变量，度量企业出口至目的地的产品是否在标准化处理后处于"HS6—目的地—滞后年"组合的中位数以上水平，是则取值为1，否则取0。

表4－2的估计结果显示，发达经济体技术性贸易壁垒对中国企业出口金额的影响呈现显著的"优胜劣汰"效应。列（1）的估计结果表明，发达经济体技术性贸易壁垒对市场中幸存者出口金额的平均影响显著为负。具体而言，在控制其他条件不变前提下，遭受技术性贸易壁垒冲击之后，中国在"企业—产品—目的地"维度的出口金额显著下降3.5%。列（2）的估计结果进一步表明，发达经济体技术性贸易壁垒显著降低了低技术密集度产品市场内出口企业的出口金额。同时，列（3）利用企业滞后一期的产品质量来度量企业的"优劣"，发现发达经济体技术性贸易壁垒显著降低了市场内原先出口低质量产品的企业的出口金额。简言之，相关壁垒对市场内幸存的中国企业出口金额在平均意义上的负面影响因两类企业受损

[①] Ma, Yue, Heiwai Tang and Yifan Zhang, "Factor Intensity, Product Switching, and Productivity: Evidence from Chinese Exporters", *Journal of International Economics*, Vol. 92, No. 2, 2014, pp. 349–362.

而导致：一是在低技术密集度产品市场内从事出口业务的企业，二是在各市场内原先出口低质量产品的企业。

表4-2　发达经济体对华技术性贸易壁垒对中国企业出口金额的影响

VARIABLES	（1）	（2）	（3）
	\multicolumn{3}{c}{ln*Value*}
*TBTSTC_lag*1	-0.035**	-0.068***	-0.098***
	(0.016)	(0.023)	(0.017)
*TBTSTC_lag*1 × *Skill_inten*		0.086***	
		(0.025)	
*TBTSTC_lag*1 × *High_qua_lag*1			0.099***
			(0.012)
*High_qua_lag*1			1.107***
			(0.004)
ln*Size_lag*1	0.024***	0.024***	-0.056***
	(0.002)	(0.002)	(0.002)
常数项	9.739***	9.739***	10.297***
	(0.034)	(0.034)	(0.032)
样本量	6621059	6609893	6528418
R^2	0.563	0.563	0.598
目的地—年份固定效应	是	是	是
产品 HS6—年份固定效应	是	是	是
企业—产品 HS6 固定效应	是	是	是
联合显著性检验：*TBTSTC_lag*1 + 交互项	—	0.018	0.0007

注：(1) ***、**与*分别表示估计的系数在1%、5%与10%的水平上显著；括号中为聚类稳健标准误，聚类在"产品 HS6—目的地"层面；lag 数字代表滞后期数。(2) 样本由当期全样本中剔除上一期不出口至相应细分市场的新进入者而得到，故被解释变量时间段为2001—2010年。(3) *Skill_inten* 为 HS3 层面的产品技术密集度虚拟变量，参考 Ma 等（2014）的构建方法，并以该连续指标的中位数作为划分标准，高于中位数则取值为1，否则取0。(4) 解释变量中的 *High_qua_lag*1 变量代表企业出口的产品是否属于高质量产品，即企业在"滞后期—产品 HS6—目的地"层面的标准化质量值是否高于相应中位数水平，是则取值为1，否则取0。

表4-3的估计结果进一步印证了发达经济体技术性贸易壁垒对中国企业出口金额所产生的"优胜劣汰"作用。列（1）的估计结果表明，发达经济体技术性贸易壁垒对市场中幸存者出口数量的平均影响不显著，这正是由于"优势"企业和"劣势"企业的损益在平均意义上相互抵消所导致的。具体而言：列（2）的估计结果表明，发达经济体技术性贸易壁垒显著降低了低技术密集度产品市场内出口企业的出口数量，但是壁垒同时增加了高技术密集度产品市场内出口企业的出口数量（$TBTSTC\_lag1$及其与$Skill\_inten$的交互项之和显著为正）。同时，列（3）的结果显示，发现发达经济体技术性贸易壁垒显著降低了市场内原先出口低质量产品的企业的出口数量，即与以出口金额为被解释变量的结果高度一致。

表4-3 发达经济体对华技术性贸易壁垒对中国企业出口数量的影响

VARIABLES	(1)	(2)	(3)
	\multicolumn{3}{c}{lnQty}		
$TBTSTC\_lag1$	-0.025	-0.060**	-0.092***
	(0.017)	(0.024)	(0.018)
$TBTSTC\_lag1 \times Skill\_inten$		0.092***	
		(0.027)	
$TBTSTC\_lag1 \times High\_qua\_lag1$			0.105***
			(0.013)
$High\_qua\_lag1$			1.149***
			(0.005)
ln$Size\_lag1$	0.025***	0.025***	-0.059***
	(0.002)	(0.002)	(0.002)
常数项	8.268***	8.267***	8.860***
	(0.035)	(0.035)	(0.034)

续表

	（1）	（2）	（3）
样本量	6506355	6495314	6427562
R^2	0.674	0.673	0.701
目的地—年份固定效应	是	是	是
产品 HS6—年份固定效应	是	是	是
企业—产品 HS6 固定效应	是	是	是
联合显著性检验：$TBTSTC\_lag1$ + 交互项	—	0.0324**	0.0127

注：（1）***、**与*分别表示估计的系数在1%、5%与10%的水平上显著；括号中为聚类稳健标准误，聚类在"产品 HS6—目的地"层面；lag 数字代表滞后期数。（2）样本由当期全样本中剔除上一期不出口至相应细分市场的新进入者而得到，故被解释变量时间段为2001—2010年。（3）$Skill\_inten$ 为 HS3 层面的产品技术密集度虚拟变量，参考 Ma 等（2014）的构建方法，并以该连续指标的中位数值作为划分标准，高于中位数则取值为1，否则取0。（4）解释变量中的 $High\_qua\_lag1$ 变量代表企业出口的产品是否属于高质量产品，即企业在"滞后期—产品 HS6—目的地"层面的标准化质量值是否高于相应中位数水平，是则取值为1，否则取0。

四 发达经济体对华技术性贸易壁垒影响中国企业出口规模的异质性检验

由于技术性贸易壁垒与产品技术要求或技术标准息息相关，进而与企业的产品生产过程紧密相关，而不同类型的企业在生产不同类型的产品时可能存在差异化的生产调整行为。据此，本节检验了更多产品异质性和企业异质性在技术性贸易壁垒冲击影响机制中的作用，模型设置与公式（4-16）一致。其中，产品异质性包括产品 BEC 分类，即是否属于消费品、中间投入品（Input 哑变量）或资本品（Capital 哑变量），以及产品替代弹性是否高于中位数水平（HighElasticity 哑变量）；企业异质性则考虑企业所有制特征，例如国有企业（SOE 哑变量）、私营企业（Private 哑变量）等。对于上述企业或产品维度的异质性特征，符合特征要求的哑变量值取1，否则取0。

(一) 异质性检验一：区分产品属性、产品替代弹性高低

考察幸存企业在发达经济体市场的销售额是否会受到技术性贸易壁垒的异质性影响。表4-4中列（1）和列（2）以企业出口金额为被解释变量的估计结果表明，只有在出口消费品、高替代弹性产品品类时，发达经济体技术性贸易壁垒才会导致市场中幸存企业的出口金额出现显著削减；在出口中间投入品、资本品、低替代弹性产品时，出口金额阻碍效应并不显著。相应的，列（3）和列（4）以企业出口数量为被解释变量的估计结果再次印证了上述结论。

如前所述，技术性贸易壁垒所对应的新技术要求很可能在带来新增成本的同时带来新的技术溢价，但是消费品、高替代弹性产品市场的价格竞争本质并未改变，壁垒冲击可能无法提升此类市场中幸存企业的净利润，导致其下调对于相关市场的出口规模。

表4-4　　　　出口规模影响的异质性检验：区分产品属性、
产品替代弹性高低特征

VARIABLES	(1)	(2)	(3)	(4)
	lnValue		lnQty	
TBTSTC_lag1	-0.120***	0.017	-0.115***	0.031**
	(0.032)	(0.013)	(0.035)	(0.014)
TBTSTC_lag1 × Input	0.135***		0.139***	
	(0.034)		(0.037)	
TBTSTC_lag1 × Capital	0.131***		0.144***	
	(0.038)		(0.041)	
TBTSTC_lag1 × HighElasticity		-0.149***		-0.158***
		(0.035)		(0.038)
lnSize_lag1	0.023***	0.024***	0.024***	0.025***
	(0.002)	(0.002)	(0.002)	(0.002)

续表

	（1）	（2）	（3）	（4）
常数项	9.731***	9.742***	8.249***	8.262***
	(0.035)	(0.034)	(0.037)	(0.036)
样本量	6113944	6522014	6009242	6408258
R^2	0.562	0.563	0.671	0.675
目的地—年份固定效应	是	是	是	是
产品 HS6—年份固定效应	是	是	是	是
企业—产品 HS6 固定效应	是	是	是	是
联合显著性检验：$TBTSTC\_lag1$ + 交互项1	0.016	-0.131***	0.024	-0.127***
联合显著性检验：$TBTSTC\_lag1$ + 交互项2	0.011	—	0.029	—

注：（1）***、**与*分别表示估计的系数在1%、5%与10%的水平上显著；括号中为聚类稳健标准误，聚类在"产品HS6—目的地"层面，lag 数字代表滞后期数。（2）样本由当期全样本中剔除上一期不出口至相应市场的新进入者而得到。（3）产品异质性特征变量均为哑变量，基于BEC分类归属是否为中间投入品（Input）、资本品（Capital）、产品高替代弹性连续值是否高于中位数值（HighElasticity）作为划分标准，是则取值为1，否则取0。

（二）异质性检验二：区分出口企业的所有制特征

企业所有制特征在中国经济中具有重要含义，不同所有制的企业在经营方式和生产调整效率上也有所不同，故可能在遭遇发达经济体技术性贸易壁垒冲击时呈现差异化表现。根据海关进出口企业交易数据所记录的企业注册编码所代表的所有制信息，笔者筛选出满足以下三类所有制特征的信息：国有企业（SOE 哑变量取值为1）、私营企业（Private 哑变量取值为1）、涉及外资的企业（包含外商独资企业、中外合资企业、中外合作企业），用于对比具有上述所有制异质性特征的企业在发达经济体对华技术性贸易壁垒冲击下的差异化出口表现[①]。

---

① 为避免所有制变更干扰，对于样本期间内存在所有制变更行为的少数企业予以剔除。

表4-5 基于幸存者样本的交互项模型和分样本模型检验结果均显示，发达经济体技术性贸易壁垒对私营、国有、外资所有制企业的出口金额影响存在显著差异。其中，列（1）的交互项模型估计结果表明，以外资所有制的幸存企业为基准，国有或私营所有制的幸存企业呈现了显著的出口金额减少现象，但该影响对于外资幸存者则不显著。同时，列（2）至列（4）的分样本模型估计结果基本印证了上述发现，尤其是证明了发达经济体对华技术性贸易壁垒对于市场内私营所有制幸存企业的出口金额存在显著的负面阻碍作用。具体而言，在控制其他条件不变情况下，相关壁垒冲击导致私企幸存者的出口金额显著下降5.5%。

表4-5　　出口规模影响的异质性检验：区分企业所有制类别

	(1)	(2)	(3)	(4)
VARIABLES	\multicolumn{4}{c}{ln$Value$}			
样本类别	全部幸存者	外企幸存者	国企幸存者	私企幸存者
TBTSTC_lag1	-0.011	-0.033	-0.014	-0.055**
	(0.019)	(0.022)	(0.017)	(0.022)
TBTSTC_lag1 × SOE	-0.056***			
	(0.016)			
TBTSTC_lag1 × Private	-0.022			
	(0.014)			
ln$Size$_lag1	0.021***	0.065***	0.050***	-0.016***
	(0.002)	(0.004)	(0.004)	(0.003)
常数项	9.782***	9.256***	9.220***	10.302***
	(0.034)	(0.059)	(0.070)	(0.040)
样本量	6053785	1616241	2115937	2311734
R^2	0.568	0.617	0.494	0.596
目的地—年份固定效应	是	是	是	是

续表

	（1）	（2）	（3）	（4）
产品 HS6—年份固定效应	是	是	是	是
企业—产品 HS6 固定效应	是	是	是	是
联合显著性检验：TBTSTC_lag1 + SOE 交互项	-0.066***	—	—	—
联合显著性检验：TBTSTC_lag1 + Private 交互项	-0.033*	—	—	—

注：（1）***、**与*分别表示估计的系数在1%、5%与10%的水平上显著；括号中为聚类稳健标准误，聚类在"产品 HS6—目的地"层面；lag 数字代表滞后期数。（2）幸存者样本由当期全样本中剔除上一期不出口至相应市场的新进入者而得到。（3）为避免所有制变更干扰，对于样本期间内存在所有制变更行为的少数企业予以剔除，故单独的 SOE 和 Private 所有制特征哑变量会被"企业—产品 HS6"层面的固定效应所吸收。

（三）异质性检验三：区分出口企业的生产方式特征

本小节的异质性检验根据企业是否从事直接生产，将样本分为了直接生产商和贸易中间商两个样本。参照了大部分贸易领域文献的处理方法，根据出口企业的企业名称中是否包含"贸易""进出口"等代表贸易中间商特征的词汇作为划分标准。

表4-6基于直接生产商样本的模型检验结果显示，发达经济体技术性贸易壁垒对中国企业出口规模所产生的"劣汰"影响成立。列（1）的估计结果表明，发达经济体技术性贸易壁垒对市场中幸存的直接生产商出口金额的平均影响显著为负。和基准模型结果相似，列（2）和列（3）的估计结果表明，这平均意义上的阻碍作用主要是由出口低技术密集度产品的企业，以及各市场内原先出口低质量产品的企业受损所致。同时，列（4）至列（6）以企业出口数量为被解释变量的估计进一步印证了上述结论。值得注意的是，在相关壁垒冲击下获益的是出口高技术密集型产品的直接生产商，其出口数量显著增加，如列（5）所示。

表4-6　　　　　　　出口规模影响的异质性检验：直接生产商

VARIABLES	(1)	(2)	(3)	(4)	(5)	(6)
	\multicolumn{3}{c}{ln*Value*}	\multicolumn{3}{c}{ln*Qty*}
*TBTSTC_lag*1	-0.030*	-0.059**	-0.093***	-0.016	-0.054**	-0.083***
	(0.016)	(0.024)	(0.018)	(0.017)	(0.025)	(0.019)
*TBTSTC_lag*1 × *Skill_inten*		0.069**			0.090***	
		(0.027)			(0.029)	
*TBTSTC_lag*1 × *High_qua_lag*1			0.092***			0.097***
			(0.016)			(0.016)
*High_qua_lag*1			1.169***			1.198***
			(0.005)			(0.005)
ln*Size_lag*1	0.046***	0.046***	-0.042***	0.048***	0.048***	-0.042***
	(0.003)	(0.003)	(0.002)	(0.003)	(0.003)	(0.002)
常数项	9.567***	9.569***	10.135***	7.910***	7.910***	8.506***
	(0.040)	(0.040)	(0.037)	(0.040)	(0.040)	(0.037)
样本量	3401774	3395986	3348192	3332676	3326943	3287952
R^2	0.586	0.586	0.620	0.704	0.704	0.729
目的地—年份固定效应	是	是	是	是	是	是
产品 HS6—年份固定效应	是	是	是	是	是	是
企业—产品 HS6 固定效应	是	是	是	是	是	是
联合显著性检验：*TBTSTC_lag*1 + 交互项	—	0.010	-0.0005	—	0.036**	0.014

注：(1)***、**与*分别表示估计的系数在1%、5%与10%的水平上显著；括号中为聚类稳健标准误，聚类在"产品 HS6—目的地"层面；lag 数字代表滞后期数。(2)样本由当期全样本中剔除上一期不出口至相应细分市场的新进入者而得到，故被解释变量时间段为2001—2010年。(3) *Skill_inten* 为 HS3 层面的产品技术密集度虚拟变量，参考 Ma 等(2014)的构建方法，并以该连续指标的中位数值作为划分标准，高于中位数则取值为1，否则取0。(4)解释变量中的 *High_qua_lag*1 变量代表企业出口的产品是否属于高质量产品，即企业在"滞后期—产品 HS6—目的地"层面的标准化质量值是否高于相应中位数水平，是则取值为1，否则取0。

表 4-7 基于贸易中间商样本的模型检验结果显示，发达经济体技术性贸易壁垒对中国企业出口规模所产生的"劣汰"影响也成立。列（1）的估计结果表明，发达经济体技术性贸易壁垒对市场中幸存的直接生产商出口金额的平均影响显著为负。和基准模型结果相似，列（2）和列（3）的估计结果表明，这平均意义上的阻碍作用主要是由出口低技术密集度产品的企业，以及各市场内原先出口低质量产品的企业受损所致。同时，列（4）至列（6）以企业出口数量为被解释变量的估计也印证了上述结论。值得注意的是，在相关壁垒冲击下获益的是出口高技术密集型产品的贸易中间商，其出口金额显著增加，如列（2）所示。

这一结果也与直接生产商和贸易中间商的特征一致：在几乎所有行业中，直接生产商相比于贸易中间商都更多地从事出口产品的直接生产活动，前者比后者更加有能力掌控企业的生产技术或流程以适应与壁垒相关的新技术要求。相应的，出口数量比出口金额更加能够直接反映生产产品的规模（因为金额会直接受到市场价格的影响），因而出口高技术密集型产品的企业在相关壁垒冲击下，呈现直接生产商出口数量显著增加，贸易中间商出口金额显著增加的结果。

表 4-7　　　　出口规模影响的异质性检验：贸易中间商

VARIABLES	(1)	(2)	(3)	(4)	(5)	(6)
	\multicolumn{3}{c}{ln$Value$}	\multicolumn{3}{c}{lnQty}
$TBTSTC\_lag1$	-0.032*	-0.067***	-0.090***	-0.029	-0.058**	-0.094***
	(0.019)	(0.026)	(0.021)	(0.021)	(0.029)	(0.023)
$TBTSTC\_lag1 \times Skill\_inten$		0.104***			0.087***	
		(0.030)			(0.033)	
$TBTSTC\_lag1 \times High\_qua\_lag1$			0.097***			0.108***
			(0.016)			(0.018)

续表

	（1）	（2）	（3）	（4）	（5）	（6）
High_qua_lag1			1.050***			1.104***
			(0.005)			(0.005)
lnSize_lag1	-0.017***	-0.017***	-0.090***	-0.019***	-0.019***	-0.096***
	(0.003)	(0.003)	(0.003)	(0.003)	(0.003)	(0.003)
常数项	10.255***	10.254***	10.795***	8.998***	8.996***	9.577***
	(0.046)	(0.046)	(0.047)	(0.051)	(0.051)	(0.053)
样本量	3214162	3208944	3175125	3168604	3163453	3134547
R^2	0.533	0.532	0.571	0.637	0.636	0.667
目的地—年份固定效应	是	是	是	是	是	是
产品 HS6—年份固定效应	是	是	是	是	是	是
企业—产品 HS6 固定效应	是	是	是	是	是	是
联合显著性检验：TBTSTC_lag1+交互项	—	0.037*	0.006	—	0.029	0.014

注：(1) ***、**与*分别表示估计的系数在1%、5%与10%的水平上显著；括号中为聚类稳健标准误，聚类在"产品 HS6—目的地"层面；lag 数字代表滞后期数。(2) 样本由当期全样本中剔除上一期不出口至相应细分市场的新进入者而得到，故被解释变量时间段为2001—2010年。(3) Skill_inten 为 HS3 层面的产品技术密集度虚拟变量，参考 Ma 等（2014）的构建方法，并以该连续指标的中位数值作为划分标准，高于中位数则取值为1，否则取0。(4) 解释变量中的 High_qua_lag1 变量代表企业出口的产品是否属于高质量产品，即企业在"滞后期—产品 HS6—目的地"层面的标准化质量值是否高于相应中位数水平，是则取值为1，否则取0。

五 发达经济体对华技术性贸易壁垒影响中国企业出口规模的安慰剂检验

基准模型中的被解释变量均基于以一般贸易方式交易的出口数据构建所得。相比之下，加工贸易方式具有原材料和产成品"两头在外"的特征，加工贸易企业主要从事进口方客户订单所要求的加工工序，在主观上对产品生产调整的主导性较低。在本小节中，笔者使用加工贸易方式出口交易样本进行安慰剂检验。

表4-8以企业出口金额为被解释变量的估计结果表明，发达经济体对华技术性贸易壁垒对于中国企业的加工贸易形式出口规模的

影响和一般贸易情况下相似,即也存在静态的"劣汰"效应。如列(1)所示,发达经济体对华技术性贸易壁垒导致企业加工贸易出口金额显著下降 6.8%。具体而言,列(2)表明,发达经济体对华技术性贸易壁垒冲击显著减少了中国企业出口低技术密集度产品的金额;列(3)表明,该壁垒还导致市场内出口低质量产品的幸存企业的出口金额显著减少。表 4-9 以企业出口数量为被解释变量的估计结果也印证了上述结论。

表 4-8 企业出口金额影响的安慰剂检验:基于加工贸易方式出口样本

	(1)	(2)	(3)
VARIABLE		lnValue	
TBTSTC_lag1	-0.068*** (0.022)	-0.113*** (0.028)	-0.142*** (0.023)
TBTSTC_lag1 × Skill_inten_d		0.129*** (0.041)	
TBTSTC_lag1 × High_qua_lag1			0.137*** (0.023)
High_qua_lag1			1.380*** (0.011)
lnSize_lag1	0.118*** (0.004)	0.118*** (0.004)	-0.019*** (0.004)
常数项	8.809*** (0.074)	8.811*** (0.074)	10.336*** (0.066)
样本量	1831894	1830293	1806174
R^2	0.622	0.622	0.662
目的地—年份固定效应	是	是	是
产品 HS6—年份固定效应	是	是	是
企业—产品 HS6 固定效应	是	是	是
联合显著性检验:TBTSTC_lag1 + 交互项 1	—	0.016	-0.005

注:(1) ***、**与*分别表示估计的系数在 1%、5% 与 10% 的水平上显著;括号中为聚类稳健标准误,聚类在"产品 HS6—目的地"层面;lag 数字代表滞后期数。(2) Skill_inten_d 为 HS3 层面的产品技术密集度虚拟变量,参考 Ma 等(2014)的构建方法,并以该连续指标的中位数值作为划分标准,高于中位数则取值为 1,否则取 0。(3) 解释变量中的 High_qua_lag1 变量代表企业出口的产品是否属于高质量产品,即企业在"滞后期—产品 HS6—目的地"层面的标准化质量值是否高于相应中位数水平,是则取值为 1,否则取 0。

表4-9 企业出口数量影响的安慰剂检验：基于加工贸易方式出口样本

VARIABLE	(1)	(2)	(3)
	\multicolumn{3}{c}{lnQty}		
TBTSTC_lag1	-0.055**	-0.121***	-0.125***
	(0.022)	(0.028)	(0.023)
TBTSTC_lag1 × Skill_inten_d		0.187***	
		(0.040)	
TBTSTC_lag1 × High_qua_lag1			0.130***
			(0.023)
High_qua_lag1			1.373***
			(0.011)
ln$Size$_lag1	0.087***	0.087***	-0.052***
	(0.005)	(0.005)	(0.004)
常数项	7.671***	7.670***	9.220***
	(0.076)	(0.076)	(0.070)
样本量	1797132	1795533	1776911
R^2	0.677	0.677	0.713
目的地—年份固定效应	是	是	是
产品 HS6—年份固定效应	是	是	是
企业—产品 HS6 固定效应	是	是	是
联合显著性检验：TBTSTC_lag1 + 交互项 1	—	0.0662**	0.004

注：(1) ***、**与*分别表示估计的系数在1%、5%与10%的水平上显著；括号中为聚类稳健标准误，聚类在"产品 HS6—目的地"层面；lag 数字代表滞后期数。(2) Skill_inten_d 为 HS3 层面的产品技术密集度虚拟变量，参考 Ma 等（2014）的构建方法，并以该连续指标的中位数值作为划分标准，高于中位数则取值为1，否则取0。(3) 解释变量中的 High_qua_lag1 变量代表企业出口的产品是否属于高质量产品，即企业在"滞后期—产品 HS6—目的地"层面的标准化质量值是否高于相应中位数水平，是则取值为1，否则取0。

六　对比分析：检验发展中或转型经济体对华技术性贸易壁垒的出口规模影响效应

笔者同时检验了发展中或转型经济体对华技术性贸易壁垒对于中国的出口影响，除壁垒来源经济体发生变化外，其他模型设定内容与本章发达经济体对华技术性贸易壁垒冲击下的基准模型一致。

表4-10以企业出口金额为被解释变量的估计结果显示：发展中或转型经济体的技术贸易壁垒对中国出口的"优胜劣汰"效应不成立，如列（1）所示。受发展中或转型经济体对华技术性贸易壁垒冲击，出口金额显著增加的是各产品市场内出口低质量产品的企业，而非出口高质量产品的企业，如列（2）和列（3）所示。表4-11以企业出口数量为被解释变量的估计结果更加值得思考：受发展中或转型经济体对华技术性贸易壁垒冲击，出口数量显著增加的是出口低技术密集度产品的企业，以及各产品市场内出口低质量产品的企业，如列（2）和列（3）所示。

表4-10　发展中或转型经济体对华技术性贸易壁垒对中国企业出口金额的影响

VARIABLES	(1)	(2)	(3)
	\multicolumn{3}{c}{ln$Value$}
TBTSTC_lag1	0.053 (0.040)	0.056 (0.049)	0.214 *** (0.060)
TBTSTC_lag1 × Skill_inten		−0.009 (0.081)	
TBTSTC_lag1 × High_qua_lag1			−0.227 *** (0.063)
High_qua_lag1			0.905 *** (0.006)
ln$Size$_lag1	−0.013 *** (0.002)	−0.014 *** (0.002)	−0.078 *** (0.003)
常数项	10.200 *** (0.037)	10.204 *** (0.037)	10.647 *** (0.044)
样本量	5433809	5422191	5340960
R^2	0.615	0.615	0.639
目的地—年份固定效应	是	是	是
产品HS6—年份固定效应	是	是	是
企业—产品HS6固定效应	是	是	是
联合显著性检验：TBTSTC_lag1 + 交互项	—	0.047	−0.014

注：（1）***、**与*分别表示估计的系数在1%、5%与10%的水平上显著；括号中为聚类稳健标准误，聚类在"产品HS6—目的地"层面；lag数字代表滞后期数。

表 4-11　　发展中或转型经济体对华技术性贸易壁垒对中国
企业出口数量的影响

VARIABLES	(1)	(2)	(3)
	\multicolumn{3}{c}{lnQty}
TBTSTC_lag1	0.077*	0.086*	0.267***
	(0.041)	(0.049)	(0.056)
TBTSTC_lag1 × Skill_inten		-0.029	
		(0.084)	
TBTSTC_lag1 × High_qua_lag1			-0.272***
			(0.062)
High_qua_lag1			0.949***
			(0.006)
ln$Size$_lag1	-0.017***	-0.018***	-0.086***
	(0.003)	(0.003)	(0.003)
常数项	8.958***	8.961***	9.445***
	(0.045)	(0.045)	(0.053)
样本量	5307869	5296511	5228186
R^2	0.756	0.756	0.771
目的地—年份固定效应	是	是	是
产品 HS6—年份固定效应	是	是	是
企业—产品 HS6 固定效应	是	是	是
联合显著性检验：TBTSTC_lag1 + 交互项	—	0.058	-0.004

注：(1) ***、**与*分别表示估计的系数在1%、5%与10%的水平上显著；括号中为聚类稳健标准误，聚类在"产品 HS6—目的地"层面；lag 数字代表滞后期数。

实际上，这一结果与后文检验发展中或转型经济体对华技术性贸易壁垒对企业出口决策倾向影响的结果相契合。在发展中或转型经济体市场中，低技术密集度产品行业、出口低质量产品的企业均以价格竞争为主，壁垒冲击提高了生产成本，缩小了利润空间，使得相关细分市场对于新进入者或部分低质量产品出口商的吸引力下降，而低质量退出者的增加使得低质量幸存者有所获益。

第二节 广延边际：技术性贸易壁垒对中国企业出口决策的影响

一 技术性贸易壁垒影响企业出口决策的理论模型

(一) 封闭均衡

假设对于同一家企业，要实现每种产品的利润最大化，则当产品 i 符合以下条件时，实现零利润条件：

$$\frac{r_i[\varphi, \lambda_i^*(\varphi)]}{\sigma} = f_i \qquad (4-17)$$

即当 $\lambda_i(\varphi) > \lambda_i^*(\varphi)$ 时，企业就会生产产品 i，当有多个产品能满足这个条件时，企业就会成为一个多产品生产企业。

假设这家企业现在是要寻求企业整体利润的最大化，则有：

$$\pi(\varphi) = \int_{\lambda_i^*(\varphi)}^{\infty} \pi_i(\varphi, \lambda_i) z(\lambda) \mathrm{d}\lambda \qquad (4-18)$$

可以找到一个临界点 φ^*，当 $\varphi > \varphi^*$ 时，企业会存在于国内市场中。但由于刚才假设了只有每种产品利润大于零才会生产，这一零界点相当于意味着至少对于一个产品的专业化生产能力 $\lambda_i(\varphi)$ 满足 $\lambda_i(\varphi) > \lambda_i^*(\varphi)$ 的要求，即存在于国内市场中的企业至少生产一种产品。

(二) 开放均衡

对于同一家生产多种产品的企业，不一定会出口它所生产的所有的产品。大多数企业往往选择出口其生产的部分产品。假设企业对于产品 i 在每一个目的地市场 j 寻求利润最大化，当这家企业在是否遭遇技术性贸易壁垒的不同情境下，其出口产品的决策条件是不同的：

1. 当不存在技术性贸易壁垒时,企业的零利润条件为:

$$\frac{r_{ji}[\varphi,\lambda_{ji}^*(\varphi)]}{\sigma} = f_i + f_{ji}^{ex} \qquad (4-19)$$

与封闭均衡的结果相比较,不难得到:$\lambda_{ji}^*(\varphi) > \lambda_i^*(\varphi)$

此时,只有当企业的专业化生产能力 $\lambda_i(\varphi) > \lambda_{ji}^*(\varphi)$ 时,企业会选择出口产品 i 至目的地 j,即进而有 $\lambda_i(\varphi) > \lambda_{ji}^*(\varphi) > \lambda_i^*(\varphi)$

2. 当存在技术性贸易壁垒时,企业的零利润条件为:

$$\frac{r_{ji}[\varphi,\lambda_{TBTji}^*(\varphi)]}{\sigma} > f_i + f_{ji}^{ex} + f_{TBTji}^{ex} \qquad (4-20)$$

与封闭均衡和不存在技术性贸易壁垒的结果相比较,不难得到:

$$\lambda_{TBTji}^*(\varphi) > \lambda_{ji}^*(\varphi) > \lambda_i^*(\varphi) \qquad (4-21)$$

此时,只有当企业的专业化生产能力 $\lambda_i(\varphi) > \lambda_{TBTji}^*(\varphi)$ 时,企业会选择出口产品 i 至目的地 j,即进而有 $\lambda_i(\varphi) > \lambda_{TBTji}^*(\varphi) > \lambda_{ji}^*(\varphi) > \lambda_i^*(\varphi)$

这就导致了在不受到技术性贸易壁垒影响下出口的一部分企业因技术性贸易壁垒而被迫退出出口市场,因为其生产产品 i 的专业能力介于两种情景的产品出口临界点之间:

$$\lambda_{ji}^*(\varphi) < \lambda_i(\varphi) < \lambda_{TBTji}^*(\varphi) \qquad (4-22)$$

如图 4-1 所示,B 点和 C 点之间的一段就是目的地 j 设置技术性贸易壁垒所导致原来出口产品 i 的企业退出市场 j 的情况。

假设多产品企业是对于目的地市场 j 内多产品组合寻求利润最大化,则该企业出口的利润为 $\pi_j(\varphi) = \int_{\lambda_j^*(\varphi)}^{\infty} \pi_j(\varphi,\lambda_i)z(\lambda)\mathrm{d}\lambda$。其中 $\lambda_j^*(\varphi)$ 是出口到市场 j 的最低产品专业化程度,可由 $\pi_j(\varphi_j^*) = 0$ 求出决定至少向 j 国出口一种产品的生产率临界值 φ_j^*,仅在 $\varphi > \varphi_j^*$

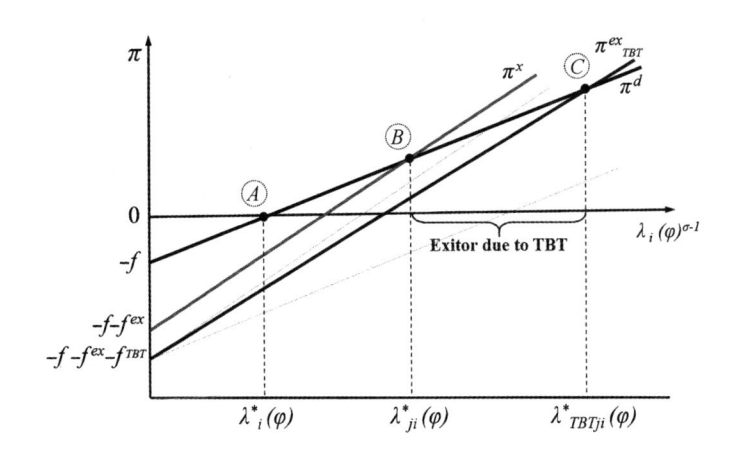

图 4-1　引入技术性贸易壁垒的 Melitz 模型

资料来源：笔者绘制。

时，企业才会决定出口产品到 j 国。

假设多市场多产品企业所能获取的利润最大化目标是最大化来自全球市场（包括本国的利润和国外的利润），由 $\pi(\varphi^*) = 0$ 可以求出此临界值 φ^*。由于需求对称，国内市场当然也可看作同类市场。

$$\pi(\varphi^*) = \int_{\lambda^*(\varphi)}^{\infty} \pi_d(\varphi, \lambda_i) z(\lambda) d\lambda$$
$$+ \sum_j \left[\int_{\lambda^*(\varphi)}^{\infty} \pi_j(\varphi, \lambda_i) z(\lambda) d\lambda \right] \quad (4-23)$$

定义该产品所在生产行业的平均生产率为 $\tilde{\varphi} = \left(\int_0^{\infty} \varphi^{\sigma-1} \mu(\varphi) d\varphi \right)^{\frac{1}{1-\sigma}}$，其中

$$\mu(\varphi) = \begin{cases} \dfrac{g(\varphi)}{1 - G(\varphi^*)}, & \text{若 } \varphi > \varphi^* \\ 0, & \text{其他} \end{cases} \quad (4-24)$$

则代入行业平均生产率得：

$$\tilde{\varphi}(\varphi^*) = \left[\frac{1}{1-G(\varphi^*)}\int_{\varphi^*}^{\infty}\varphi^{\sigma-1}g(\varphi)\mathrm{d}\varphi\right]^{\frac{1}{1-\sigma}} \quad (4-25)$$

故存活下来的企业的利润为：

$$\bar{\pi} = \pi(\tilde{\varphi}_{(\varphi^*)}) = \frac{r(\tilde{\varphi}_{(\varphi^*)})}{\sigma} - f \quad (4-26)$$

由于易证明 $\dfrac{r(\tilde{\varphi}_{(\varphi^*)})}{r(\varphi^*)} = \left(\dfrac{\tilde{\varphi}_{(\varphi^*)}}{\varphi^*}\right)^{\sigma-1}$，则代入式（4 - 26）则有：

$$\bar{\pi} = f\left[\left(\frac{\varphi^*}{\varphi^*}\right)^{\sigma-1}\right] \text{ (ZCP——Zero Cutoff Profit)} \quad (4-27)$$

当企业生产率 $\varphi > \varphi^*$ 时，企业会为全球某一地区（包括国内市场）至少生产一种产品。

（三）主要命题

命题1：技术性贸易壁垒会影响企业对于目的地市场相关特定产品的出口决策，受到技术性贸易壁垒的企业应该会更加倾向于退出市场。

证明：如图 4 - 1 所示，引入技术性贸易壁垒冲击后，$\lambda_i(\varphi) > \lambda^*_{TBTji}(\varphi)$ 的企业才会在技术性贸易壁垒后继续出口，成为幸存者。

命题2：不能满足新技术要求成本需求的企业会退出市场，因此应该会观察到相关产品层面企业数量的减少。

证明：如图 4 - 1 所示，引入技术性贸易壁垒冲击后，$\lambda^*_{ji}(\varphi) < \lambda_i(\varphi) < \lambda^*_{TBTji}(\varphi)$ 的企业在技术性贸易壁垒后从原本出口变为退出市场，成为新的退出者，但是其生产能力高于原本就要退出的"自然退出者"。

二 技术性贸易壁垒影响中国企业出口决策倾向的计量模型设定

（一）指标和模型构建

本节利用"企业—产品—目的地"层面数据来研究技术性贸易壁垒对中国出口企业在出口规模方面的影响，基本模型设定如下：

$$Y_{ipdt} = \beta_0 + \beta_1 TBTSTC_{pdt-1} + \beta_2 \ln Size_{it-1} + \beta_{ip} + \beta_{pt} + \beta_{dt} + \varepsilon_{ipdt}$$

$$TBTSTC_{pdt-1} = \begin{cases} 1, & \text{如果产品 } p \text{ 在 } t-1 \text{ 期受目的地 } d \text{ 的技术性贸易} \\ & \text{壁垒覆盖} \\ 0, & \text{其他} \end{cases}$$

(4-28)

其中，被解释变量 Y_{ipdt} 分别度量公司 i 的进入、退出决策，具体定义如下：

$$Entry_{ipdt} = \begin{cases} 1, & \text{企业 } i \text{ 在 } t-1 \text{ 期不出口产品 } p \text{ 到目的地 } d, \text{但在 } t \text{ 期} \\ & \text{出口 } p \text{ 至 } d \\ 0, & \text{企业在 } t-1 \text{ 和 } t \text{ 期均不出口产品 } p \text{ 到目的地 } d \end{cases}$$

$$Exit_{ipdt} = \begin{cases} 1, & \text{企业在 } t-1 \text{ 期出口产品 } p \text{ 到目的地 } d, \text{但在 } t \text{ 期停止} \\ 0, & \text{企业 } i \text{ 在 } t-1 \text{ 期和 } t \text{ 期均出口产品 } p \text{ 到目的地 } d \end{cases}$$

Entry 是企业是否进入市场的决策虚拟变量，在样本时间段内（2000—2010 年）对于在目的地 d 产品 p 市场存在出口记录的企业 i，在其 $t-1$ 年不出口至目的地 d 产品 p 市场的前提下，若其在 t 年有相应出口记录，则进入决策取值为 1，否则取 0。Exit 是中国企业是否退出市场的决策虚拟变量，在企业 i 于 $t-1$ 年出口至目的地 d 产品 p 市场的前提下，若其在 t 年停止出口至该市场，则退出决策值取 1，否则取 0。等式右边的核心解释变量 TBTSTC 的含义与第三章一致，即为哑变量，代表 $t-1$ 年产品 p 是否"被目的地 d 提出 TBT 通报并被中国以 STC 形式表达关切"，是则赋值为 1。控制变量 ln$Size$ 以企业 i 对全球出口总额的对数形式度量。此外，β_{ip}、β_{pt}、β_{dt} 分别是企业—产品、产品—时间、目的地—时间维度的哑变量；ε_{ipdt} 为聚类稳健的误差项，聚类在核心解释变量维度（即产品—目的地层面）。

与集约边际异质性检验模型设定相同，我们进一步在基准模型的基础上增加产品或企业维度的异质性特征项变量及其与壁垒冲击的交互项变量，进行异质性检验。我们考虑产品的 BEC 分类、技术密集度、替代弹性特征和企业的所有制、贸易方式特征五个维度，模型设定如式（4-29）所示：

$$Z_{ipdt} = \beta_0 + \beta_1 TBTSTC_{pdt-1} + \beta_2 TBTSTC_{pdt-1} \times Hetero_p \\ + \beta_3 \ln Size_{it-1} + \beta_{ip} + \beta_{pt} + \beta_{dt} + \varepsilon_{ipdt} \quad (4-29)$$

其中，被解释变量 Z 为前文所述的企业在 t 年对"产品—目的地"市场的进入或退出决策，或企业的相应出口金额、数量、质量指标。异质性指标 $Hetero$ 为哑变量，分别满足以下特征时取值为 1，否则取 0：参考联合国 BEC 分类标准以判定产品是否属于"消费品""中间投入品"或"资本品"[①]；产品的技术密集度是否处于中位数以上水平，相关技术密集度数据来源于 Ma 等（2014）[②]，基于中国各行业雇用劳动力中拥有高中（含）以上学历的比例信息构建得到；产品的替代弹性是否处于中位数以上水平，相关替代弹性数据来源于 Broda and Weinstein（2006）[③]；企业是否属于国有、私营、外资企业，所有制信息来源于海关进出口交易数据库；企业是否在市场中出口高质量产品，质量指标基于海关进出口交易数据库和 KSW 方法

[①] 联合国 BEC 分类标准，即 United Nations, "The Classification by Broad Economic Categories（BEC）"。

[②] Ma, Yue, Heiwai Tang and Yifan Zhang, "Factor Intensity, Product Switching, and Productivity: Evidence from Chinese Exporters", *Journal of International Economics*, Vol. 92, No. 2, 2014, pp. 349–362.

[③] Broda, Christian, and David E. Weinstein, "Globalization and the Gains from Variety", *The Quarterly Journal of Economics*, Vol. 121, No. 2, 2006, pp. 541–585.

计算得到。

(二) 数据说明

本小节定量研究的数据主要来源于中国海关微观企业出口交易数据库（2000—2010 年）和 WTO TBT-STC 案例数据库（1995—2012 年），样本时间段为两者的共同区间（2000—2010 年)[①]。笔者整理了 TBT 通报中具有 STC 信息的案例作为研究对象，并选取"目的地提出 TBT 通报—中国后续提出 STC"的双边关系用于识别技术性贸易壁垒。进一步将 TBT 通报方限制为发达经济体，识别出"发达经济体对华技术性贸易壁垒"。在上述识别条件下，中国对 WTO 发达经济体成员所通报的 TBT 提出 STC 的案例项下所覆盖的出口产品品类（HS6 位码）被识别为发达经济体设置对华技术性贸易壁垒的情况。

综上，回归所使用的变量含义及描述性统计情况如表 4-12 所示。

表 4-12　　　　　　　基准回归主要变量的描述性统计

变量名称	变量含义	样本量	均值	标准差	最小值	最大值
企业广延边际进入决策（企业—产品—目的地—年，2001—2010 年）							
Entry	企业上一期不进入该"HS6—目的地"市场前提下，当期进入该市场时取值为 1，当期不进入该市场时取值 0	104113846	0.12	0.33	0	1
TBTSTC_lag1	上一期中国该产品是否遭遇来自该目的地的技术性贸易壁垒（HS6—目的地—年层面）	104113846	0.02	0.12	0	1

---

① 如前所述，时间段在 2000—2010 年的中国海关微观企业出口交易数据中的贸易金额、数量信息较为可靠，受限于数据可得性和准确性，暂时没有在实证分析中进一步拓展样本时间段。但是，本书中其他非微观企业维度的数据均已更新至最新年份。

续表

变量名称	变量含义	样本量	均值	标准差	最小值	最大值
企业广延际进入决策（企业—产品—目的地—年，2001—2010年）							
ln*Size*_lag1	企业上一期对世界出口总额加1的对数形式（企业—年层面）	48197047	15.57	2.32	0	23.99
企业广延际退出决策（企业—产品—目的地—年，2001—2010年）							
Exit	企业上一期出口到该"HS6—目的地"市场前提下，当期退出该市场时取1，当期不退出该市场时取0	17545774	0.58	0.49	0	1
*TBTSTC*_lag1	上一期中国该产品是否遭遇来自该目的地的技术性贸易壁垒（HS6—目的地—年层面）	17545774	0.02	0.14	0	1
*High_qua*_lag1	企业上一期出口的该产品的质量是否在"HS6—目的地—年"组合中处于中位数以上	17275484	0.49	0.50	0	1
ln*Size*_lag1	企业上一期对世界出口总额加1的对数形式（企业—年层面）	17545774	15.81	2.04	0	23.99

资料来源：笔者计算得到。

三 发达经济体对华技术性贸易壁垒影响中国企业出口决策倾向的实证结果分析

表4-13的列（1）至列（2）检验了发达经济体技术性贸易壁垒对中国企业进入出口市场意愿的影响①。虽然列（1）的核心解释变量估计系数结果并不显著，但列（2）中核心解释变量的估计系数结果说明总体上的不显著是由于异质性作用方向相反而抵

---

① 由于新进入者无滞后一期的产品质量，此回归无法用于检验企业进入。

消的结果。具体而言，技术性贸易壁垒显著地阻碍了企业对低技术密集度产品出口市场的进入（$TBTSTC\_lag1$ 的回归系数显著为负），但正向促进了企业对高技术密集度产品出口市场的进入（$TBTSTC\_lag1 \times Skill\_inten$ 的估计系数显著为正，且联合显著性检验也在1%水平上显著）。

与此同时，表4-13的列（3）至列（5）检验了发达经济体技术性贸易壁垒对中国企业退出出口市场意愿的影响，列（3）的核心解释变量估计系数结果显示，平均意义上壁垒对于企业退出市场的效应显著为正，意味着促使企业作出退出市场决策的概率显著提升。列（4）的估计结果表明发达经济体对华技术性贸易壁垒显著增加了企业从低技术密集度产品市场的退出，但降低了企业从高技术密集度产品市场的退出。除产品技术密集度水平外，列（5）利用企业滞后一期的产品质量来度量企业的"优劣"，再次验证了"优胜劣汰"效应，即发达经济体对华技术性贸易壁垒显著增加了市场中出口低质量产品的企业退出市场的概率，但显著降低了市场中出口高质量产品的企业退出市场的概率。此外，在其他条件不变的前提下，企业对世界的总出口规模越大，越倾向于进入市场；规模越小，越倾向于退出市场。

综合上述对华技术性贸易壁垒对于中国企业出口二元边际表现的检验结果①，我们可以发现：在企业进入、退出的广延边际角度和出口规模的集约边际角度，在技术性贸易壁垒冲击下，均呈现优势企业获益、劣势企业受损的现象，即对华技术性贸易壁垒是通过导致企业间显著的"优胜劣汰"现象来实现产品维度的总体净增加效应的。

---

① 包括本小节关于企业广延边际的主要结果，以及前一小节关于企业集约边际的主要结果。

表 4 – 13　　发达经济体对华技术性贸易壁垒对中国企业出口决策倾向的影响

VARIABLES	(1) Entry	(2) Entry	(3) Exit	(4) Exit	(5) Exit
TBTSTC_lag1	-0.0003 (0.001)	-0.006 ** (0.002)	0.006 ** (0.003)	0.014 *** (0.004)	0.009 *** (0.003)
TBTSTC_lag1 × Skill_inten		0.013 *** (0.002)		-0.022 *** (0.005)	
TBTSTC_lag1 × High_qua_lag1					-0.006 *** (0.002)
High_qua_lag1					-0.168 *** (0.001)
lnSize_lag1	0.040 *** (0.0001)	0.040 *** (0.0001)	-0.027 *** (0.001)	-0.027 *** (0.001)	-0.018 *** (0.001)
常数项	-0.418 *** (0.002)	-0.418 *** (0.002)	0.944 *** (0.010)	0.944 *** (0.010)	0.889 *** (0.010)
样本量	47475571	47357408	14838638	14810485	14608175
R^2	0.157	0.157	0.354	0.354	0.373
目的地—年份固定效应	是	是	是	是	是
产品 HS6—年份固定效应	是	是	是	是	是
企业—产品 HS6 固定效应	是	是	是	是	是
联合显著性检验：TBTSTC_lag1 + 交互项	—	0.007 ***	—	-0.007 ***	0.002

注：(1) ***、** 与 * 分别表示估计的系数在 1%、5% 与 10% 的水平上显著；括号中为聚类稳健标准误，聚类在"产品 HS6—目的地"层面；lag 数字代表滞后期数。(2) 进入决策 Entry 变量代表企业在"产品 HS6—目的地"层面上一期不出口前提下，当期出口则取值为 1，当期不出口则取值为 0，故被解释变量时间段为 2001—2010 年；退出决策 Exit 变量代表企业在"产品 HS6—目的地"层面上一期出口前提下，当期不出口则取值为 1，当期出口则取值为 0，故被解释变量时间段为 2001—2010 年。(3) Skill_inten 为 HS3 层面的产品技术密集度虚拟变量，参考 Ma 等（2014）的构建方法，并以该连续指标的中位数值作为划分标准，高于中位数则取值为 1，否则取 0。(4) 解释变量中的 High_qua_lag1 变量代表企业出口的产品是否属于高质量产品，即企业在"滞后期—产品 HS6—目的地"层面的标准化质量值是否高于相应中位数水平，是则取值为 1，否则取 0。(5) 由于新进入者无滞后一期的产品质量信息，故进入决策模型没有进行与上一期出口质量的交互项检验。

四 发达经济体对华技术性贸易壁垒影响中国企业出口决策倾向的异质性检验

与前文集约边际角度的异质性检验相似,本小节旨在检验产品维度、企业维度的异质性特征在壁垒影响机制中的作用。产品异质性包括产品 BEC 分类,即是否属于消费品、中间投入品(*Input* 哑变量)或资本品(*Capital* 哑变量),以及产品替代弹性是否高于中位数水平(*HighElasticity* 哑变量)。企业异质性则考虑企业所有制特征,根据海关进出口企业交易数据所记录的企业注册编码所代表的所有制信息,分为国有企业(*SOE* 哑变量取值为 1)、私营企业(*Private* 哑变量取值为 1)、涉及外资的企业(包含外商独资企业、中外合资企业、中外合作企业)三类①。对于上述企业或产品维度的异质性特征,符合特征要求的哑变量取值为 1,否则取 0。

(一)异质性检验一:区分产品属性、产品替代弹性高低

首先,考察企业进入发达经济体市场的决策是否会受到技术性贸易壁垒的异质性影响。结果发现,当拟进入市场的产品属性 BEC 分类、产品替代弹性特征不同时,壁垒冲击对进入决策的影响方向也有所不同。

表 4-14 中列(1)和列(2)的估计结果表明,当拟进入市场的产品品类属于消费品、高替代弹性产品时,壁垒冲击显著阻碍了出口企业的市场进入意愿;当拟进入市场的产品品类属于中间投入品、资本品、低替代弹性产品时,壁垒冲击显著促进了出口企业的市场进入意愿。这一异质性表现很可能根源于两类市场相对迥异的竞争方式。中间投入品、资本品、低替代弹性产品市场的技术要求相对较高,产品主要面临差异化竞争,技术性贸易壁垒可能创造了新的市场需求和技术溢价,从而吸引能够满足新技术要求的新企业进入这些市场;而对于消费品、高替代弹性产品市场,产品主要面

---

① 为避免所有制变更干扰,对于样本期间内存在所有制变更行为的少数企业予以剔除。

临同质化竞争和价格竞争，技术性贸易壁垒带来的新增成本削弱了新企业进入市场的潜在竞争力。

表4-14 出口决策影响效应的异质性检验：区分产品属性、产品替代弹性高低特征

VARIABLES	(1)	(2)	(3)	(4)
	Entry		Exit	
TBTSTC_lag1	-0.013***	0.006***	0.032***	-0.011***
	(0.004)	(0.001)	(0.006)	(0.002)
TBTSTC_lag1 × Input	0.022***		-0.043***	
	(0.004)		(0.006)	
TBTSTC_lag1 × Capital	0.017***		-0.047***	
	(0.004)		(0.007)	
TBTSTC_lag1 × HighElasticity		-0.019***		0.045***
		(0.004)		(0.006)
lnSize_lag1	0.041***	0.040***	-0.026***	-0.027***
	(0.0001)	(0.0001)	(0.001)	(0.001)
常数项	-0.425***	-0.419***	0.940***	0.942***
	(0.002)	(0.002)	(0.010)	(0.010)
样本量	43871139	46783140	13722837	14608215
R^2	0.155	0.157	0.353	0.354
目的地—年份固定效应	是	是	是	是
产品 HS6—年份固定效应	是	是	是	是
企业—产品 HS6 固定效应	是	是	是	是
联合显著性检验：TBTSTC_lag1 + 交互项1	0.008***	-0.013***	-0.011***	0.035***
联合显著性检验：TBTSTC_lag1 + 交互项2	0.004**	—	-0.015***	—

注：(1) ***、**与*分别表示估计的系数在1%、5%与10%的水平上显著；括号中为聚类稳健标准误，聚类在"产品 HS6—目的地"层面；lag 数字代表滞后期数。(2) 进入决策 Entry 变量代表企业在"产品 HS6—目的地"层面上一期不出口前提下，当期出口则取值为1，当期不出口则取值为0；退出决策 Exit 变量代表企业在"产品 HS6—目的地"层面上一期出口前提下，当期不出口则取值为1，当期出口则取值为0。(3) 产品异质性特征变量均为哑变量，基于BEC分类归属是否为中间投入品（Input）、资本品（Capital）、产品高替代弹性连续值是否高于中位数值（HighElasticity）作为划分标准，是则取值为1，否则取0。

其次，考察企业从发达经济体市场退出的决策是否会受到技术性贸易壁垒的异质性影响。结果发现，上述影响方向也因市场的产品 BEC 分类、产品替代弹性特征而存在显著差异。列（3）和列（4）的结果表明，消费品、高替代弹性产品市场一旦遭遇壁垒冲击，市场内的企业就会呈现显著的退出倾向；对于中间投入品、资本品、低替代弹性产品来说，市场内的企业在遭遇壁垒冲击后则呈现显著的留在原市场中的倾向。类似的，这一异质性表现也很可能根源于低利润价格竞争与高利润技术竞争之间的区别，壁垒冲击提高了技术门槛、带来了新增成本，在价格竞争主导的消费品、高替代弹性产品市场中淘汰大量无法满足新技术要求或弥补新增成本的低技术、低利润企业；而在差异化竞争主导的中间投入品、资本品、低替代弹性产品市场，企业更有技术能力和经济利润以调整生产，得以存活。

（二）异质性检验二：区分出口企业的所有制特征

表 4-15 和表 4-16 的交互项模型和分样本模型检验结果显示，发达经济体技术性贸易壁垒对私营、国有、外资所有制企业的出口市场进入、退出决策的影响存在显著差异。在进入决策方面，表 4-15 中列（1）的交互项模型估计结果表明，私营所有制企业倾向于避免进入上一期受壁垒冲击的市场，但外资企业或国有企业反而倾向于进军此类市场。列（2）至列（4）的分样本模型回归结果再度印证了上述结论。在退出决策方面，表 4-16 中列（1）的交互项模型估计结果表明，壁垒冲击导致国有企业在壁垒冲击后表现出显著的退出倾向，而外资企业和私营企业的退出倾向却并不显著。然而，列（2）至列（4）的分样本模型回归结果显示，受壁垒冲击后出现显著退出市场倾向的是私营企业。由于本节交互项回归模型设置的比较基准是外资企业，即检验的是同样在遭受壁垒时，国有企业和私营企业相对于外资企业的出口决策行为倾向，而分样本回归模型是群体内部的行为检验，因此两者并不矛盾。

表4-15　　　　　出口市场进入决策影响的异质性检验：
　　　　　　　　区分企业所有制类别

VARIABLES	(1)	(2)	(3)	(4)
	\multicolumn{4}{c}{Entry}
样本类别	全样本	外企样本	国企样本	私企样本
TBTSTC_lag1	0.006***	0.003*	0.004***	-0.007**
	(0.002)	(0.002)	(0.001)	(0.003)
TBTSTC_lag1 × SOE	0.002			
	(0.002)			
TBTSTC_lag1 × Private	-0.018***			
	(0.002)			
lnSize_lag1	0.041***	0.030***	0.038***	0.045***
	(0.000)	(0.000)	(0.000)	(0.000)
常数项	-0.418***	-0.247***	-0.489***	-0.359***
	(0.002)	(0.003)	(0.002)	(0.003)
样本量	43344297	8710698	17819965	16807172
R^2	0.160	0.134	0.087	0.194
目的地—年份固定效应	是	是	是	是
产品HS6—年份固定效应	是	是	是	是
企业—产品HS6固定效应	是	是	是	是
联合显著性检验：TBTSTC_lag1 + SOE 交互项	0.008***	—	—	—
联合显著性检验：TBTSTC_lag1 + Private 交互项	-0.012***	—	—	—

注：(1) ***、**与*分别表示估计的系数在1%、5%与10%的水平上显著；括号中为聚类稳健标准误，聚类在"产品HS6—目的地"层面；lag数字代表滞后期数。(2) 进入决策Entry变量代表企业在"产品HS6—目的地"层面上一期不出口前提下，当期出口则取值为1，当期不出口则取值为0，故被解释变量时间段为2001—2010年；退出决策Exit变量代表企业在"产品HS6—目的地"层面上一期出口前提下，当期不出口则取值为1，当出口则取值为0，故被解释变量时间段为2001—2010年。(3) 对出口金额的回归使用幸存者样本，由当期全样本中剔除上一期不出口至相应市场的新进入者而得到。(4) 为避免所有制变更干扰，对于样本期间内存在所有制变更行为的少数企业予以剔除，故单独的SOE和Private所有制特征哑变量会被"企业—产品HS6"层面的固定效应所吸收。

表 4-16 出口市场退出决策影响的异质性检验：区分企业所有制类别

	（1）	（2）	（3）	（4）
VARIABLES	\multicolumn{4}{c}{Exit}			
样本类别	全样本	外企样本	国企样本	私企样本
TBTSTC_lag1	0.005	-0.005	-0.001	0.019***
	(0.004)	(0.004)	(0.003)	(0.004)
TBTSTC_lag1 × SOE	0.010***			
	(0.003)			
TBTSTC_lag1 × Private	-0.003			
	(0.003)			
lnSize_lag1	-0.025***	-0.042***	-0.079***	0.001*
	(0.001)	(0.001)	(0.001)	(0.001)
常数项	0.920***	1.044***	1.894***	0.541***
	(0.010)	(0.012)	(0.011)	(0.012)
样本量	13605693	2917858	4768315	5909441
R^2	0.358	0.341	0.292	0.417
目的地—年份固定效应	是	是	是	是
产品 HS6—年份固定效应	是	是	是	是
企业—产品 HS6 固定效应	是	是	是	是
联合显著性检验：TBTSTC_lag1 + SOE 交互项	0.008***	—	—	—
联合显著性检验：TBTSTC_lag1 + Private 交互项	-0.012***	—	—	—

注：(1) ***、**与*分别表示估计的系数在1%、5%与10%的水平上显著；括号中为聚类稳健标准误，聚类在"产品 HS6—目的地"层面；lag 数字代表滞后期数。(2) 进入决策 Entry 变量代表企业在"产品 HS6—目的地"层面上一期不出口前提下，当期出口则取值为1，当期不出口则取值为0，故被解释变量时间段为 2001—2010 年；退出决策 Exit 变量代表企业在"产品 HS6—目的地"层面上一期出口前提下，当期不出口则取值为1，当出口则取值为0，故被解释变量时间段为 2001—2010 年。(3) 对出口金额的回归使用幸存者样本，由当期全样本中剔除上一期不出口至相应市场的新进入者而得到。(4) 为避免所有制变更干扰，对于样本期间内存在所有制变更行为的少数企业予以剔除，故单独的 SOE 和 Private 所有制特征哑变量会被"企业—产品 HS6"层面的固定效应所吸收。

(三) 异质性检验三：区分出口企业的生产方式特征

本小节的异质性检验根据企业是否从事直接生产，将样本分为了直接生产商和贸易中间商两个样本。参照了大部分贸易领域文献的处理方法，根据出口企业的企业名称中是否包含"贸易""进出口"等代表贸易中间商特征的词汇作为划分标准。

表 4-17 呈现的是基于直接生产商样本的检验结果，列（1）至列（2）检验了发达经济体技术性贸易壁垒对中国企业进入出口市场意愿的影响，列（3）至列（5）检验了发达经济体技术性贸易壁垒对中国企业退出出口市场意愿的影响。从壁垒对直接生产商出口市场进入决策的影响看，列（1）的核心解释变量估计系数结果依然不显著，而列（2）中核心解释变量的估计系数结果显示相关壁垒显著地促进了企业对高技术密集度产品出口市场的进入（$TBTSTC\_lag1 \times Skill\_inten$ 的估计系数显著为正，且联合显著性检验也在 1% 水平上显著）。从壁垒对直接生产商出口市场退出决策的影响看，列（3）的核心解释变量估计系数结果也不显著。列（4）的估计结果表明壁垒冲击显著降低了企业从高技术密集度产品市场的退出。

表 4-17　出口市场进入、退出决策影响的异质性检验：直接生产商

VARIABLES	(1)	(2)	(3)	(4)	(5)
	\multicolumn{2}{c}{Entry}	\multicolumn{3}{c}{Exit}
$TBTSTC\_lag1$	0.002	-0.002	0.0005	0.007*	0.004
	(0.002)	(0.003)	(0.003)	(0.004)	(0.003)
$TBTSTC\_lag1 \times Skill\_inten$		0.010***		-0.015***	
		(0.003)		(0.005)	
$TBTSTC\_lag1 \times High\_qua\_lag1$					-0.006**
					(0.003)

续表

	（1）	（2）	（3）	（4）	（5）
High_qua_lag1					-0.178*** (0.001)
lnSize_lag1	0.037*** (0.0001)	0.037*** (0.0001)	-0.034*** (0.001)	-0.034*** (0.001)	-0.024*** (0.001)
常数项	-0.340*** (0.002)	-0.341*** (0.002)	0.990*** (0.008)	0.989*** (0.008)	0.924*** (0.008)
样本量	20327328	20277905	6838764	6825752	6725846
R^2	0.148	0.147	0.351	0.351	0.372
目的地—年份固定效应	是	是	是	是	是
产品 HS6—年份固定效应	是	是	是	是	是
企业—产品 HS6 固定效应	是	是	是	是	是
联合显著性检验：TBTSTC_lag1+交互项	—	0.008***	—	-0.008***	-0.002

注：（1）***、**与*分别表示估计的系数在1%、5%与10%的水平上显著；括号中为聚类稳健标准误，聚类在"产品 HS6—目的地"层面；lag 数字代表滞后期数。（2）进入决策 Entry 变量代表企业在"产品 HS6—目的地"层面上一期不出口前提下，当期出口则取值为1，当期不出口则取值为0，故被解释变量时间段为2001—2010年；退出决策 Exit 变量代表企业在"产品 HS6—目的地"层面上一期出口前提下，当期不出口则取值为1，当期出口则取值为0，故被解释变量时间段为2001—2010年。（3）Skill_inten 为 HS3 层面的产品技术密集度虚拟变量，参考 Ma 等（2014）的构建方法，并以该连续指标的中位数值作为划分标准，高于中位数则取值为1，否则取0。（4）解释变量中的 High_qua_lag1 变量代表企业出口的产品是否属于高质量产品，即企业在"滞后期—产品 HS6—目的地"层面的标准化质量值是否高于相应中位数水平，是则取值为1，否则取0。（5）由于新进入者无滞后一期的产品质量信息，故进入决策模型没有进行与上一期出口质量的交互项检验。

表4-18呈现的是基于贸易中间商样本的检验结果。从列（1）至列（2）所检验的壁垒对贸易中间商出口市场进入决策的影响看，列（1）的核心解释变量估计系数结果依然不显著，而列（2）中核心解释变量的估计系数结果显示相关壁垒导致企业对高、低技术密集度产品出口市场的进入倾向均显著地减少（TBTSTC_lag1 的估计

系数显著为负，联合显著性检验也显著为负），这说明壁垒对于贸易中间商的市场进入决策产生了普遍的阻碍作用。从列（3）至列（5）所检验的从壁垒对贸易中间商出口市场退出决策的影响看，列（3）的核心解释变量估计系数结果显著为正。列（4）的估计结果进一步表明壁垒冲击显著降低了企业从高技术密集度产品市场的退出，同时显著增加了企业从低技术密集度产品市场的退出。同时，对于贸易中间商而言，各市场中企业出口产品的质量在这一机制中所受影响的差异并不大，即如列（5）的估计结果所示，在遭受壁垒冲击后均呈现显著的退出相关市场的倾向。

表 4-18 出口市场进入、退出决策影响的异质性检验：贸易中间商

VARIABLES	(1) Entry	(2) Entry	(3) Exit	(4) Exit	(5) Exit
$TBTSTC\_lag1$	-0.003 (0.002)	-0.009*** (0.003)	0.012*** (0.004)	0.021*** (0.005)	0.012*** (0.004)
$TBTSTC\_lag1 \times Skill\_inten$		0.016*** (0.003)		-0.028*** (0.006)	
$TBTSTC\_lag1 \times High\_qua\_lag1$					-0.004 (0.003)
$High\_qua\_lag1$					-0.160*** (0.001)
$lnSize\_lag1$	0.042*** (0.0002)	0.042*** (0.0002)	-0.018*** (0.001)	-0.018*** (0.001)	-0.011*** (0.001)
常数项	-0.470*** (0.002)	-0.470*** (0.002)	0.861*** (0.014)	0.861*** (0.014)	0.820*** (0.015)
样本量	27145938	27078407	7995132	7980406	7877597
R^2	0.168	0.168	0.352	0.352	0.369

续表

	(1)	(2)	(3)	(4)	(5)
目的地—年份固定效应	是	是	是	是	是
产品 HS6—年份固定效应	是	是	是	是	是
企业—产品 HS6 固定效应	是	是	是	是	是
联合显著性检验：TBTSTC_lag1 + 交互项	—	-0.007***	—	-0.007***	0.008**

注：(1) ***、**与*分别表示估计的系数在1%、5%与10%的水平上显著；括号中为聚类稳健标准误，聚类在"产品 HS6—目的地"层面；lag 数字代表滞后期数。(2) 进入决策 Entry 变量代表企业在"产品 HS6—目的地"层面上一期不出口前提下，当期出口则取值为1，当期不出口则取值为0，故被解释变量时间段为2001—2010年；退出决策 Exit 变量代表企业在"产品 HS6—目的地"层面上一期出口前提下，当期不出口则取值为1，当期出口则取值为0，故被解释变量时间段为2001—2010年。(3) Skill_inten 为HS3层面的产品技术密集度虚拟变量，参考 Ma 等（2014）的构建方法，并以该连续指标的中位数值作为划分标准，高于中位数则取值为1，否则取0。(4) 解释变量中的 High_qua_lag1 变量代表企业出口的产品是否属于高质量产品，即企业在"滞后期—产品 HS6—目的地"层面的标准化质量值是否高于相应中位数水平，是则取值为1，否则取0。(5) 由于新进入者无滞后一期的产品质量信息，故进入决策模型没有进行与上一期出口质量的交互项检验。

总体来看，对于直接生产商样本而言，发达经济体对华技术性贸易壁垒在广延边际角度主要起到了"优胜"作用，尤其是对于出口高技术密集型产品的企业非但没有阻碍作用，而且还具有显著的促进作用。这可能是由于高技术密集型产品生产行业的技术要求较高，市场内直接生产商对于技术的调整能力较强，因而新技术要求的提出很可能反而创造了新的市场需求。相比之下，对于贸易中间商样本而言，发达经济体对华技术性贸易壁垒在广延边际角度同时起到了"优胜"和"劣汰"作用。这可能是由于贸易中间商大多不从事直接生产，对于出口产品的新技术要求无法通过直接调整生产技术实现，而是通过调整所购进的产品来调整，因而处于相对被动、滞后的地位。

五 稳健性检验：替换进入、退出决策虚拟变量定义

国际贸易文献发现企业出口存在频繁的广延边际调整，因此对于进入、退出的定义需要谨慎，我们对此进行稳健性检验。在构建进入、退出决策虚拟变量定义时，基准模型使用企业在连续两期（年）对"产品 HS6—目的地"市场的出口参与行为来界定进入和退出决策；而此处的稳健性检验中，我们进一步考虑企业在连续三期（年）的出口参与行为用于界定进入和退出决策，用于修正仅出口 1 期的企业被同时纳入新进入者样本和退出者样本的偏误，并基于三期定义对于新进入者和退出者的界定范畴，再次检验壁垒冲击对细分市场内进入企业个数、退出企业个数的影响。结果如表 4 - 19 和表 4 - 20 所示。在表 4 - 19 中，被解释变量 $Entry$ 代表企业是否进入市场的决策虚拟变量，在样本时间段内对于在目的地 d 产品 p 市场存在出口记录的企业 i，在其 $t-1$ 年和 $t-2$ 年均不出口至目的地 d 产品 p 市场的前提下，若其在 t 年有相应出口记录，则进入决策值取 1，否则取 0。相应地，在表 4 - 20 中，被解释变量 $\ln(1+Entrants)$ 代表市场中新进入者的个数，进行加 1 并取对数的处理。被解释变量 $Exit$ 代表中国企业是否退出市场的决策虚拟变量，在企业 i 于 $t-1$ 年和 $t-2$ 年均出口至目的地 d 产品 p 市场的前提下，若其在 t 年停止出口至该市场，则退出决策值取 1，否则取 0。相应地，被解释变量 $\ln(1+Exiters)$ 代表市场中退出者的个数，进行加 1 并取对数的处理。

总体来看，表 4 - 19 的进入系列指标结果和表 4 - 20 的退出系列指标结果与基准模型基本一致。首先，两个表中列（1）的核心解释变量估计系数显著均为正，再次验证了发达经济体技术性贸易壁垒对中国出口市场中企业进出流动的促进作用，市场内进入企业数量增长了 7.2%，退出企业数量增长了 10.8%。其次，表 4 - 19 中的列（2）—列（4）验证了该壁垒冲击在低技术密集度产品、消费品、高替代弹性产品行业对于新进入者的阻碍效应，对出口低质量产品企业进入市场的阻碍效应。最后，表 4 - 20 中的列（3）和列（4）验证了

该壁垒冲击在消费品、高替代弹性产品行业引发企业退出的影响。但是，部分结果与基准模型相比存在差异，表4-20中的列（2）和列（5）表明壁垒冲击并没有导致出口低技术密集度产品或出口低质量产品的企业出现显著的退出倾向。产生这一差异的原因之一可能是：新的退出定义由二期拓展至三期，实际上提高了对于企业经营或生产能力的门槛。因为只有在滞后一期和滞后二期均出口的企业才会被纳入退出决策样本，而这些企业很可能整体上具有更强的生产调整能力，故而更有能力经受冲击并存活于市场中，所以在与生产能力较为密切的技术密集度和质量异质性指标交互项检验中没有表现出显著的冲击后退出倾向，但在与生产能力相关性较弱的 BEC 分类、替代弹性高低指标的交互项检验中呈现了稳健的结果。

表4-19　　　　出口市场进入决策影响效应的稳健性检验：
替换进入决策哑变量定义

	(1)	(2)	(3)	(4)
VARIABLES	ln (1 + Entrants)	Entry		
TBTSTC_lag1	0.072***	-0.007***	-0.014***	0.007***
	(0.007)	(0.003)	(0.004)	(0.001)
TBTSTC_lag1 × Skill_int		0.015***		
		(0.003)		
TBTSTC_lag1 × Input			0.024***	
			(0.004)	
TBTSTC_lag1 × Capital			0.018***	
			(0.005)	
TBTSTC_lag1 × Highelas				-0.020***
				(0.004)
lnSize_lag1		0.059***	0.060***	0.059***
		(0.000)	(0.000)	(0.000)
常数项	1.874***	-0.689***	-0.698***	-0.689***
	(0.001)	(0.002)	(0.002)	(0.002)

续表

	(1)	(2)	(3)	(4)
样本量	655446	37768089	35005553	37323518
R^2	0.791	0.196	0.194	0.196
企业—产品 HS6 固定效应	否	是	是	是
目的地—年份固定效应	是	是	是	是
产品 HS6—年份固定效应	是	是	是	是
联合显著性检验：$TBTSTC\_lag1$ + 交互项 1	—	0.008 ***	0.009 ***	-0.013 ***
联合显著性检验：$TBTSTC\_lag1$ + 交互项 2	—	—	0.004 *	—

注：(1) ***、**与*分别表示估计的系数在1%、5%与10%的水平上显著；括号中为聚类稳健标准误，聚类在"产品 HS6—目的地"层面；lag 数字代表滞后期数。(2) 进入决策 Entry 变量代表企业在"产品 HS6—目的地"层面滞后一期和滞后2期均不出口的前提下，当期出口则取值为1，当期不出口则取值为0。(3) 产品异质性特征变量均为哑变量，基于 BEC 分类归属是否为中间投入品（Input）、资本品（Capital）、产品高替代弹性连续值是否高于中位数值（HighElasticity）、产品技术密集度是否高于中位数（Skill_inten）作为划分标准，是则取值为1，否则取0。(4) 解释变量中的 High_qua 变量代表企业出口的产品是否属于高质量产品，即企业在"滞后期—产品 HS6—目的地"层面的标准化质量值是否高于相应中位数水平。此外，由于进行当期进入决策的企业在上一期的出口信息不存在，故进入决策模型没有进行与上一期出口质量的交互项检验。

表 4-20　　出口市场退出决策影响效应的稳健性检验：
替换退出决策哑变量定义

	(1)	(2)	(3)	(4)	(5)
VARIABLES	ln (1 + Exiters)		Exit		
$TBTSTC\_lag1$	0.108 *** (0.009)	0.001 (0.004)	0.010 ** (0.005)	-0.011 *** (0.003)	-0.007 * (0.004)
$TBTSTC\_lag1 \times Skill\_int$		-0.007 (0.005)			
$TBTSTC\_lag1 \times Input$			-0.020 *** (0.006)		
$TBTSTC\_lag1 \times Capital$			-0.021 *** (0.008)		

续表

	（1）	（2）	（3）	（4）	（5）
TBTSTC_lag1 × Highelas				0.025 *** (0.006)	
TBTSTC_lag1 × High_qua_lag2					0.006 * (0.003)
High_qua_lag2					−0.081 *** (0.001)
lnSize_lag1		−0.118 *** (0.001)	−0.118 *** (0.001)	−0.118 *** (0.001)	−0.117 *** (0.001)
常数项	1.443 *** (0.002)	2.253 *** (0.012)	2.263 *** (0.013)	2.252 *** (0.012)	
样本量	348807	5460579	5045353	5384403	5461037
R^2	0.689	0.338	0.335	0.338	0.343
企业—产品 HS6 固定效应	否	是	是	是	是
目的地—年份固定效应	是	是	是	是	是
产品 HS6—年份固定效应	是	是	是	是	是
联合显著性检验： TBTSTC_lag1 + 交互项 1	—	−0.00593 *	−0.009814 ***	0.0139 ***	−0.000555
联合显著性检验： TBTSTC_lag1 + 交互项 2	—	—	−0.0102 *	—	—

注：（1）***、**与*分别表示估计的系数在1%、5%与10%的水平上显著；括号中为聚类稳健标准误，聚类在"产品 HS6—目的地"层面；lag 数字代表滞后期数。（2）退出决策 Exit 变量代表企业在"产品 HS6—目的地"层面上一期出口前提下，当期和下一期均不出口则取值为1，否则取值为0。（3）产品异质性特征变量均为哑变量，基于 BEC 分类归属是否为中间投入品（Input）、资本品（Capital）、产品高替代弹性连续值是否高于中位数值（HighElasticity）、产品技术密集度是否高于中位数（Skill_inten）作为划分标准，是则取值为1，否则取0。（4）解释变量中的 High_qua 变量代表企业出口的产品是否属于高质量产品，即企业在"滞后期—产品 HS6—目的地"层面的标准化质量值是否高于相应中位数水平。

六 发达经济体对华技术性贸易壁垒影响中国企业出口决策倾向的安慰剂检验

本小节旨在使用具有"两头在外"特征的加工贸易方式出口交易样本进行安慰剂检验。一方面，加工贸易企业有可能直接获得外方提供的符合相关新技术要求的原材料或技术指导，因此我们预期不会观察到壁垒冲击所带来的"劣汰"效应；但在另一方面，新技术要求所带来的新市场需求仍然存在，因此笔者预期仍将观测到壁垒冲击对相关企业在市场进入决策所产生的显著影响。表4-21印证了笔者的预期。

表4-21 出口决策倾向影响效应的安慰剂检验：基于加工贸易方式出口样本

VARIABLE	(1) Entry	(2) Entry	(3) Exit	(4) Exit	(5) Exit
TBTSTC_lag1	-0.0004 (0.002)	-0.009*** (0.003)	-0.011*** (0.004)	-0.001 (0.005)	-0.003 (0.004)
TBTSTC_lag1 × Skill_inten_d		0.023*** (0.004)		-0.030*** (0.006)	
TBTSTC_lag1 × High_qua_lag1					-0.018*** (0.004)
High_qua_lag1					-0.170*** (0.001)
lnSize_lag1	0.044*** (0.0002)	0.044*** (0.000)	-0.052*** (0.001)	-0.052*** (0.001)	-0.038*** (0.001)
常数项	-0.485*** (0.004)	-0.485*** (0.004)	1.293*** (0.019)	1.293*** (0.019)	
样本量	7477530	7465016	3279527	3275615	3222980
R^2	0.215	0.215	0.388	0.387	0.407

续表

	（1）	（2）	（3）	（4）	（5）
目的地—年份固定效应	是	是	是	是	是
产品 HS6—年份固定效应	是	是	是	是	是
企业—产品 HS6 固定效应	是	是	是	是	是
联合显著性检验：TBTSTC_lag1 + 交互项1	—	0.014***	—	-0.030***	-0.02***

注：(1) ***、**与*分别表示估计的系数在1%、5%与10%的水平上显著；括号中为聚类稳健标准误，聚类在"产品 HS6—目的地"层面；lag 数字代表滞后期数。(2) 进入决策 Entry 变量代表企业在"产品 HS6—目的地"层面上一期不出口前提下，当期出口则取值为1，当期不出口则取值为0；退出决策 Exit 变量代表企业在"产品 HS6—目的地"层面上一期出口前提下，当期不出口则取值为1，当期出口则取值为0；列 (4) — (5) 的幸存者样本由当期全样本中剔除上一期不出口至相应细分市场的新进入者而得到。(3) Skill_inten_d 为 HS3 层面的产品技术密集度虚拟变量，参考 Ma 等（2014）的构建方法，并以该连续指标的中位数值作为划分标准，高于中位数则取值为1，否则取0。(4) 解释变量中的 High_qua_lag1 变量代表企业出口的产品是否属于高质量产品，即企业在"滞后期—产品 HS6—目的地"层面的标准化质量值是否高于相应中位数水平，是则取值为1，否则取0。(5) 由于新进入者无滞后一期的产品质量信息，故进入决策模型没有进行与上一期出口质量的交互项检验。

首先，发达经济体对华技术性贸易壁垒对于中国企业的加工贸易形式出口的影响中不存在动态的"劣汰"效应。壁垒冲击没有引发加工贸易企业显著退出的负面影响，如列（3）所示；甚至在出口低技术密集度产品市场或出口低质量产品的企业中也没有引发显著退出，如列（4）和列（5）所示。

然而，发达经济体对华技术性贸易壁垒对于中国企业的加工贸易形式出口存在动态的"优胜"效应影响。如列（2）所示，当拟进入的出口产品市场属于高技术密集度产品市场时，企业呈现显著的进军上一期遭受过壁垒冲击的市场的积极倾向，这很可能是由于新的技术要求带来了新的市场空间。

七 对比分析：检验发展中或转型经济体对华技术性贸易壁垒的出口决策影响效应

笔者同时检验了发展中或转型经济体对华技术性贸易壁垒对于中国的出口影响，除壁垒来源经济体发生变化外，其他模型设定内容与本章基准模型一致。如表4-22所示：发展中或转型经济体的技术贸易壁垒对中国出口决策的"优胜"效应不成立。如列（1）和列（2）所示，低技术密集度产品行业内的企业，对于有壁垒冲击的出口市场的进入意愿显著降低，从而主导了平均意义上壁垒对于企业进入市场的阻碍作用。同时，如列（5）所示，各市场中出口低质量产品的企业，更倾向于退出遭受冲击的相关细分市场。上述结果的可能原因是：在发展中或转型经济体市场中，低技术密集度产品行业、出口低质量产品的企业均以价格竞争为主，壁垒冲击提高了生产成本，缩小了利润空间，使得相关细分市场对于新进入者或部分低质量产品出口商的吸引力下降。

表4-22　　发展中或转型经济体对华技术性贸易壁垒对中国企业出口决策倾向的影响

VARIABLES	(1) Entry	(2) Entry	(3) Exit	(4) Exit	(5) Exit
TBTSTC_lag1	-0.011* (0.006)	-0.016** (0.008)	0.002 (0.011)	0.014 (0.014)	0.059*** (0.014)
TBTSTC_lag1 × Skill_inten		0.014 (0.012)		-0.034* (0.020)	
TBTSTC_lag1 × High_qua_lag1					-0.111*** (0.014)
High_qua_lag1					-0.134*** (0.001)
lnSize_lag1	0.038*** (0.000)	0.038*** (0.000)	0.004*** (0.001)	0.004*** (0.001)	0.011*** (0.001)

续表

	(1)	(2)	(3)	(4)	(5)
常数项	−0.350***		0.539***		
	(0.003)		(0.022)		
样本量	49561258	49408192	15875641	15838118	15590475
R^2	0.245	0.245	0.362	0.362	0.375
目的地—年份固定效应	是	是	是	是	是
产品 HS6—年份固定效应	是	是	是	是	是
企业—产品 HS6 固定效应	是	是	是	是	是
联合显著性检验：TBTSTC_lag1 + 交互项	—	−0.003	—	−0.020	−0.052***

注：（1）***、**与*分别表示估计的系数在1%、5%与10%的水平上显著；括号中为聚类稳健标准误，聚类在"产品HS6—目的地"层面；lag数字代表滞后期数。

第三节　本章小结

本章基于 WTO 技术性贸易措施通报数据、特别贸易关注案例数据，结合 2000—2010 年海关微观企业出口交易数据，定量检验了发达经济体对华技术性贸易壁垒对微观企业出口在广延边际和集约边际的影响。在建立企业—产品层面基准模型的基础之上，进一步从企业所有制结构、企业生产类型、出口贸易方式类型、目的地经济发展程度等角度展开了充分的异质性和稳健性检验，以证明研究结论的可靠性。结果发现，发达经济体对华技术性贸易壁垒对中国企业出口的影响存在"优胜劣汰"动态调整效应。具体而言：

第一，虽然贸易壁垒在低技术密集度产品行业减少了企业进入、增加了企业退出、降低了幸存企业的出口额，但是在高技术密集度产品行业却相反，因此促进了中国出口向高技术密集型行业的"优胜劣汰"调整；

第二，贸易壁垒增加了生产低质量产品的企业的退出倾向、降低了生产低质量产品的幸存企业的出口额，但是对生产高质量产品的企业没有显著影响，因此促进了中国出口向高质量企业市场集中的"优胜劣汰"调整；

第三，该"优胜劣汰"效应对于涉及外资的企业和从事"两头在外"的加工贸易方式出口的企业，影响不显著。

笔者认为上述"优胜劣汰"效应背后很可能存在以下两种实现途径：首先，具有不同技术要求的行业间可能存在不同的竞争方式，行业对产品的技术要求越高，越可能形成差异化竞争模式，而技术性贸易壁垒可能在提高市场技术门槛的同时扩大了差异化竞争的市场空间，从而吸引符合新技术要求的新进入者涌入市场。相反的，在低技术密集度产品所在行业内，更可能出现低价同质化竞争，而技术性贸易壁垒在该竞争模式下所造成的阻碍远大于其创造的机遇。其次，行业内企业的竞争力不同，这可能使得在产品质量等竞争力表现方面处于劣势的企业被逐出市场之后，优势企业获得了更大的发展空间。

第五章

技术性贸易壁垒对中国企业出口产品质量的影响

除广延边际和集约边际调整，企业也可能进行产品质量调整以应对技术性贸易壁垒，本章检验产品质量调整这一潜在机制。与进入、退出及出口额不同，企业调整产品质量可能需要进行研发或产品的设计、生产调整，时滞效应可能更为明显，因此，本章同时考虑滞后一期与滞后二期的技术性贸易壁垒冲击的影响。

第一节 技术性贸易壁垒影响中国企业出口产品质量的理论模型

一 在异质性企业模型中引入技术性贸易壁垒与质量函数的关系

关于出口产品的质量，Manova 等（2017）[1] 将出口产品的质量用厂商生产投入函数的形式来衡量，这个函数与厂商的整体生产能力有关，还与生产特定产品的专业化程度相关，假定相关投入越高、

---

[1] Manova, Kalina and Zhihong Yu, "Multi-Product Firms and Product Quality", *Journal of International Economics*, Vol. 79, 2017, pp. 116-137.

产品质量就越高，而产品质量的外在表现形式之一就是出口价格。

本研究受这一系列模型的启发，结合 Melitz（2003）[①] 的异质性企业设定和 Manova 等（2017）[②] 的多产品质量设定，将技术性贸易壁垒引入为影响企业成本函数的新增固定成本和新增可变成本的形式，并在后期推论中进一步假设：其中一部分由技术性贸易壁垒所导致的新增成本投入与产品质量相关，用以说明进口国实施技术性贸易壁垒对出口国企业出口数量所产生的贸易阻碍效应，一定程度反映为出口价格提升的质量升级效应，以及随之引发的企业出口决策变化。

在第四章的理论模型设置中，将技术性贸易壁垒 δ_{ji} 的设置独立于产品质量 $q_i(\varphi, \lambda_i) = (\varphi \lambda_i)^\theta$ 之外，但是如果技术性贸易壁垒所带来的新增可变成本 δ_{ji} 本身就是与质量相关的，那么这一部分影响就应该加入到质量函数之中。

假设目的地市场 j 对于产品 i 所设置的技术性贸易壁垒对于新增可变成本的影响可以分为两部分：一部分是使得产品质量提升的相关投入，表示为 δ_{ji}^q，则相应有质量函数变更为：$q_i(\varphi, \lambda_i) = (\varphi \lambda_i)^\theta \times \delta_{ji}^q$；另一部分所导致的投入与质量无关，表示为 δ_{ji}^o。有以下等式恒成立：$\delta_{ji} = \delta_{ji}^q + \delta_{ji}^o$

在以上更新的条件下，厂商的成本函数变为：

$$Cost_{ji}(x) = f + f_j^{ex} + f_{TBTji}^{ex} + \frac{(\delta_{ji}^q + \delta_{ji}^o)\, \tau_j\, x_{ji}}{\varphi \lambda_i} \quad (5-1)$$

所以，边际成本为：

$$MC = \frac{(\delta_{ji}^q + \delta_{ji}^o)\, \tau_j}{\varphi \lambda_i} \quad (5-2)$$

[①] Melitz, Marc J., "The Impact of Trade on Intra-Industry Reallocations and Aggregate Industry Productivity", *Econometrica*, Vol. 71, No. 6, 2003, pp. 1695–1725.

[②] Manova, Kalina and Zhihong Yu, "Multi-Product Firms and Product Quality", *Journal of International Economics*, Vol. 79, 2017, pp. 116–137.

考虑厂商在定价时在边际成本上设置一个不变的价格加成，定价为：

$$p_{ji}(\varphi) = \frac{MC}{1-\frac{1}{\sigma}} = \frac{\left[\frac{(\delta_{ji}^q + \delta_{ji}^o)\tau_j}{\varphi\lambda_i}\right]}{\left(\frac{\sigma-1}{\sigma}\right)} = \frac{\left(\frac{\sigma}{\sigma-1}\right)(\delta_{ji}^q + \delta_{ji}^o)\tau_j}{\varphi\lambda_i}$$

(5-3)

所以该企业在这一特定目的地市场 i 获取的出口产品 i 的利润，并在约束条件下取最大化，即：

$$\max_{p,x}\pi_{ji}(\delta_{ji},\varphi,\lambda_i) = p_{ji}(\delta_{ji},\varphi,\lambda_i) \times x_{ji}(\delta_{ji},\varphi,\lambda_i)$$
$$-\frac{(\delta_{ji}^q + \delta_{ji}^o)\tau_j x_{ji}(\delta_{ji},\varphi,\lambda_i)}{\varphi\lambda_i} - f - f_j^{ex} - f_{TBTji}^{ex}$$

(5-4)

$$s.\,t.\ x_{ji} = \left(\frac{R_j}{q_{ji}P_j}\right)\left(\frac{p_{ji}}{q_{ji}P_j}\right)^{1-\sigma} = R_j P_j^{\sigma-1} q_{ji}^{\sigma-1} p_{ji}^{-\sigma}$$

其中，$P_j = \left[\int_{i\in\Omega_j}\left(\frac{p_{ji}}{q_{ji}P_j}\right)^{1-\sigma}di\right]^{\frac{1}{1-\sigma}}$，$\sigma > 1$

并有 $q_i(\varphi,\lambda_i) = (\varphi\lambda_i)^{\theta}\delta_{ji}^q$，$\theta > 0$

可以解出价格的表达式为：

$$p_{ji} = \frac{\sigma}{\sigma-1}\left[\frac{(\delta_{ji}^q + \delta_{ji}^o)\tau_j}{\varphi\lambda_i}\right] \qquad (5-5)$$

总收益函数的表达式为：

$$r_{ji} = p_{ji}x_{ji} = p_{ji} \times (R_j P_j^{\sigma-1} q_{ji}^{\sigma-1} p_{ji}^{-\sigma})$$
$$= R_j P_j^{\sigma-1} p_{ji}^{1-\sigma} q_{ji}^{\sigma-1} \qquad (5-6)$$

代入质量函数 $q_i(\varphi,\lambda_i) = (\varphi\lambda_i)^{\theta}\delta_{ji}^q$ 和解出的价格函数 $p_{ji} =$

$\frac{\sigma}{\sigma-1}\left[\frac{(\delta_{ji}^q + \delta_{ji}^o)\tau_j}{\varphi\lambda_i}\right]$,可得到:

$$r_{ji} = R_j \times \left[\left(\frac{\sigma-1}{\sigma}\right)\frac{P_j\varphi\lambda_i}{(\delta_{ji}^q + \delta_{ji}^o)\tau_j}\right]^{\sigma-1} \times [(\varphi\lambda_i)^\theta \delta_{ji}^q]^{\sigma-1}$$

$$= R_j\left[\left(\frac{\sigma-1}{\sigma}\right)\frac{P_j}{\tau_j}\right]^{\sigma-1}(\varphi\lambda_i)^{(\theta+1)(\sigma-1)}\left(\frac{\delta_{ji}^q}{\delta_{ji}^q + \delta_{ji}^o}\right)^{\sigma-1}$$

$$= R_j\left[\left(\frac{\sigma-1}{\sigma}\right)\frac{P_j}{\tau_j}\right]^{\sigma-1}(\varphi\lambda_i)^{(\theta+1)(\sigma-1)}\left(\frac{\delta_{ji}^q}{\delta_{ji}}\right)^{\sigma-1}$$

利润可表示为:

$$\pi_{ji}(\delta_{ji}^q, \delta_{ji}^o, \varphi, \lambda_i) = \frac{r_{ji}(\delta_{ji}^q, \delta_{ji}^o, \varphi, \lambda_i)}{\sigma}$$

$$- f - f_j^{ex} - f_{TBTji}^{ex} \quad (5-7)$$

由于出口数据价格为 FOB 报价,即不含冰山成本 τ_j,故有:

$$p_{ji}^{FOB} = \frac{\sigma}{\sigma-1}\left(\frac{\delta_{ji}^q + \delta_{ji}^o}{\varphi\lambda_i}\right) \quad (5-8)$$

$$r_{ji}^{FOB} = R_j \times \left[\left(\frac{\sigma-1}{\sigma}\right)P_j\right]^{\sigma-1}(\varphi\lambda_i)^{(\theta+1)(\sigma-1)}\left(\frac{\delta_{ji}^q}{\delta_{ji}}\right)^{\sigma-1} \quad (5-9)$$

二 主要命题

命题 1:技术性贸易壁垒中会引发质量相关生产投入增加的部分 δ_{ji}^q 占比越高,总收益越高。

证明:对于技术性贸易壁垒中会引发质量相关生产投入增加的部分 δ_{ji}^q,当给定 δ_{ji} 时,有以下的偏导关系:

$$\frac{\partial p_{ji}^{FOB}}{\partial \delta_{ji}^q} > 0$$

$$\frac{\partial r_{ji}^{FOB}}{\partial \delta_{ji}^q} > 0$$

$$\frac{\partial x_{ji}}{\partial \delta_{ji}^q} < 0$$

所以技术性贸易壁垒中与引发质量相关生产投入的部分比例与总收益正相关。

命题 2：满足与质量相关的新技术要求成本需求的企业在技术性贸易壁垒后继续出口，幸存者可能表现出相对更高的价格。

证明：目的地市场设置的技术性贸易壁垒相当于筛选出了会继续出口的企业（包括新进入者和幸存者），这些经受了技术性贸易壁垒冲击的企业应该会展现出一定的特征以反映更高的专业化生产水平。由于 $\lambda_i(\varphi)$ 是产品质量函数的一部分，即质量函数中含有专业化水平，壁垒冲击可能会引致幸存者质量升级，并一定程度反映为价格的提升。

第二节 技术性贸易壁垒影响中国企业出口产品质量的计量模型设定

一 指标和模型构建

为研究技术性贸易壁垒如何影响了企业的产品质量决策，需要更细致地考虑企业的历史产品质量，因为技术性贸易壁垒更可能影响质量标准低于门槛值的企业。为此，本小节的基准模型设定如下：

$$Quality_{ipdt} = \beta_0 + \beta_1 TBTSTC_{pdt-1} + \beta_2 TBTSTC_{pdt-1} \\ \times \text{High\_qua}_{ipdt-1} + \beta_3 \text{High\_qua}_{ipdt-1} \\ + \beta_4 \ln Size_{it-1} + \beta_{ip} + \beta_{pt} + \beta_{dt} + \varepsilon_{ipdt}$$

$$TBTSTC_{pdt-1} = \begin{cases} 1, \text{如果产品 } p \text{ 在 } t-1 \text{ 期受目的地 } d \text{ 的技术性贸易} \\ \quad \text{壁垒覆盖} \\ 0, \text{其他} \end{cases}$$

$$\text{High\_qua}_{ipdt-1} = \begin{cases} 1, \text{如果企业} i \text{ 在 } t-1 \text{ 年出口的产品 } p \text{ 在市场 } d \text{ 中} \\ \quad \text{质量高于中位数} \\ 0, \text{其他} \end{cases}$$

$$(5-10)$$

其中，被解释变量 Quality 是企业 i 在 t 年出口至目的地 d 的产品 p 的质量指标，基于 KSW 残差法进行测度[①]，并根据测度值在"HS2—目的地—年"层面的最大值和最小值区间进行标准化处理，以缓解不同产品大类间质量值缺乏可比性的问题[②]。等式右边的核心解释变量 TBTSTC 的含义与第三、第四章一致，即为哑变量，代表 $t-1$ 年产品 p 是否"被目的地 d 提出 TBT 通报并被中国以 STC 形式表达关切"，是则赋值为 1。等式右边的 High_qua 变量是产品是否属于高质量产品的虚拟变量，表示企业 i 出口至目的地 d 的产品 p 是否在标准化处理后处于"HS6—目的地—滞后年"组合的中位数以上水平。控制变量 lnSize 以企业 i 对全球出口总额的对数形式度量。此外，β_{ip}、β_{pt}、β_{dt} 分别是企业—产品、产品—时间、目的地—时间维度的哑变量；ε_{ipdt} 为聚类稳健的误差项，聚类在核心解释变量维度（即产品—目的地层面）。

技术性贸易壁垒对出口的影响可能因出口产品或企业的特征而呈现差异化表现，因此笔者进一步在基准模型的基础上增加产品或企业维度的异质性特征项变量及其与壁垒冲击的交互项变量进行异质性检验。考虑企业的所有制异质性在质量升级效应中的作用，模

[①] Khandelwal, Amit K., Peter K. Schott and Shang-Jin Wei, "Trade Liberalization and Embedded Institutional Reform: Evidence from Chinese Exporters", *American Economic Review*, Vol. 103, No. 6, 2013, pp. 2169–2195.

[②] 苏丹妮、盛斌、邵朝对：《产业集聚与企业出口产品质量升级》，《中国工业经济》2018 年第 11 期，第 117—135 页；王永进、施炳展：《上游垄断与中国企业产品质量升级》，《经济研究》2014 年第 4 期，第 116—129 页；许家云、毛其淋、胡鞍钢：《中间品进口与企业出口产品质量升级：基于中国证据的研究》，《世界经济》2017 年第 3 期，第 52—75 页。

型设定与第三、第四章的异质性检验内容一致。

二 数据说明

本小节定量研究的数据主要来源于中国海关微观企业出口交易数据库（2000—2010 年）和 WTO TBT-STC 案例数据库（1995—2012 年），样本时间段为两者的共同区间（2000—2010 年）[①]。笔者整理了 TBT 通报中具有 STC 信息的案例作为研究对象，并选取"目的地提出 TBT 通报—中国后续提出 STC"的双边关系用于识别技术性贸易壁垒。进一步将 TBT 通报方限制为发达经济体，识别出"发达经济体对华技术性贸易壁垒"。在上述识别条件下，中国对 WTO 发达经济体成员所通报的 TBT 提出 STC 的案例项下所覆盖的出口产品品类（HS6 位码）被识别为发达经济体设置对华技术性贸易壁垒的情况。所构造的出口产品质量指标参照 Khandelwal 等（2013）[②]方法测算，并经产品质量值在"HS2 品类码—目的地—年份"层面最大值和最小值区间的标准化处理得到。

综上，回归所使用的变量含义及描述性统计情况如表 5-1 所示。

表 5-1　　　　　　基准回归主要变量的描述性统计

变量名称	变量含义	样本量	均值	标准差	最小值	最大值
Quality	基于 KSW 法，取 Alpha 参数值为 5，并经标准化处理后的出口产品质量	19,726,258	0.55	0.15	0	1

---

① 如前所述，时间段为 2000—2010 年的中国海关微观企业出口交易数据中的贸易金额、数量信息较为可靠，受限于数据可得性和准确性，暂时没有在实证分析中进一步拓展样本时间段。但是，本书中其他非微观企业维度的数据均已更新至最新年份。

② Khandelwal, Amit K., Peter K. Schott and Shang-Jin Wei, "Trade Liberalization and Embedded Institutional Reform: Evidence from Chinese Exporters", *American Economic Review*, Vol. 103, No. 6, 2013, pp. 2169-2195.

续表

变量名称	变量含义	样本量	均值	标准差	最小值	最大值
TBTSTC_lag1	上一期中国该产品是否遭遇来自该目的地的技术性贸易壁垒（HS6—目的地—年层面）	20712431	0.02	0.14	0	1
High_qua_lag1	企业上一期出口的该产品的质量是否在"HS6—目的地—年"组合中处于中位数以上	7209611	0.65	0.48	0	1
lnSize_lag1	企业上一期对世界出口总额加1的对数形式（企业—年层面）	17972700	15.54	2.26	0.00	23.99

资料来源：笔者计算得到。

第三节　发达经济体对华技术性贸易壁垒影响中国企业出口产品质量的实证结果分析

表5-2的估计结果表明，发达经济体技术性贸易壁垒冲击对幸存企业出口产品质量产生了一定程度的"提质升级"效应。第一，列（1）至列（2）表明，发达经济体技术性贸易壁垒对于市场中幸存企业出口产品质量的总体影响确实存在时滞，在冲击后第一年出现"质量恶化"效应，在冲击后第二年出现"质量升级"效应；第二，在市场中出口不同质量的同款产品的企业在这一机制中的表现也存在显著差异，列（3）仅考虑了冲击在第一年的效应，而列（4）则进一步综合考虑了壁垒冲击在后续两年的效应，我们发现"质量恶化"效应仅出现在冲击后第一年原先出口低质量产品的群体中。这一结果符合预期，因为低质量产品会首当其冲面临直接冲击。

此外，综合两期情况来看，控制变量的回归系数结果显示，企业对世界的总出口规模越大，其出口产品的质量越高。

综上，发达经济体对华技术性壁垒促使中国企业进一步升级其产品质量，但这一"提质升级"效应需要一定的时间才能实现。这从侧面提醒我们在应对发达经济体技术性贸易壁垒时必须更加重视与贸易伙伴在 WTO 机制下就技术性贸易壁垒的合理过渡期问题进行协商。

表 5-2　　　　发达经济体对华技术性贸易壁垒对中国企业出口产品质量的影响

VARIABLES	(1)	(2)	(3)	(4)
	\multicolumn{4}{c}{Quality}			
TBTSTC_lag1	-0.003 ** (0.001)	-0.003 ** (0.001)	-0.005 *** (0.001)	-0.006 *** (0.002)
TBTSTC_lag2		0.003 *** (0.001)		0.002 * (0.001)
TBTSTC_lag1 × High_qua_lag1			0.003 *** (0.001)	
TBTSTC_lag1 × High_qua_lag2				0.005 *** (0.001)
TBTSTC_lag2 × High_qua_lag2				0.002 ** (0.001)
High_qua_lag1			0.077 *** (0.000)	
High_qua_lag2				0.054 *** (0.000)
lnSize_lag1	0.001 *** (0.0001)	0.001 *** (0.0001)	-0.004 *** (0.0001)	0.007 *** (0.0002)
常数项	0.600 *** (0.002)	0.600 *** (0.002)	0.640 *** (0.002)	0.481 *** (0.004)

续表

	（1）	（2）	（3）	（4）
样本量	6532483	6532483	6452480	3394363
R^2	0.463	0.463	0.506	0.503
目的地—年份固定效应	是	是	是	是
产品 HS6—年份固定效应	是	是	是	是
企业—产品 HS6 固定效应	是	是	是	是
联合显著性检验：TBTSTC_lag1 + 交互项 1	—	—	-0.002*	-0.0009
联合显著性检验：TBTSTC_lag2 + 交互项 2	—	—	—	0.005***

注：(1) ***、**与*分别表示估计的系数在1%、5%与10%的水平上显著；括号中为聚类稳健标准误，聚类在"产品 HS6—目的地"层面；lag 数字代表滞后期数。(2) 被解释变量 Quality 使用 KSW 残差法进行测度，指标构建所需的替代弹性参数取值为5，并基于质量变量在"产品 HS2—目的地—年份"层面的最大值和最小值区间进行标准化处理，以缓解不同产品大类间的质量值可比性问题。(3) 解释变量中 High_qua 变量代表企业出口的产品是否属于高质量产品，即企业在"滞后期—产品 HS6—目的地"层面的标准化质量值是否高于中位数水平，是则取值为1，否则取 0。

第四节 发达经济体对华技术性贸易壁垒影响中国企业出口产品质量的异质性检验

一 区分出口企业所有制类型

企业所有制特征在中国经济中具有重要含义，不同所有制的企业在经营方式和生产调整效率上也有所不同，故可能在遭遇发达经济体技术性贸易壁垒冲击时呈现差异化表现。根据海关进出口企业交易数据所记录的企业注册编码所代表的所有制信息，我们筛选出满足以下三类所有制特征的信息：国有企业（SOE 哑变量取值为1）、私营企业（Private 哑变量取值为1）、涉及外资的企业（包含外商独资企业、中外合资企业、中外合作企业），用于对比具有上述所有制异质性特征的企业在壁垒冲击下的差异化出口表现①。

表 5-3 检验了企业所有制差异下发达经济体技术性贸易壁垒对于幸存者的不同影响,其设定以外资企业的出口产品质量为基准,以私营、国有所有制企业为交互项。相应检验结果显示,发达经济体技术性贸易壁垒对外资、私营、国有所有制企业的出口产品质量影响存在显著差异。列(1)中核心解释变量及其与交互项的联合显著性检验估计结果均显著为负,表明外资、私营、国有三类所有制的幸存企业在壁垒冲击后第一年均出现显著的出口产品"质量恶化"现象,这一结果与基准模型结果一致。列(2)在更长的时间周期内考察壁垒冲击对于企业出口产品质量的影响,其估计结果表明,壁垒冲击后第二年的"质量升级"效应仅出现在国有企业和私营企业中,该效应在外资企业中并不显著。

表 5-3　　　　出口产品质量升级效应的异质性检验:
区分企业所有制类型

VARIABLES	(1)	(2)
	\multicolumn{2}{c}{Quality}
TBTSTC_lag1	-0.003*	-0.003*
	(0.001)	(0.002)
TBTSTC_lag2		0.002
		(0.001)
TBTSTC_lag1 × SOE	-0.001	-0.001
	(0.001)	(0.001)
TBTSTC_lag1 × Private	-0.001	-0.0005
	(0.001)	(0.001)
TBTSTC_lag2 × SOE		0.003**
		(0.001)

---

① 为避免所有制变更干扰,对于样本期间内存在所有制变更行为的少数企业予以剔除。

续表

	(1)	(2)
$TBTSTC\_lag2 \times Private$		0.002*
		(0.001)
$\ln Size\_lag1$	0.001***	0.001***
	(0.0001)	(0.0001)
常数项	0.603***	0.602***
	(0.002)	(0.002)
样本量	5971219	5971219
R^2	0.469	0.469
企业—产品 HS6 固定效应	是	是
产品 HS6—年份固定效应	是	是
目的地—年份固定效应	是	是
联合显著性检验：$TBTSTC\_lag1 + SOE$ 交互项	-0.004***	-0.004**
联合显著性检验：$TBTSTC\_lag1 + Private$ 交互项	-0.004**	-0.003*
联合显著性检验：$TBTSTC\_lag2 + SOE$ 交互项	—	0.005***
联合显著性检验：$TBTSTC\_lag2 + Private$ 交互项	—	0.004***

注：(1) ***、** 与 * 分别表示估计的系数在 1%、5% 与 10% 的水平上显著；括号中为聚类稳健标准误，聚类在"产品 HS6—目的地"层面；lag 数字代表滞后期数。(2) 被解释变量 *Quality* 使用 KSW 残差法进行测度，指标构建所需的替代弹性参数取值为 5，并基于质量变量在"产品 HS2—目的地—年份"层面的最大值和最小值区间进行标准化处理，以缓解不同产品大类间的质量值可比性问题。

二 区分企业生产方式类型

本小节的异质性检验根据企业是否从事直接生产，将样本分为直接生产商和贸易中间商两个样本。参照大部分贸易领域文献的处理方法，根据出口企业的企业名称中是否包含"贸易""进出口"等代表贸易中间商特征的词汇作为划分标准。

表 5-4 呈现的是基于直接生产商样本的检验结果，列（1）至列（2）检验了发达经济体技术性贸易壁垒对幸存企业出口产品质量在冲击后第一年和第二年的影响，列（3）至列（4）进一步区分了企业在相关市场内早于壁垒冲击之前的出口产品原始质量高低情

况。相应的估计结果与基准模型高度一致，即发达经济体技术性贸易壁垒冲击对幸存企业出口产品质量产生了一定程度的"提质升级"效应。具体而言，发达经济体技术性贸易壁垒对于市场中幸存的直接生产商出口产品质量的影响存在时滞，在冲击后第一年出现"质量恶化"效应，在冲击后第二年出现"质量升级"效应，如列（1）至列（2）所示。上述短暂的"质量恶化"效应仅出现在冲击后第一年原先出口低质量产品的直接生产商群体中，这可能与此类直接生产商争取在过渡期内"清库存"的抢出口现象有关。

表 5-4　　出口产品质量升级效应的异质性检验：直接生产商

VARIABLES	(1)	(2)	(3)	(4)
	\multicolumn{4}{c}{Quality}			
$TBTSTC\_lag1$	-0.003 ** (0.001)	-0.003 ** (0.001)	-0.005 *** (0.001)	-0.007 *** (0.002)
$TBTSTC\_lag2$		0.002 * (0.001)		0.0002 (0.002)
$TBTSTC\_lag1 \times High\_qua\_lag1$			0.002 * (0.001)	
$TBTSTC\_lag1 \times High\_qua\_lag2$				0.007 *** (0.002)
$TBTSTC\_lag2 \times High\_qua\_lag2$				0.004 *** (0.001)
$High\_qua\_lag1$			0.081 *** (0.000)	
$High\_qua\_lag2$				0.056 *** (0.000)
$\ln Size\_lag1$	0.003 *** (0.0002)	0.003 *** (0.0002)	-0.003 *** (0.0002)	0.008 *** (0.0003)

续表

	（1）	（2）	（3）	（4）
常数项	0.584***	0.584***	0.623***	0.478***
	(0.003)	(0.003)	(0.002)	(0.005)
样本量	3350305	3350305	3304594	1808892
R^2	0.492	0.492	0.534	0.535
目的地—年份固定效应	是	是	是	是
产品 HS6—年份固定效应	是	是	是	是
企业—产品 HS6 固定效应	是	是	是	是
联合显著性检验：TBTSTC_lag1 + 交互项1	—	—	-0.003**	-0.0002
联合显著性检验：TBTSTC_lag2 + 交互项2	—	—		0.004***

注：（1）***、**与*分别表示估计的系数在1%、5%与10%的水平上显著；括号中为聚类稳健标准误，聚类在"产品 HS6—目的地"层面；lag 数字代表滞后期数。（2）被解释变量 Quality 使用KSW 残差法进行测度，指标构建所需的替代弹性参数取值为5，并基于质量变量在"产品 HS2—目的地—年份"层面的最大值和最小值区间进行标准化处理，以缓解不同产品大类间的质量值可比性问题。（3）解释变量中 High_qua 变量代表企业出口的产品是否属于高质量产品，即企业在"滞后期—产品 HS6—目的地"层面的标准化质量值是否高于中位数水平，是则取值为1，否则取0。

表5-5呈现的是基于贸易中间商样本的检验结果，列（1）至列（2）检验发达经济体技术性贸易壁垒对幸存企业出口产品质量在冲击后第一、第二年的影响，而列（3）至列（4）进一步引入企业在相关市场内早于壁垒冲击之前的出口产品原始质量高低差异，相应估计结果与直接生产商样本的检验结果略有不同。主要差异在于列（4），即对于贸易中间商群体而言，各市场内原先出口低质量产品的企业在壁垒冲击后第一年并没有呈现显著的"质量恶化"。这很可能与贸易中间商的生产方式特征有关，因为此类厂商较少从事直接生产，而是通过直接调整所购进的产品来满足新技术要求，因而大量"清库存"的需求并不强。

表 5-5　　出口产品质量升级效应的异质性检验：贸易中间商

VARIABLES	(1)	(2)	(3)	(4)
	\multicolumn{4}{c}{Quality}
TBTSTC_lag1	-0.003*	-0.002	-0.004***	-0.003
	(0.002)	(0.002)	(0.002)	(0.002)
TBTSTC_lag2		0.006***		0.006***
		(0.001)		(0.002)
TBTSTC_lag1 × High_qua_lag1			0.003**	
			(0.001)	
TBTSTC_lag1 × High_qua_lag2				0.002
				(0.002)
TBTSTC_lag2 × High_qua_lag2				0.0005
				(0.001)
High_qua_lag1			0.074***	
			(0.0004)	
High_qua_lag2				0.052***
				(0.0004)
lnSize_lag1	-0.001***	-0.001***	-0.007***	0.006***
	(0.0002)	(0.0002)	(0.0002)	(0.0004)
常数项	0.639***	0.638***	0.677***	0.496***
	(0.003)	(0.003)	(0.003)	(0.006)
样本量	3177082	3177082	3142796	1580881
R^2	0.432	0.432	0.476	0.467
目的地—年份固定效应	是	是	是	是
产品 HS6—年份固定效应	是	是	是	是
企业—产品 HS6 固定效应	是	是	是	是
联合显著性检验：TBTSTC_lag1 + 交互项 1	—	—	-0.002	-0.001
联合显著性检验：TBTSTC_lag2 + 交互项 2	—	—	—	0.007***

注：（1）***、**与*分别表示估计的系数在 1%、5% 与 10% 的水平上显著；括号中为聚类稳健标准误，聚类在"产品 HS6—目的地"层面；lag 数字代表滞后期数。（2）被解释变量 Quality 使用 KSW 残差法进行测度，指标构建所需的替代弹性参数取值为 5，并基于质量变量在"产品 HS2—目的地—年份"层面的最大值和最小值区间进行标准化处理，以缓解不同产品大类间的质量值可比性问题。（3）解释变量中 High_qua 变量代表企业出口的产品是否属于高质量产品，即企业在"滞后期—产品 HS6—目的地"层面的标准化质量值是否高于中位数水平，是则取值为 1，否则取 0。

第五节 稳健性检验：替换质量指标构建方法

质量指标是本章的关键指标之一，我们进一步对产品质量测度方法进行稳健性检验。在基于 KSW 法构建出口产品质量指标时，我们尝试将替代弹性参数取 5 或者 10，并且不进行标准化处理，其他构建步骤不变，相应指标表示为 KSW_qua_5 和 KSW_qua_10[①]。如表 5-6 和表 5-7 所示，替换了质量指标构建方法的稳健性检验结果与基准模型结果基本一致。尤其值得关注的是，表 5-6 和表 5-7 中列（4）的估计结果，滞后二期的壁垒冲击与质量异质性的交互项系数均显著为正，说明原先出口高质量产品的企业在遭受技术性贸易壁垒后呈现了进一步的"质量升级"效应。

表 5-6 出口产品质量升级效应的稳健性检验：取替代弹性参数值为 5

VARIABLES	(1)	(2)	(3)	(4)
	\multicolumn{4}{c}{KSW_qua_5}			
TBTSTC_lag1	-0.008 ** (0.004)	-0.008 * (0.004)	-0.024 *** (0.004)	-0.026 *** (0.005)
TBTSTC_lag2		0.005 (0.003)		-0.014 *** (0.004)
TBTSTC_lag1 × High_qua_lag1			0.025 *** (0.003)	
TBTSTC_lag1 × High_qua_lag2				0.028 *** (0.004)

---

① 由于经"产品 HS2—目的地—年份"层面的最大值和最小值区间标准化处理后，替代弹性参数取值为 5 或 10 的结果是相同的，故稳健性检验中不再汇报替代弹性参数取值为 10 并经过标准化后的结果。

续表

	(1)	(2)	(3)	(4)
$TBTSTC\_lag2 \times High\_qua\_lag2$				0.023***
				(0.004)
$High\_qua\_lag1$			0.280***	
			(0.001)	
$High\_qua\_lag2$				0.195***
				(0.001)
$\ln Size\_lag1$	0.006***	0.006***	−0.014***	0.031***
	(0.001)	(0.001)	(0.0005)	(0.001)
常数项	0.148***	0.148***	0.291***	−0.311***
	(0.008)	(0.008)	(0.008)	(0.015)
样本量	6532848	6532848	6452843	3394488
R^2	0.480	0.480	0.525	0.521
产品HS6—年份固定效应	是	是	是	是
企业—产品HS6固定效应	是	是	是	是
目的地—年份固定效应	是	是	是	是
联合显著性检验：$TBTSTC\_lag1$＋交互项1	—	—	0.001	0.002
联合显著性检验：$TBTSTC\_lag2$＋交互项2	—	—	—	0.009**

注：(1) ***、**与*分别表示估计的系数在1%、5%与10%的水平上显著；括号中为聚类稳健标准误，聚类在"产品HS6—目的地"层面；lag数字代表滞后期数。(2) 被解释变量中的KSW_qua_5、KSW_qua_10代表未经标准化处理的KSW残差法测度值，指标的替代弹性分别取值5或10，此处不再进行标准化处理。(3) 解释变量中的$High\_qua$变量代表企业出口的产品是否属于高质量产品，即企业在"滞后期—产品HS6—目的地"层面的标准化质量值是否高于相应中位数水平。

表 5-7 出口产品质量升级效应的稳健性检验：取替代弹性参数值为 10

	(1)	(2)	(3)	(4)
VARIABLES		KSW_qua_10		
TBTSTC_lag1	-0.004**	-0.003*	-0.011***	-0.012***
	(0.002)	(0.002)	(0.002)	(0.002)
TBTSTC_lag2		0.002		-0.006***
		(0.001)		(0.002)
TBTSTC_lag1 × High_qua_lag1			0.011***	
			(0.001)	
TBTSTC_lag1 × High_qua_lag2				0.013***
				(0.002)
TBTSTC_lag2 × High_qua_lag2				0.010***
				(0.002)
High_qua_lag1			0.124***	
			(0.0005)	
High_qua_lag2				0.087***
				(0.001)
lnSize_lag1	0.003***	0.003***	-0.006***	0.014***
	(0.0002)	(0.0002)	(0.0002)	(0.0004)
常数项	0.066***	0.066***	0.129***	-0.138***
	(0.004)	(0.004)	(0.004)	(0.007)
样本量	6532848	6532848	6452843	3394488
R^2	0.480	0.480	0.525	0.521
产品 HS6—年份固定效应	是	是	是	是
企业—产品 HS6 固定效应	是	是	是	是
目的地—年份固定效应	是	是	是	是
联合显著性检验：TBTSTC_lag1 + 交互项 1	—	—	0.0004	0.001
联合显著性检验：TBTSTC_lag2 + 交互项 2	—	—	—	0.004**

注：(1) ***、**与*分别表示估计的系数在 1%、5% 与 10% 的水平上显著；括号中为聚类稳健标准误，聚类在"产品 HS6—目的地"层面；lag 数字代表滞后期数。(2) 被解释变量中的 KSW_qua_5、KSW_qua_10 代表未经标准化处理的 KSW 残差法测度值，指标的替代弹性分别取值 5 或 10，此处不再进行标准化处理。(3) 解释变量中的 High_qua 变量代表企业出口的产品是否属于高质量产品，即企业在"滞后期—产品 HS6—目的地"层面的标准化质量值是否高于相应中位数水平。

第六节 发达经济体对华技术性贸易壁垒影响中国企业出口产品质量的安慰剂检验

本小节旨在使用具有"两头在外"特征的加工贸易方式出口交易样本进行安慰剂检验。表 5-8 的估计结果显示：发达经济体对华技术性贸易壁垒对中国企业出口产品质量的"提质升级"效应不成立。如列（1）和列（2）所示，无论企业出口产品的质量水平高低如何，在壁垒冲击后两期均未出现"提质升级"效应。

表 5-8 出口质量影响效应的安慰剂检验：基于加工贸易方式出口样本

VARIABLES	（1）	（2）	（3）	（4）
	\multicolumn{4}{c}{Quality}
TBTSTC_lag1	-0.004** (0.002)	-0.004** (0.002)	-0.007*** (0.002)	-0.002 (0.002)
TBTSTC_lag2		-0.001 (0.002)		0.002 (0.002)
TBTSTC_lag1 × High_qua_lag1			0.006*** (0.002)	
TBTSTC_lag1 × High_qua_lag2				0.003* (0.002)
TBTSTC_lag2 × High_qua_lag2				0.001 (0.002)
High_qua_lag1			0.097*** (0.001)	
High_qua_lag2				0.070*** (0.001)
lnSize_lag1	0.007*** (0.0003)	0.007*** (0.0003)	-0.002*** (0.0003)	0.012*** (0.0005)

续表

	(1)	(2)	(3)	(4)
常数项	0.485***	0.485***	0.593***	0.378***
	(0.005)	(0.005)	(0.005)	(0.008)
样本量	1803503	1803503	1782529	1073856
R^2	0.464	0.464	0.518	0.516
目的地—年份固定效应	是	是	是	是
产品 HS6—年份固定效应	是	是	是	是
企业—产品 HS6 固定效应	是	是	是	是
联合显著性检验：$TBTSTC\_lag1$ + 交互项 1	—	—	-0.001	0.001
联合显著性检验：$TBTSTC\_lag2$ + 交互项 2	—	—	—	0.003

注：(1) ***、** 与 * 分别表示估计的系数在 1%、5% 与 10% 的水平上显著；括号中为聚类稳健标准误，聚类在"产品 HS6—目的地"层面；lag 数字代表滞后期数。(2) 被解释变量 $Quality$ 使用 KSW 残差法进行测度，指标构建所需的替代弹性参数取值为 5，并基于质量变量在"产品 HS2—目的地—年份"层面的最大值和最小值区间进行标准化处理，以缓解不同产品大类间的质量值可比性问题。(3) 解释变量中 $High\_qua$ 变量代表企业出口的产品是否属于高质量产品，即企业在"滞后期—产品 HS6—目的地"层面的标准化质量值是否高于中位数水平，是则取值为 1，否则取 0。

第七节 对比分析：检验发展中或转型经济体对华技术性贸易壁垒的质量影响效应

笔者同时检验了发展中或转型经济体对华技术性贸易壁垒对于中国的出口影响，除壁垒来源经济体发生变化外，其他模型设定内容与本章基准模型一致。表 5-9 的结果显示：遭遇发展中或转型经济体的技术性贸易壁垒时，冲击后一年，无论原本出口高低质量产品的企业，其出口质量均显著提升，但综合两年来看，质量升级效应并不稳健。"质量升级"效应所以没有成立，很可能是由于发展中或转型经济体技术性贸易壁垒的技术要求程度相对低于发达经济体,或没有超过中国平均水平,使得中国优势出口企业的优越性无法体现。

表5-9 发展中或转型经济体对华技术性贸易壁垒对中国企业出口产品质量的影响

VARIABLES	(1)	(2)	(3)	(4)
	\multicolumn{4}{c}{Quality}
TBTSTC_lag1	0.026*** (0.005)	0.025*** (0.005)	0.041*** (0.007)	0.029*** (0.008)
TBTSTC_lag2		-0.029** (0.013)		-0.029 (0.018)
TBTSTC_lag1 × High_qua_lag1			-0.021*** (0.005)	
TBTSTC_lag1 × High_qua_lag2				-0.017** (0.008)
TBTSTC_lag2 × High_qua_lag2				-0.014 (0.019)
High_qua_lag1			0.069*** (0.000)	
High_qua_lag2				0.051*** (0.000)
lnSize_lag1	-0.001*** (0.000)	-0.001*** (0.000)	-0.006*** (0.000)	0.004*** (0.000)
常数项	0.636*** (0.003)	0.636*** (0.003)	0.636*** (0.003)	0.671*** (0.003)
样本量	5350566	5350566	5269508	2489957
R^2	0.481	0.481	0.511	0.520
产品HS6—年份固定效应	是	是	是	是
企业—产品HS6固定效应	是	是	是	是
目的地—年份固定效应	是	是	是	是
联合显著性检验:TBTSTC_lag1+交互项1	—	—	0.020***	0.012*
联合显著性检验:TBTSTC_lag2+交互项2	—	—	—	-0.043***

注:(1) ***、** 与 * 分别表示估计的系数在1%、5%与10%的水平上显著;括号中为聚类稳健标准误,聚类在"产品HS6—目的地"层面;lag数字代表滞后期数。

第八节　本章小结

　　本章基于 WTO 技术性贸易措施通报数据、特别贸易关注案例数据，结合 2000—2010 年海关微观企业出口交易数据，定量检验了发达经济体对华技术性贸易壁垒对微观企业出口产品质量升级的影响。结果发现，发达经济体对华技术性贸易壁垒对中国企业出口的影响存在"提质升级"调整效应，即壁垒促使生产高质量产品的幸存企业进一步升级其产品质量。值得注意的是，笔者发现"提质升级"的过程需要一定时间，遭受壁垒冲击的企业在 WTO 默认生效的两年后呈现显著的出口产品质量优化表现。此外，该"提质升级"效应对于从事"两头在外"的加工贸易方式出口的企业，以及遭受来自发展中或转型经济体技术性贸易壁垒的出口企业，影响均不显著。

第六章

技术性贸易壁垒对中国出口企业贸易偏转行为的影响

在本章，笔者将通过构建理论模型，讨论多市场企业在遭遇技术性贸易壁垒后，在全球利润最大化目标驱动下所产生的贸易偏转行为。在此基础上，本章也将构建实证模型，在"企业—产品—目的地"维度检验技术性贸易壁垒对于中国出口企业贸易偏转行为的影响，检验内容包括企业在壁垒影响下的偏转方向、偏转规模，并对比不同市场参与者的偏转行为。

第一节 技术性贸易壁垒影响中国出口企业贸易偏转行为的理论模型

技术性贸易壁垒可能影响出口企业进行生产的固定成本和可变成本，进而影响出口商的出口数量和出口市场组合。Bown 等(2007)[1]首次从出口国角度构建基于进口国贸易壁垒冲击的三国贸易模型，该模型假定技术同质、边际成本递增、单一产品，并将某

---

[1] Bown, Chad P. and Meredith A. Crowley, "Trade Deflection and Trade Depression", *Journal of International Economics*, Vol. 72, No. 1, 2007, pp. 176–201.

个出口国所遭受的非关税壁垒反映为贸易成本（τ）的增加。通过三国间贸易成本变化所带来的偏导正负差异，可以区分为壁垒施加国对于壁垒承受国所造成的贸易阻碍效应，壁垒承受国与第三国彼此间的贸易偏转效应和贸易收缩效应，以及第三国对于壁垒施加国出口的贸易创造效应。在考虑 Bown 等（2007）[①] 基本设定的基础上，本章节结合 Melitz（2003）[②] 的异质性企业设定和 Manova 等（2017）[③] 的多产品质量设定，将技术性贸易壁垒引入为影响企业成本函数的新增固定成本和新增可变成本的形式，并在后期推论中进一步假设：其中一部分由技术性贸易壁垒所导致的新增成本投入与产品质量相关，用以说明进口国实施技术性贸易壁垒对出口国企业出口数量上所产生的贸易阻碍效应，一定程度反映为出口价格提升的质量升级效应随之引发的企业出口决策变化。

一 假设条件

考虑中国某一家代表性企业生产某种产品 i（先假设单一产品）的总产量 x_i 分别满足中国国内 H、设置技术性贸易壁垒的进口国家 B 和其余的出口目的地 R，即 $x_i = \sum_j x_{ji}, j \in \{H, B, R\}$，即 x_{Hi} 代表这家企业的产品 i 在中国国内的销售量，x_{Bi} 代表这家企业的产品 i 对技术性贸易壁垒设置国的出口量，x_{Ri} 代表这家企业的产品 i 对其余贸易伙伴的出口量总和。

二 需求设定

需求的效用设置同第四章，j 国消费者的效用函数用 CES 形式表

[①] Bown, Chad P. and Meredith A. Crowley, "Trade Deflection and Trade Depression", *Journal of International Economics*, Vol. 72, No. 1, 2007, pp. 176 – 201.

[②] Melitz, Marc J., "The Impact of Trade on Intra-Industry Reallocations and Aggregate Industry Productivity", *Econometrica*, Vol. 71, No. 6, 2003, pp. 1695 – 1725.

[③] Manova, Kalina and Zhihong Yu, "Multi – Product Firms and Product Quality", *Journal of International Economics*, Vol. 79, 2017, pp. 116 – 137.

示，产品的替代弹性为 σ。从消费者需求角度出发，假设目的地市场 j 的消费者偏好消费多种产品，并用 CES 效用函数来刻画。其中，对于市场 j，x_{ji} 代表消费产品 i 的数量，q_{ji} 代表产品 i 的质量，p_{ji} 代表产品 i 的价格，不同产品之间的替代弹性 $\sigma > 1$：

$$\max U_j \equiv \left[\int_{i \in \Omega_j} (q_{ji} \times x_{ji})^{\frac{\sigma-1}{\sigma}} \mathrm{d}i \right]^{\frac{\sigma}{\sigma-1}}, \sigma > 1 \qquad (6-1)$$

$$s.t. \int_{i \in \Omega_j} (p_{ji} \times x_{ji}) \mathrm{d}i = R_j$$

在预算约束下求效用最大化可以解出：

$$x_{ji} = \left(\frac{R_j}{q_{ji} P_j} \right) \left(\frac{p_{ji}}{q_{ji} P_j} \right)^{1-\sigma} = R_j P_j^{\sigma-1} q_{ji}^{\sigma-1} p_{ji}^{-\sigma} \qquad (6-2)$$

其中，$P_j = \left[\int_{i \in \Omega_j} \left(\frac{p_{ji}}{q_{ji} P_j} \right)^{1-\sigma} \mathrm{d}i \right]^{\frac{1}{1-\sigma}}$

故通过求偏导可以推出：

$$\frac{\partial x_{ji}}{\partial R_j} > 0$$

$$\frac{\partial x_{ji}}{\partial P_j} > 0$$

$$\frac{\partial x_{ji}}{\partial q_{ji}} > 0$$

$$\frac{\partial x_{ji}}{\partial p_{ji}} < 0$$

上述偏导关系分别意味着：消费市场 j 对某一产品 i 的消费数量随着消费市场总收入的提升而提升，随着消费市场价格水平的提高而提高，随着消费市场特定产品 i 质量的提高而提高，随着消费市场特定产品 i 价格的提高而减少。

三 供给设定

供给的成本函数设置同第四章，技术性贸易壁垒的同时表现为固定成本（例如一次性的合格评定或相关注册手续）和可变成本（例如产品所含有害化学品成分设置技术上限），先不考虑壁垒本身对于质量投入的相关影响，即将生产成本表示为 δ_{ji}。由于前提假设已经将唯一的生产投入（劳动力）的工资标准化为 1，则厂商在遭受到技术性贸易壁垒之后，生产出口至 j 国的产品 i 的生产成本函数就可以表示为：

$$Cost_{ji}(x) = f + f_j^{ex} + f_{TBTji}^{ex} + \frac{\delta_{ji} \tau_j x_{ji}}{\varphi \lambda_i} \tag{6-3}$$

其中，$f + f_j^{ex} + f_{TBTji}^{ex}$ 表示的分别是固定成本中的来自生产产品的部分、来自出口到目的地 j 的部分、使得产品 i 符合目的地 j 对其设置的技术性贸易壁垒所增加的固定成本部分；$\varphi \lambda_i$ 在可变成本的分母中，说明企业整体生产率越高、生产产品 i 的专业化能力越高，则生产每单位产品的成本就越低。$\frac{\delta_{ji} \tau_j x_{ji}}{\varphi \lambda_i}$ 衡量的就是考虑进冰山成本和技术性贸易壁垒之后的可变成本项。

所以，边际成本为：

$$MC = \frac{\delta_{ji} \tau_j}{\varphi \lambda_i} \tag{6-4}$$

考虑厂商在定价时在边际成本上设置一个不变的价格加成，定价公式如下，其中 $|\varepsilon|$ 为替代弹性：

$$p_{ji}(\varphi) = \frac{MC}{1 - \frac{1}{|\varepsilon|}} \tag{6-5}$$

由于本书设定的 CES 函数替代弹性为 σ，且 $\sigma > 1$，故定价为：

$$p_{ji}(\varphi) = \frac{MC}{1 - \frac{1}{\sigma}} = \frac{\left(\frac{\delta_{ji} \tau_j}{\varphi \lambda_i}\right)}{\left(\frac{\sigma - 1}{\sigma}\right)} = \frac{\left(\frac{\sigma}{\sigma - 1}\right) \delta_{ji} \tau_j}{\varphi \lambda_i} \tag{6-6}$$

所以该企业在这一特定目的地市场 j 获取的出口产品 i 的利润为：

$$\pi_{ji}(\delta_{ji},\varphi,\lambda_i) = p_{ji}(\delta_{ji},\varphi,\lambda_i) \times x_{ji}(\delta_{ji},\varphi,\lambda_i)$$
$$- \frac{\delta_{ji} \tau_j x_{ji}(\delta_{ji},\varphi,\lambda_i)}{\varphi \lambda_i} - f - f_j^{ex} - f_{TBTji}^{ex} \quad (6-7)$$

四 开放均衡

同第四章，在企业追求利润最大化目标时，有：

$$\max_{p,x} \pi_{ji}(\delta_{ji},\varphi,\lambda_i) = p_{ji}(\delta_{ji},\varphi,\lambda_i) \times x_{ji}(\delta_{ji},\varphi,\lambda_i)$$
$$- \frac{\delta_{ji} \tau_j x_{ji}(\delta_{ji},\varphi,\lambda_i)}{\varphi \lambda_i} - f - f_j^{ex} - f_{TBTji}^{ex}$$

$$s.t. \ x_{ji} = \left(\frac{R_j}{q_{ji} P_j}\right)\left(\frac{p_{ji}}{q_{ji} P_j}\right)^{1-\sigma} = R_j P_j^{\sigma-1} q_{ji}^{\sigma-1} p_{ji}^{-\sigma} \quad (6-8)$$

其中，$P_j = \left[\int_{i \in \Omega_j}\left(\frac{p_{ji}}{q_{ji} P_j}\right)^{1-\sigma} di\right]^{\frac{1}{1-\sigma}}$，$\sigma > 1$，并有 $q_i(\varphi, \lambda_i) = (\varphi \lambda_i)^{\theta}$，$\theta > 0$

一阶条件有：

$$\frac{\partial \pi_{ji}}{x_{ji}} = p_{ji} + p'_{ji} x_{ji} - \frac{\delta_{ji} \tau_j}{\varphi \lambda_i} = 0$$

求解 $j \in \{H, B, R\}$ 的三个一阶条件，能找到中国出口企业对产品 i 的最优销售决策。假定贸易偏转不带来额外成本，则对于各国生产这一产品 i 的企业，应用古诺纳什均衡，容易得到 9 个一阶条件方程式。由于需要表明产品的来源和去向，用两个代表出口方和进口方的下标表示，又由于都是对于同一产品 i 而言的，故暂时隐去下标 i。9 个一阶条件列明如下：

$$\frac{\partial \pi_H}{\partial x_{HH}} = p_H + p'_H x_{HH} - \frac{\delta_H \tau_H}{\varphi \lambda_i} = 0 \quad (6-9-1)$$

$$\frac{\partial \pi_B}{\partial x_{BH}} = p_H + p'_H x_{BH} - \frac{\delta_H \tau_{BH}}{\varphi \lambda_i} = 0 \qquad (6-9-2)$$

$$\frac{\partial \pi_R}{\partial x_{RH}} = p_H + p'_H x_{RH} - \frac{\delta_H \tau_{RH}}{\varphi \lambda_i} = 0 \qquad (6-9-3)$$

$$\frac{\partial \pi_H}{\partial x_{HB}} = p_B + p'_B x_{HB} - \frac{\delta_B \tau_{HB}}{\varphi \lambda_i} = 0 \qquad (6-9-4)$$

$$\frac{\partial \pi_B}{\partial x_{BB}} = p_B + p'_B x_{BB} - \frac{\delta_B \tau_{BB}}{\varphi \lambda_i} = 0 \qquad (6-9-5)$$

$$\frac{\partial \pi_R}{\partial x_{RB}} = p_B + p'_B x_{RB} - \frac{\delta_B \tau_{RB}}{\varphi \lambda_i} = 0 \qquad (6-9-6)$$

$$\frac{\partial \pi_H}{\partial x_{HR}} = p_R + p'_R x_{HR} - \frac{\delta_R \tau_{HR}}{\varphi \lambda_i} = 0 \qquad (6-9-7)$$

$$\frac{\partial \pi_B}{\partial x_{BR}} = p_B + p'_B x_{BR} - \frac{\delta_R \tau_{BR}}{\varphi \lambda_i} = 0 \qquad (6-9-8)$$

$$\frac{\partial \pi_R}{\partial x_{RR}} = p_R + p'_R x_{RR} - \frac{\delta_R \tau_{RR}}{\varphi \lambda_i} = 0 \qquad (6-9-9)$$

其中，由于出口目的地 R 包含了除技术性贸易壁垒设置国以外的各国厂商，是一个平均意义上的代表性概念，用于和技术性贸易壁垒设置国作对比。因此，我们主要关注 H 和 B 的相关结果。如前所述，假设技术性贸易壁垒设置国提出的 TBT 遭到了中国提出的 STC 异议，则可以认为 δ_B 上升，而其他不变。

五 主要命题

命题1：技术性贸易壁垒会引发贸易阻碍效应，使得中国企业出口到设置技术性贸易壁垒的进口国的该种产品的数量减少。

证明：从式（6-9-4）可知：

第六章　技术性贸易壁垒对中国出口企业贸易偏转行为的影响

$$x_{HB} = \frac{\frac{\delta_B \tau_{HB}}{\varphi \lambda_i} - p_B}{p'_B} \tag{6-10}$$

$$\frac{\partial x_{HB}}{\partial \delta_B} = \left(\frac{\tau_{HB}}{\varphi \lambda_i}\right)\left(\frac{1}{p'_B}\right) < 0 \tag{6-11}$$

由于价格是需求的减函数，故 $p'_B < 0$，又由于 FOB 报价下已经剔除冰山成本，故依旧有：

$$\frac{\partial x_{HB}}{\partial \delta_B} = \frac{1}{p'_B \varphi \lambda_i} < 0 \tag{6-12}$$

命题 2：技术性贸易壁垒会引发贸易偏转的流量效应，使得中国企业出口到除了设置技术性贸易壁垒的进口国的该种产品的贸易数量总和增加。

证明：联立式 (6-9-4) 和式 (6-9-7) 可知：

$$\begin{cases} p_B + p'_B x_{HB} - \dfrac{\delta_B \tau_{HB}}{\varphi \lambda_i} = 0 \\ p_R + p'_R x_{HR} - \dfrac{\delta_R \tau_{HR}}{\varphi \lambda_i} = 0 \end{cases} \tag{6-13}$$

$$p_B + p'_B x_{HB} - \frac{\delta_B \tau_{HB}}{\varphi \lambda_i} = p_R + p'_R x_{HR} - \frac{\delta_R \tau_{HR}}{\varphi \lambda_i} \tag{6-14}$$

$$x_{HR} = \frac{p_B - p_R + p'_B x_{HB} - \dfrac{(\delta_B \tau_{HB} - \delta_R \tau_{HR})}{\varphi \lambda_i}}{p'_R} \tag{6-15}$$

$$\frac{\partial x_{HR}}{\partial \delta_B} = -\left(\frac{\tau_{HB}}{\varphi \lambda_i}\right)\left(\frac{1}{p'_R}\right) > 0 \tag{6-16}$$

由于价格是需求的减函数，故 $p'_R < 0$，又由于 FOB 报价下已经剔除冰山成本，故依旧有：

$$\frac{\partial x_{HR}}{\partial \delta_B} = -\frac{1}{p'_R \varphi \lambda_i} > 0 \qquad (6-17)$$

即 B 国对产品 i 设置的技术性贸易壁垒的贸易阻碍效应使得 H 国企业将该产品偏转出口至 R 的总数量增加。

命题3：技术性贸易壁垒会引发贸易偏转的流向效应，使得中国企业的偏转行为有市场选择的差异——企业产品专业化生产能力或者综合生产能力越强的企业越有可能去开拓新的贸易伙伴市场，生产能力相对较弱的企业会偏转向现有贸易伙伴的市场。

证明：加入关于偏转差异化成本设定——假定偏转会带来额外成本 f^{ROW}，例如管理上的协调成本、调货成本等，并假设偏转向一个新市场的成本高于偏转向一个现有市场的成本，即 $f_{new}^{ROW} > f_{old}^{ROW}$。其实，当这个企业选择偏转向一个新市场 k 时，新增的偏转成本就相当于出口到这个新市场 k 的出口成本（$f_{new}^{ROW} = f_k^{ex}$）。在这一设定下，企业会在以下条件下做出不同的偏转选择：

$$\begin{cases} f_{Bi}^{ex} < \dfrac{r(\delta_{Bi}, \varphi, \lambda_i)}{\sigma} < f_{Bi}^{ex} + f_{old}^{ROW}, \text{不偏转} \\[2mm] f_{Bi}^{ex} + f_{old}^{ROW} < \dfrac{r(\delta_{Bi}, \varphi, \lambda_i)}{\sigma} < f_{Bi}^{ex} + f_{old}^{ROW} + f_{new}^{ROW}, \text{偏转到现有市场} \\[2mm] \dfrac{r(\delta_{Bi}, \varphi, \lambda_i)}{\sigma} > f_{Bi}^{ex} + f_{old}^{ROW} + f_{new}^{ROW}, \text{偏转到新市场} \end{cases}$$

$$(6-18)$$

需要注意的是，偏转行为不意味着企业一定会持续向壁垒市场出口，出现偏转的同时，企业可能退出壁垒国特定产品市场，可能减少对于壁垒国特定产品的出口，当然也可能增加对于壁垒国特定产品的出口。这是由于偏转这一行为取决于企业在全球市场中的收益，至少是对于这一特定产品在全球市场中的收益。

第二节 技术性贸易壁垒影响中国出口企业贸易偏转行为的计量模型设定

一 指标及模型构建

（一）贸易偏转方向（出口至其他目的地的经济体数量）

$$Cnum_{ipt} = \beta_0 + \beta_1 TBTSTCnum_{ipt-1} + \beta_2 \ln Size_{it-1}$$
$$+ \beta_{ip} + \beta_t + \varepsilon_{ipt} \qquad (6-19)$$

模型（6-19）探究了技术性贸易壁垒对于贸易偏转方向多样化程度的影响。其中，等式左边的 $Cnum_{ipt}$ 为中国出口企业 i 在 t 年出口产品 p 的目的地经济体个数，等式右边 $TBTSTCnum_{ipt-1}$ 代表企业 i 的产品 p 在 $t-1$ 年遭遇的具有 STC 信息的 TBT 通报总次数（例如：如果遭遇 3 个国家的相应细分市场的技术性贸易壁垒，即为 3 次）；$\ln Size_{it-1}$ 是 $t-1$ 期企业对世界出口的总金额的对数值。β_{ip}、β_t 分别用于控制企业—产品、年份层面的固定效应，ε_{ipt} 是误差项。本书还进一步区分了目的地在 t 期属于新市场的数量（$NewCnum_{ipt}$），以及对计数被解释变量取对数的情况（$\ln Cnum_{ipt}$、$\ln NewCnum_{ipt}$），并且在该对数情况下将核心解释变量 TBTS 调整为虚拟变量（0 或 1）形式，用 TBTSTC 虚拟变量表示。所有滞后一期的变量在回归结果中的名称都加了"lag1"以便区分。

（二）贸易偏转规模（出口至其他目的地的产品数量）

$$\ln Row_{ipdt} = \beta_0 + \beta_1 TBTSTC_{pdt-1} + \beta_2 TBTSTC_{pdt-1} \times Developed_d$$
$$+ \beta_3 \ln Size_{it-1} + \beta_4 \ln GDPim_{dt} + \beta_{ip}$$
$$+ \beta_t + \beta_d + \varepsilon_{ipdt}$$

$$TBTSTC_{pdt-1} = \begin{cases} 1, & \text{如果产品 } p \text{ 在 } t-1 \text{ 期受目的地 } d \text{ 的技术性贸易} \\ & \text{壁垒覆盖} \\ 0, & \text{其他} \end{cases}$$

$$Developed_d = \begin{cases} 1, & \text{如果目的地 } d \text{ 属于发达经济体} \\ 0, & \text{其他（即目的地 } d \text{ 属于发展中或转型经济体）} \end{cases}$$
(6-20)

模型（6-20）探究了技术性贸易壁垒对于贸易偏转规模的影响程度。其中，$\ln Row_{ipdt}$ 为中国出口企业 i 在 t 年出口产品 p 至除了贸易伙伴 d 以外的其他伙伴的出口数量总和的对数形式；等式右边的 $TBTSTC_{pdt-1}$ 代表 $t-1$ 期技术性贸易壁垒的虚拟变量；$\ln Size_{it-1}$ 是 $t-1$ 期企业对世界出口的总金额的对数值，其他变量与前文中集约效应的设定相同，所有滞后一期的变量在回归结果中的名称都加了"lag1"以便区分。需要注意的是，在该模型设定中，d 是指与中国形成贸易伙伴对的进口目的地，而 Row 是除这个进口目的地之外的其他贸易伙伴篮子的总和，所以随着企业 i 在 t 年出口产品的目的地 d 的改变，相应观测值的 Row 组合也在随之发生变化。此外，$t-1$ 期对于目的地 d 出口但 t 期不再出口的退出者不包括在此样本中，即样本为 t 期市场中的幸存者和新进入者。为了处理新进入者可能并不清楚 $t-1$ 期 $TBTSTC$ 冲击的情况，本书还进一步进行了剔除新进入者的处理以作为对比。β_{ip}、β_t、β_d 分别用于控制企业—产品、年份层面、目的地经济体层面的固定效应，ε_{ipdt} 是误差项。本书还对于不同类型的偏转目的地（新市场、现有市场、发达经济体市场、发展或转型经济体市场）进行了区分。

（三）市场退出决策与贸易偏转规模

$$\begin{aligned} \ln Row_{ipdt} = & \beta_0 + \beta_1 TBTSTC_{pdt-1} + \beta_2 Exit_{ipdt} + \beta_3 TBTSTC_{pdt-1} \times Exit_{ipdt} \\ & + \beta_4 \ln Size_{it-1} + \beta_5 \ln GDPim_{dt} \\ & + \beta_6 \ln Dist_d + \beta_7 Cntig_d + \beta_8 Comlang_d \\ & + \beta_9 Colony_d + \beta_{ip} + \beta_t + \varepsilon_{ipdt} \end{aligned}$$

$$TBTSTC_{pdt-1} = \begin{cases} 1, & \text{如果产品 } p \text{ 在 } t-1 \text{ 期受目的地 } d \text{ 的技术性贸易} \\ & \text{壁垒覆盖} \\ 0, & \text{其他} \end{cases}$$

$$Exit_{ipdt} = \begin{cases} 1, \text{企业在 } t-1 \text{ 期出口产品 } p \text{ 到目的地 } d, \text{但在 } t \text{ 期停止} \\ 0, \text{企业 } i \text{ 在 } t-1 \text{ 期和 } t \text{ 期均出口产品 } p \text{ 到目的地 } d \end{cases}$$

$$(6-21)$$

模型（6-21）在贸易偏转规模研究对象的基础之上考虑了对于在原有目的地市场遭遇技术性贸易壁垒时退出的决策，以探究是否因壁垒而退出某一细分市场的企业会对于其他市场出口得更多。其中，$\ln Row_{ipdt}$ 为中国出口企业 i 在 t 年出口产品 p 至除了贸易伙伴 d 以外的其他伙伴的出口数量（Quantity）总和的对数形式；等式右边的 TBT_{pdt-1} 表示 $t-1$ 期技术性贸易壁垒的虚拟变量；$Exit_{ipdt}$ 是企业 i 对于产品 p 在 t 年是否出口到目的地 d 的虚拟变量，等于 0 时意味着在 t 期是幸存者，等于 1 时意味着在 t 期是退出者；$\ln Size_{it-1}$ 是 $t-1$ 期企业对世界出口的总金额的对数值，其他变量与前文中集约效应的设定相同，所有滞后一期的变量在回归结果中的名称都加了"lag1"以便区分。需要注意的是，即便企业 i 的产品 p 在 t 期退出了市场 d，即无法在市场 d 中观测，但是我们仍然能够得到从事出口相应细分产品到其他市场的出口交易，除非这一企业—产品组合完全不再出口到其他任何目的地市场。β_{ip}、β_t 分别用于控制企业—产品、年份层面的固定效应，ε_{ipdt} 是误差项。本书还使用目的地经济体层面的固定效应作为对于引力模型常用控制变量的替换。

二 数据说明

本小节所使用的数据来源与第四、五章的实证分析小节相同，即基于笔者整理所得的中国海关出口数据（2000—2012 年）、TBT-STC 案例数据（1995—2012 年，产品 HS6 维度）得到。所涉贸易伙伴经济发展程度的区分标准参考 *UNCTAD Handbook of Statistics* 2016，贸易伙伴的经济体的地域的区分标准参考 World Bank 数据库，欧盟成员国的归属根据官方公布的加入时间为准（如表 3-3 所示）。本小节中，企业层面的贸易偏转的样本时间为 2000—2010 年，即与第四、第五章的实证分析小节基准模型中的样本时间段一致。需要注意的是，本小节中的变量 ROW 是根据设置 TBT 的进口目的地的变化而变化的，例如中国企业出口某产品到美国，ROW 就是该企业对于除了美国以外的其他贸易伙伴的该产品出口总和；当中国企业出口某产品到日本时，ROW 就是该企业对于除了日本以外的其他贸易伙伴的该产品出口总和。

综上，本章回归模型所使用的描述性统计情况如表 6-1 所示。

表 6-1 贸易偏转章节的主要变量描述性统计

变量名称	样本量	均值	最小值	最大值	标准差	中位数
目的地个数（企业—产品—年）							
$Year$	18389759	2006.65	2001	2010	2.62	2007
$DestNum$	18389759	2.51	1	174	4.17	1
$TBTSTCnum\ lag1$	18389759	0.01	0	27	0.19	0
$lnSizelag1$	18389759	15.02	0.00	23.99	2.33	14.98
出口偏转量（企业—产品—目的地—年）							
$Year$	42925304	2006.71	2001	2010	2.61	2007
$lnRowQty$	31651818	10.54	-16.64	23.99	3.13	10.76
$lnRowNewQty$	22440392	10.84	-16.64	23.97	3.11	11.07
$lnRowOldQty$	28711749	9.15	-16.64	22.90	2.82	9.44
$lnRow1Qty$	17756888	10.54	-15.94	23.06	2.98	10.75
$lnRow2Qty$	16935892	10.19	-16.64	23.51	3.09	10.33
$lnRow3Qty$	21851057	8.47	-16.64	21.55	2.65	8.72
$lnRow4Qty$	22821663	8.79	-16.64	21.43	2.81	9.05
$TBTSTClag1$	42925304	0.01	0	1	0.07	0.00
$lnSizelag1$	42925304	15.56	0.00	23.99	2.42	15.51
$lnGDPim$	42925304	13.17	3.37	16.52	1.84	13.02
$lnDist$	42925304	8.68	6.86	9.87	0.70	8.92
$Contig$	42925304	0.15	0	1	0.36	0
$Comlang$	42925304	0.13	0	1	0.34	0
$Colony$	42925304	0.00	0	1	0.04	0
$Developed$	42925304	0.47	0	1	0.50	0

续表

变量名称	样本量	均值	最小值	最大值	标准差	中位数
退出决策与出口偏转量（企业—产品—目的地—年）						
Year	18848285	2006.84	2001	2010	2.54	2007
ln*RowQty*	18848285	10.77	-15.25	23.99	3.11	10.98
*TBTSTClag*1	18848285	0.01	0	1	0.09	0
Exit	18848285	0.43	0	1	0.50	0
ln*Sizelag*1	18848285	16.46	1.10	23.99	2.14	16.36
ln*GDPim*	18848285	13.42	3.37	16.52	1.80	13.61
ln*Dist*	18848285	8.94	6.86	9.87	0.56	9.01
Contig	18848285	0.07	0	1	0.26	0
Comlang	18848285	0.06	0	1	0.24	0
Colony	18848285	0.00	0	1	0.02	0
Developed	18848285	0.63	0	1	0.48	0

资料来源：笔者计算得到。

第三节 技术性贸易壁垒影响中国出口企业贸易偏转行为的实证结果分析

正如基准模型设定中所阐述的，贸易偏转可以从两个维度上进行探究，一个角度是企业出口目的地市场种类的多样性（流向），另一个角度是企业对于特定贸易伙伴之外的其他贸易伙伴的出口量的规模大小（流量），以及退出市场决策对于流量的综合影响。相关的主要实证结果如下所述。

一 贸易偏转方向

表6-2将被解释变量的出口目的地计数分为所有市场计数和新市场计数两类，新市场指的是 $t-1$ 期企业没有出口交易，但在 t 期存在出口交易的目的地市场。由于新市场计数变量里存在数量为0的情况（即并没有开拓新市场），故 OLS 的估计结果就更加有偏。

为了解决这个问题，笔者加入了负二项回归的估计结果（见表6-3）与OLS估计结果（见表6-2）相互印证。

由于表6-2的模型所确定的技术性贸易壁垒的实施时间是$t-1$期，所以企业在t期出口的新市场就天然地没有受到旧市场中$t-1$期技术性贸易壁垒的影响，一定程度上可以用来衡量是否存在向非技术性贸易壁垒影响市场的流向偏转。当然，企业也有可能进入一个$t-1$期存在技术性贸易壁垒的新市场，可能企业对于新市场的技术性贸易壁垒并不知情，或者经斟酌后认为能够符合新市场的技术性贸易壁垒要求。对于这种情况，本书的回应是：由于企业没有在新市场中的出口经验，那么如果一个企业做出了从一个存在TBT的旧市场转到另一个存在TBT的新市场的行为，应该可以推测企业理性地认为这一目标市场转换所带来的成本是小于保留在原市场中所需耗费的成本的。进一步的研究可以通过区分偏转目的地经济体是否在$t-1$或者t期存在TBT，进而得到更确切的解释，但偏转目的地经济体可能受到了不止同一个贸易伙伴的TBT影响，故这一处理十分复杂，这里暂不讨论。为了从侧面回答一个类似的问题，即对于同一目的地市场中来自不同国别的出口竞争者，是否一方受到进口方的技术性贸易壁垒时，另一方会获益，这一研究可以从第七章区分STC提出者来源的中美贸易实证回归中得到一定程度的印证。

表6-2的结果显示，综合生产能力更强（全球出口额更大）的企业的出口目的地种类越多，而技术性贸易壁垒的增加也导致了企业目的地市场种类的多样化，在OLS回归和负二项回归中都呈现了显著的正相关关系。从全样本的结果来看，技术性贸易壁垒的存在会导致某个企业—产品的目的地组合个数增加19.9%，新市场个数增加9.8%。同时，企业在遭遇来自发达经济体和非发达经济体技术性贸易壁垒时的表现稍有差异——来自发达经济体的壁垒会更加驱动中国出口企业寻找新的目的地市场，而来自非发达经济体的这一结果并不显著。负二项回归的估计结果与OLS估计结果基本一致。

表6-2 贸易偏转的市场多样性（OLS）

样本类别	(1)	(2)	(3)	(4)	(5)	(6)	(7)	(8)	(9)	(10)	(11)	(12)
	全样本				受发达经济体技术性贸易壁垒冲击的样本				受发展中或转型经济体技术性贸易壁垒冲击的样本			
VARIABLES	Cnum	NewCnum	lnCnum	lnNewCnum	Cnum	NewCnum	lnCnum	lnNewCnum	Cnum	NewCnum	lnCnum	lnNewCnum
TBTSTCnumlag1	0.487***	0.278***			0.408***	0.246***			0.669**	0.580		
	(0.033)	(0.035)			(0.020)	(0.039)			(0.268)	(0.386)		
TBTSTClag1			0.199***	0.098***			0.133***	0.074***			0.077***	0.041
			(0.005)	(0.004)			(0.005)	(0.004)			(0.020)	(0.032)
lnSizelag1	0.221***	0.347***	0.040***	0.157***	0.347***	0.541***	0.054***	0.202***	0.265***	0.433***	0.040***	0.183***
	(0.005)	(0.006)	(0.001)	(0.002)	(0.008)	(0.010)	(0.001)	(0.002)	(0.006)	(0.008)	(0.001)	(0.002)
常数项	−0.406***	−3.982***	−0.00452	−1.944***	−1.382***	−6.493***	0.018	−2.514***	−0.155	−4.836***	0.204***	−2.198***
	(0.072)	(0.092)	(0.011)	(0.031)	(0.118)	(0.152)	(0.014)	(0.037)	(0.096)	(0.126)	(0.013)	(0.036)
样本量	12263582	12263582	12263582	5875776	7069622	7069622	7069622	4032722	7412046	7412046	7412046	3851532
R^2	0.783	0.768	0.748	0.788	0.809	0.782	0.794	0.797	0.807	0.787	0.803	0.810
企业—产品HS6固定效应	是	是	是	是	是	是	是	是	是	是	是	是
年份固定效应	是	是	是	是	是	是	是	是	是	是	是	是

注：（1）***、**与*分别表示估计的系数在1%、5%与10%的水平上显著；括号中为聚类稳健标准误，聚类在"产品HS6—目的地"层面；lag数字代表滞后期数。

表 6-3　　　　　　　贸易偏转的市场多样性（负二项回归）

	（1）	（2）	（3）	（4）
	DestNumNew		DestNumNew	
VARIABLES		dydx		dydx
$TBTSTCnumlag1$	0.433***	0.502***	0.453***	0.646**
	(0.033)	(0.098)	(0.045)	(0.265)
$lnSizelag1$	0.222***	0.258***	0.225***	0.322***
	(0.003)	(0.031)	(0.003)	(0.100)
常数项	-3.658***		-3.598***	
	(0.047)		(0.067)	
样本量	18389759		18389759	
R^2	是		是	
产品 HS2 固定效应	否		是	
Pseudo R-squared	0.0293		0.0360	
Alpha 值	0.780***		0.738***	

注：（1）***、**与*分别表示估计的系数在1%、5%与10%的水平上显著；括号中为聚类稳健标准误，聚类在"产品 HS6—目的地"层面；lag 数字代表滞后期数。

二　贸易偏转规模

企业的某一细分市场出口产品在遭受技术性贸易壁垒之后对于其他贸易伙伴的出口量总规模的变化结果展现在表6-4中。由于某一特定市场的技术性贸易壁垒的冲击发生在滞后一期，故当期能够观测的是该市场中的幸存者和新进入者［如列（1）—列（6）所示］。为了剔除新进入者未必受冲击或存在别的动机的干扰情况，本书还对经历了滞后期的当期幸存者进行了研究［如列（7）—列（12）所示］。

首先，从核心解释变量的结果看：列（1）—列（3）的结果显示，不区分技术性贸易壁垒进口设置方的经济程度时，当企业在上一期的出口产品遭受技术性贸易壁垒后，企业在当期对于其他贸易伙伴的出口总数量也会减少，而这一负面影响对于企业旧市场的冲击更大，这一结果意味着不存在贸易偏转效应，反而存在间接的连带阻碍效应。但是，由于第五章中我们已经从实证结果中证明了技术性贸易壁垒对于新进入者的筛选吸引作用，所以这一结果很有可能是收到了新进入者的干扰——由于上一期遭受技术性贸易壁垒的市场的竞争企业减少，对于部分新进入者来说是一个市场机遇，这些新进入者对于这些机遇市场的出口数量显著增加（均为第五章实证结果），因此这些新进入者很可能在全球组合的调整上将出口更加集中到了这些受到过壁垒冲击的机遇市场，随之呈现对于其他贸易伙伴出口总数量的减少，即列（1）和列（3）的显著为负是由新进入者的干扰因素带来的。通过仅保留幸存者，列（7）和列（9）的结果（$TBTSTClag1$ 不显著）支持了笔者的这一猜测。同时，这一情况对于来自发达经济体的技术性贸易壁垒时对于总体"剩余篮子"和旧市场的偏转也是成立的；而对于来自发展中或转型经济体的技术性贸易壁垒，幸存者的总体贸易偏转和对于新市场的贸易偏转也会显著减少。

其次，生产能力越强的企业对于其他贸易伙伴的偏转总规模越大，其中生产能力越强的企业对于新市场的偏转总规模越大，相反的是，生产能力越低的企业对于旧市场的偏转总规模越大。

最后，企业出口产品遭受哪种经济发展程度的技术性贸易壁垒之后偏转去不同经济发展程度的新市场或现有市场的情况有差别吗？对于这一问题的回答一定程度上综合了技术性贸易壁垒导致贸易偏转效应的发生条件、偏转方向和偏转规模，可以揭示"遭到哪里的壁垒，又偏转去向哪里"的来龙去脉。据此笔者进行了进一步分样本回归，样本构成的分组标准如下，结果如表 6-5 所示。其中：

Row1：由 t 期企业出口目的地为新的发达经济体市场的交易构成；

Row2：由 t 期企业出口目的地为新的非发达经济体市场的交易构成；

Row3：由 t 期企业出口目的地为现有其他发达经济体市场的交易构成；

Row4：由 t 期企业出口目的地为现有其他非发达经济体市场的交易构成。

对于"新的"（new）和"现有"（pre）市场新旧类别的定义取决于 $t-1$ 期该市场是否出现在相应"企业—产品"的所有目的地市场中。实际数据处理中，先判别某一"企业—产品"观测对象对于这四类流向的各自出口数量，再减去相应"企业—产品—壁垒市场"自身所属的类别，以得到"Row"的概念。

在表 6-5 中，β_1 代表着企业—产品遭受了来自发展中或转型经济体的技术性贸易壁垒，这种情况下会显著减少对于发展中或转型经济体新市场的偏转量，同时显著增加对于现有发达新市场的偏转量，这种情况对于幸存者样本依然成立。$\beta_1+\beta_2$ 代表着企业—产品遭受了来自发达经济体的技术性贸易壁垒，其联合显著性检验结果显示，壁垒冲击会显著减少对于发展中或转型经济体新市场的偏转量，这种情况对于幸存者样本依然成立。同时，我们依然能够观察到企业生产能力对于贸易偏转新旧市场的影响——生产能力越强的企业对于新市场的偏转规模越大，而生产能力越低的企业对于旧市场的偏转规模越大。

这一结果中有意思的地方在于：发展中或转型经济体设置的技术性贸易壁垒导致中国企业的相应出口产品更多向现有发达经济体市场偏转，而发达经济体设置的技术性贸易壁垒则导致企业对于其他非发达经济体的出口也受到连带的阻碍影响。但此样本中并未包含退出者，因此接下来将进行进一步引入退出者因素的检验。

表6-4　区分目的地所属于新旧市场的贸易偏转数量规模检验

		(1)	(2)	(3)	(4)	(5)	(6)	(7)	(8)	(9)	(10)	(11)	(12)
	样本类别	\multicolumn{6}{c}{全样本}				\multicolumn{4}{c}{幸存者样本}
	VARIABLES	lnRow	lnNewRow	lnPreRow	lnRow	lnNewRow	lnPreRow	lnRow	lnNewRow	lnPreRow	lnRow	lnNewRow	lnPreRow
β	$TBTSTClag1$	−0.036*** (0.012)	−0.017 (0.013)	−0.026** (0.011)	−0.107** (0.043)	−0.174*** (0.050)	0.011 (0.032)	−0.011 (0.013)	−0.005 (0.015)	−0.015 (0.015)	−0.105* (0.055)	−0.153** (0.061)	0.072 (0.052)
β_1	$TBTSTClag1 \times Developed$				0.073 (0.046)	0.162*** (0.053)	−0.037 (0.035)				0.096* (0.057)	0.151** (0.063)	−0.088 (0.054)
β_2	$lnSizelag1$	0.157*** (0.005)	0.434*** (0.006)	−0.169*** (0.004)	0.157*** (0.005)	0.434*** (0.006)	−0.169*** (0.004)	0.323*** (0.006)	0.479*** (0.007)	−0.212*** (0.006)	0.323*** (0.006)	0.479*** (0.006)	−0.212*** (0.006)
β_3	$lnGDPim$	0.101*** (0.010)	0.178*** (0.022)	0.163*** (0.019)	0.101*** (0.020)	0.179*** (0.022)	0.163*** (0.019)	0.206*** (0.039)	0.175*** (0.038)	0.273*** (0.039)	0.206*** (0.039)	0.176*** (0.038)	0.272*** (0.039)
β_4	常数项	6.740*** (0.280)	1.479*** (0.309)	9.724*** (0.267)	6.738*** (0.280)	1.474*** (0.309)	9.724*** (0.267)	3.354*** (0.554)	1.148*** (0.553)	9.056*** (0.572)	3.350*** (0.554)	1.142** (0.553)	9.058*** (0.573)
	样本量	31549778	22051924	28321741	31549778	22051924	28321741	10216356	9531889	8824976	10216356	9531889	8824976
	R^2	0.883	0.879	0.795	0.883	0.879	0.795	0.888	0.882	0.780	0.888	0.882	0.780
	企业—产品HS6固定效应	是	是	是	是	是	是	是	是	是	是	是	是
	年份固定效应	是	是	是	是	是	是	是	是	是	是	是	是
	目的地固定效应	是	是	是	是	是	是	是	是	是	是	是	是
	联合显著性检验 $\beta_1 + \beta_2$	—	—	—	−0.034***	−0.013	−0.027**	—	—	—	−0.009	−0.002	−0.016

注：(1) ***、**与*分别表示估计的系数在1%、5%与10%的水平上显著；括号中为聚类稳健标准误，聚类在"产品HS6—目的地"层面；lag数字代表滞后期数。

表 6-5　区分目的地经济发展程度和属于新旧市场的贸易偏转数量规模检验

		(1)	(2)	(3)	(4)	(5)	(6)	(7)	(8)
	Sample	全样本				幸存者样本			
	VARIABLES	新发达	新非发达	旧发达	旧非发达	新发达	新非发达	旧发达	旧非发达
		lnRow1	lnRow2	lnRow3	lnRow4	lnRow1	lnRow2	lnRow3	lnRow4
β_1	TBTSTClag1	-0.030	-0.176***	0.133***	-0.034	0.061	-0.252***	0.182***	0.035
		(0.026)	(0.062)	(0.043)	(0.036)	(0.039)	(0.088)	(0.063)	(0.068)
β_2	TBTSTClag1 × Developed	0.045	0.168***	-0.130***	-0.006	-0.036	0.238***	-0.178***	-0.079
		(0.031)	(0.063)	(0.045)	(0.039)	(0.043)	(0.089)	(0.066)	(0.070)
β_3	ln Sizelag 1	0.403***	0.393***	-0.209***	-0.134***	0.463***	0.440***	-0.286***	-0.148***
		(0.006)	(0.008)	(0.005)	(0.004)	(0.008)	(0.008)	(0.007)	(0.007)
β_4	ln GDPim	0.127***	0.240***	0.359***	-0.0829***	0.203***	0.158***	0.316***	0.0623
		(0.027)	(0.022)	(0.021)	(0.020)	(0.046)	(0.039)	(0.042)	(0.040)
	常数项	2.264***	0.684**	7.128***	12.03***	0.540	1.140**	8.926***	10.36***
		(0.400)	(0.309)	(0.297)	(0.267)	(0.682)	(0.575)	(0.607)	(0.582)
	样本量	17543496	16675791	21319791	22265825	8378882	7346423	7147795	6984568
	R^2	0.870	0.880	0.742	0.807	0.869	0.882	0.722	0.786
	企业—产品 HS6 固定效应	是	是	是	是	是	是	是	是
	年份固定效应	是	是	是	是	是	是	是	是
	目的地固定效应	是	是	是	是	是	是	是	是
	联合显著性检验 $\beta_1+\beta_2$	0.015	-0.008	0.002	-0.040***	0.024	-0.014	0.004	-0.045***

注：(1) ***、**、*分别表示估计的系数在 1%、5% 与 10% 的水平上显著；括号中为聚类稳健标准误，聚类在"产品 HS6—目的地"层面；lag 数字代表滞后期数。

三 市场退出决策与贸易偏转规模

企业—产品组合在 $t-1$ 期遭受来自特定目的地的技术性贸易壁垒后,在 t 期选择退出该细分市场或者留在该细分市场的不同决策情况下,对于其他贸易伙伴的偏转数量是否有差异呢？表6-6对这一问题进行了回答。

表6-6 市场退出决策与贸易偏转规模（考虑目的地经济发展程度）

β	VARIABLES	(1)	(2)	(3)	(4)
		\multicolumn{4}{c}{lnRow}
	技术性贸易壁垒来源	发达经济体		发展中或转型经济体	
β_1	TBTSTClag1	-0.119*** (0.018)	-0.065*** (0.015)	0.016 (0.046)	-0.002 (0.046)
β_2	Exit	-0.141*** (0.008)	-0.150*** (0.008)	-0.178*** (0.007)	-0.189*** (0.007)
β_3	TBTSTClag1 × Exit	0.210*** (0.023)	0.208*** (0.023)	-0.0197 (0.088)	-0.0140 (0.088)
β_4	lnSizelag1	0.296*** (0.009)	0.296*** (0.009)	0.349*** (0.012)	0.350*** (0.012)
β_5	lnGDPim	-0.102*** (0.001)	-0.045** (0.02)	-0.024*** (0.001)	0.144*** (0.019)
β_6	lnDist	0.122*** (0.008)		0.083*** (0.002)	
β_7	Contig	—		-0.046*** (0.003)	
β_8	Comlang	—		-0.106*** (0.004)	
β_9	Colony	—		0.149*** (0.03)	
	常数项	6.283*** (0.188)	6.594*** (0.296)	5.155*** (0.189)	3.806*** (0.316)

续表

	(1)	(2)	(3)	(4)
样本量	11276358	11276358	6339718	6339718
R^2	0.858	0.859	0.896	0.897
企业—产品 HS6 固定效应	是	是	是	是
年份固定效应	是	是	是	是
目的地固定效应	否	是	否	是
联合显著性检验 $\beta_2 + \beta_3$	0.069 ***	0.057 **	−0.198 **	−0.203 **

注：(1) ***、** 与 * 分别表示估计的系数在1%、5% 与 10% 的水平上显著；括号中为聚类稳健标准误，聚类在"产品 HS6—目的地"层面；lag 数字代表滞后期数。

　　来自发达经济体的技术性贸易壁垒对于中国企业出口产品的市场退出决策和贸易偏转规模影响较显著。当上一期遭遇来自发达经济体的技术性贸易壁垒时，当期选择留在市场中的企业对于该细分产品类别对其他贸易伙伴的出口数量显著减少；而当期选择退出该市场的企业相对于选择留下的企业而言，其对于该细分产品类别对其他贸易伙伴的出口数量显著增加，即出现了退出原壁垒市场和偏转至其他伙伴市场的叠加效应。我们还发现，当期退出没有遭到技术性贸易壁垒的产品细分市场的企业，该产品对于其他贸易伙伴的出口规模也较小，一定程度上反映了市场本身的优胜劣汰机制，并且支撑了发达经济体技术性贸易壁垒所引发的贸易偏转效应是异于市场原有的退出机制特征的。而来自发展中或转型经济体的技术性贸易壁垒对于幸存者的影响并不显著，且遭受该冲击的退出者与幸存者相比还产生了对于其他贸易伙伴的连带出口阻碍效应。

　　这一结果对于本书的研究十分重要，它揭示了来自发达经济体的技术性贸易壁垒对于异质性决策个体的差异化影响——发达经济体在上一期的技术性贸易壁垒导致细分市场竞争程度降低，吸引了部分更有能力的新进入者，而这些新进入者不仅在当期增加了出口数量，而且在全球范围内的市场组合也更加集中于这些目标市场，即细分产品在当期表现出对于其他贸易伙伴出口数量的显著减少。而对于幸存者来说，遭遇技术性贸易壁垒使得相应细分产品对于原壁垒市场的出口数量减少，但是这些选择留下的个体不存在显著的贸易偏转效应。最后，发达经济体在上一期的技术性贸易壁垒导致企业倾向于退出细分市场，而且对于选择退出的企业来说，退出后表现出了显著的贸易偏转效应，对于其他贸易伙伴的出口数量的显著增加。

第四节 技术性贸易壁垒影响中国出口企业贸易偏转行为的异质性检验

一 区分目的地经济体的地理区域

为了更加深入地解析上述结果可能的内在机制，本书进一步做了地理区域的分组回归，并且控制了经济体维度的固定效应。地理区域划分标准来自世界银行，如表6-7所示。

表6-7　　　　　　　关于贸易伙伴经济体地域的区分标准

区域名称	地理区域归属	经济体ISO3代码
Rg1	东亚与太平洋地区 (East Asia & Pacific)	AUS, BRN, CHN, FJI, FSM, IDN, JPN, KHM, KIR, KOR, LAO, NZL, MHL, MMR, MNG, MYS, PHL, PNG, SGP, SLB, THA, TON, TUV, VNM, VUT, WSM
Rg2	欧洲和中亚地区 (Europe & Central Asia)	ALB, AND, ARM, AUT, AZE, BEL, BIH, BLR, BGR, HRV, CYP, CZE, DNK, EST, FIN, FRA, DEU, GRC, GRL, GEO, HUN, ISL, IRL, ITA, LVA, LTU, LUX, KAZ, KGZ, NLD, MDA, MKD, NOR, POL, PRT, SVN, ESP, SWE, RUS, SVK, CHE, GBR, TJK, TKM, TUR, UKR, UZB

续表

区域名称	地理区域归属	经济体 ISO3 代码
Rg3	拉美和加勒比海地区 (Latin America & Caribbean)	ABW, ARG, ATG, BHS, BLZ, BOL, BRA, BRB, CHL, COL, CRI, CUB, DMA, DOM, ECU, GRD, GTM, GUY, HND, HTI, JAM, KNA, LCA, MEX, NIC, PAN, PER, PRI, PRY, SLV, SUR, TTO, URY, VCT, VEN
Rg4	中东和北非地区 (Middle East & North Africa)	ARE, BHR, DZA, EGY, ISR, IRN, IRQ, JOR, KWT, LBN, MLT, MAR, OMN, SAU, TUN, YEM
Rg5	北美地区 (North America)	BMU, CAN, USA
Rg6	南亚地区 (South Asia)	BGD, BTN, IND, LKA, MDV, NPL, PAK
Rg7	撒哈拉以南非洲地区 (Sub-Saharan Africa)	AGO, BDI, BEN, BFA, BWA, CAF, CIV, CMR, COG, COM, CPV, ETH, GAB, GHA, GIN, GMB, GNB, GNQ, KEN, LSO, MDG, MLI, MOZ, MRT, MUS, MWI, NAM, NER, NGA, RWA, SDN, SEN, SLE, SWZ, SYC, TCD, TGO, TZA, UGA, ZAF, ZMB, ZWE

注：香港（HKG）、澳门（MAC）和台湾（TWN）属于中国不可分割的一部分，由于往来贸易量较大，按照国际惯例将其作为出口目的地，但是港澳台作为中国的一部分，其 TBT 信息即中国的信息，所以在其作为进口方时，不存在 TBT 措施的影响。

资料来源：笔者整理自世界银行，经济体缩写对照表请参见附录一。

笔者将显著的检验结果展示在表 6-8 和表 6-9 中。核心解释变量具有显著结果的地域范围为 Rg1（东亚与太平洋地区）、Rg2（欧洲和中亚地区）Rg4（中东和北非地区）、Rg5（北美地区）、Rg6（南亚地区）。和基准模型中一致，稳健性检验 1 中也对于当期市场中的幸存者进行了分样本回归。

第六章 技术性贸易壁垒对中国出口企业贸易偏转行为的影响 209

表6-8 异质性检验一：区分进口经济体地理区域
（区别新旧市场）

		(1)	(2)	(3)	(4)	(5)	(6)	(7)	(8)	(9)	(10)	(11)	(12)
	样本类别	全样本								幸存者样本			
	进口经济体所属地理区域	Rg1		Rg2		Rg5		Rg6		Rg1		Rg2		Rg6	
β	VARIABLES	lnNewRow	lnPreRow	lnPreRow	lnRow	lnPreRow	lnPreRow	lnNewRow	lnPreRow	lnRow	lnPreRow	lnRow	lnNewRow
β_1	TBTSTClag1	-0.121***	0.097*	-0.036*	-0.043**	-0.040**	0.107*	-0.089*	0.103*	-0.033*	-0.055**	0.287***	0.296***
		(0.041)	(0.057)	(0.021)	(0.018)	(0.017)	(0.063)	(0.051)	(0.059)	(0.018)	(0.026)	(0.099)	(0.090)
β_2	lnSizelag1	0.415***	-0.155***	-0.208***	0.175***	-0.154***	0.496***	0.504***	-0.156***	0.303***	-0.256***	0.442***	0.566***
		(0.006)	(0.004)	(0.004)	(0.005)	(0.004)	(0.006)	(0.007)	(0.007)	(0.005)	(0.006)	(0.017)	(0.018)
β_3	lnGDPim	0.116***	0.098***	0.046**	-0.202	-2.535***	-0.468***	0.082*	0.274***	0.155***	0.017	-0.349**	-0.495***
		(0.026)	(0.023)	(0.021)	(0.479)	(0.396)	(0.081)	(0.046)	(0.047)	(0.028)	(0.029)	(0.155)	(0.160)
	常数项	2.532***	10.17***	12.04***	10.68	51.21***	8.895***	2.033***	8.001***	4.556***	13.31***	8.989***	8.793***
		(0.375)	(0.306)	(0.296)	(7.562)	(6.229)	(1.008)	(0.622)	(0.644)	(0.405)	(0.418)	(1.880)	(1.954)
	样本量	5307906	6666345	8962618	2478240	2047783	632124	1954562	1730376	4123856	3663248	179527	169789
	R^2	0.878	0.795	0.773	0.852	0.740	0.924	0.890	0.780	0.905	0.771	0.946	0.942
	企业—产品HS6固定效应	是	是	是	是	是	是	是	是	是	是	是	是
	年份固定效应	是	是	是	是	是	是	是	是	是	是	是	是
	目的地固定效应	是	是	是	是	是	是	是	是	是	是	是	是

注：（1）***、**、与*分别表示估计的系数在1%、5%与10%的水平上显著，括号中为聚类稳健标准误，聚类在"产品HS6-目的地"层面；lag数字代表滞后期数；进口经济体地理区域为Rg1、Rg2、Rg3、Rg4、Rg5、Rg6、Rg7。

表6-8对于每个地区分别区分了全样本或幸存者，以及所有出口目的地、新市场和旧市场的偏转情况，故应有7×2×3共42列结果。由于篇幅限制，只显示核心解释变量（$TBTSTClag1$）显著时的结果12列，不显著的其他30列结果此处省略。结果显示，中国出口企业的相关产品在遭到来自东亚和太平洋地区的技术性贸易壁垒时，会显著减少对于新市场的总出口数量、显著增加对于现有市场的总出口数量，即存在对现有市场的贸易偏转，当样本限制于幸存者时这一结果依然成立；在遭到来自欧洲和中亚地区的技术性贸易壁垒时，会显著减少对于现有市场的总出口数量，当样本限制于幸存者时这一结果依然成立；在遭到来自南亚地区的技术性贸易壁垒时，会显著增加对于新市场的总出口数量，即存在对新市场的贸易偏转，当样本限制于幸存者时这一结果依然成立。

表6-9则对于新旧市场的经济发展程度进行了进一步区分。由于对于每个地区分别区分了全样本或幸存者，以及所有四类目的地偏转情况，故应有7×2×4共56列结果。由于篇幅限制，只显示核心解释变量（$TBTSTClag1$）显著时的结果15列，不显著的其他41列结果此处省略。结果显示，中国出口企业的相关产品在遭到来自东亚和太平洋地区的技术性贸易壁垒时，会显著减少对于新的非发达市场的总出口数量、显著增加对于现有发达市场的总出口数量，即存在对于现有发达市场的贸易偏转，当样本限制于幸存者时这一结果依然成立。表6-8相比表6-7的进一步发现在于，出现出口数量削减的新市场是发展中或转型经济体市场，而出现偏转增加的旧市场是发达经济体市场。表6-8的结果还显示，在遭到来自欧洲和中亚地区、北美地区的技术性贸易壁垒时，对于现有发达市场的总出口数量显著削减，当样本限制于幸存者时依然成立。来自北美地区的技术性贸易壁垒同时也会导致对于新非发达市场出口数量的显著削减；来自中东和北非地区的技术性贸易壁垒会导致对于现有发达市场的偏转显著增加；来自南亚地区的技术性贸易壁垒会导致对于新的发展中或转型经济体市场的偏转显著增加。

表6-9 异质性检验一：区分进口经济体地理区域（区别新旧市场与经济发展程度）

	(1)	(2)	(3)	(4)	(5)	(6)	(7)	(8)	(9)	(10)	(11)	(12)	(13)	(14)	(15)
样本类别					全样本							幸存者样本			
进口经济体所属地理区域	Rg1		Rg2		Rg4		Rg5	Rg6		Rg1	Rg2	Rg4		Rg5	Rg6
进口经济体所属市场类别	新非发达	旧发达	旧非发达	新发达	旧发达	新非发达	旧非发达	新非发达	新非发达	旧发达	旧非发达	旧发达	新非发达	旧非发达	新非发达
VARIABLES	lnRow2	lnRow3	lnRow4	lnRow1	lnRow3	lnRow2	lnRow2	lnRow2	lnRow2	lnRow3	lnRow4	lnRow3	lnRow3	lnRow4	lnRow2
β_1 $TBTSTClag1$	−0.169***	0.210***	−0.053**	0.114*	0.296**	−0.047***	−0.048***	0.156**	−0.220***	0.234***	−0.068**	0.368**	−0.045***	−0.050***	0.315***
	(0.054)	(0.062)	(0.023)	(0.066)	(0.115)	(0.015)	(0.018)	(0.067)	(0.057)	(0.088)	(0.028)	(0.157)	(0.016)	(0.019)	(0.101)
β_2 $lnSizelag1$	0.370***	−0.186***	−0.140***	0.430***	−0.188***	0.332***	−0.107***	0.457***	0.468***	−0.226***	−0.159***	−0.207***	0.362***	−0.120***	0.541***
	(0.008)	(0.005)	(0.004)	(0.009)	(0.007)	(0.010)	(0.004)	(0.007)	(0.009)	(0.009)	(0.007)	(0.024)	(0.009)	(0.007)	(0.019)
β_3 $lnGDPim$	0.258***	0.194***	−0.171***	−0.016	0.050*	−0.485	−0.443	−0.518***	0.322***	0.277***	−0.147***	0.193***	−0.633	−0.468	−0.408**
	(0.025)	(0.026)	(0.022)	(0.026)	(0.026)	(0.348)	(0.356)	(0.088)	(0.046)	(0.051)	(0.032)	(0.074)	(0.445)	(0.477)	(0.167)
常数项	0.788**	8.827***	13.30***	3.759***	11.20***	12.04**	17.10**	9.735***	−1.376**	8.469***	13.36***	9.791***	13.96**	17.76**	7.611***
	(0.332)	(0.356)	(0.307)	(0.359)	(0.320)	(5.412)	(5.580)	(1.100)	(0.643)	(0.699)	(0.459)	(1.055)	(7.001)	(7.537)	(2.042)

续表

	(1)	(2)	(3)	(4)	(5)	(6)	(7)	(8)	(9)	(10)	(11)	(12)	(13)	(14)	(15)
样本量	3972980	4611414	6681896	1505584	1969526	1157826	1343863	573004	1525891	1293824	2830545	318633	804000	763233	161241
R^2	0.872	0.754	0.795	0.907	0.794	0.864	0.769	0.916	0.879	0.723	0.774	0.760	0.868	0.751	0.934
企业—产品HS6固定效应	是	是	是	是	是	是	是	是	是	是	是	是	是	是	是
年份固定效应	是	是	是	是	是	是	是	是	是	是	是	是	是	是	是
目的地固定效应	是	是	是	是	是	是	是	是	是	是	是	是	是	是	是

注：(1) ***、**与*分别表示估计的系数在1%、5%与10%的水平上显著；括号中为聚类稳健标准误，聚类在"产品HS6—目的地"层面；lag数字代表滞后期数；进口经济体地理区域为Rg1、Rg2、Rg3、Rg4、Rg5、Rg6、Rg7。

二 区分企业所有制类型

在本小节中，笔者基于中国海关数据中记录的出口企业的所有制类别进行了分样本回归。企业所有制类别的数据清理标准与过程与前文第五章相关异质性检验章节一致。表6-10的结果显示：不同所有制企业的某种细分产品受到上一期某个目的地经济体的技术性贸易壁垒冲击时，是否退出该细分市场的不同决策者的贸易偏转效应有所不同。其中，私营、外资、中外合资、中外合作、个体所有制类型的样本均表现出了与基准模型相似的结果，即当上一期遭遇技术性贸易壁垒时，当期选择留在该市场中的企业对于该细分产品类别对其他贸易伙伴的出口数量显著减少（β_1 显著为负）；而当期选择退出该市场的企业对于该细分产品类别对其他贸易伙伴的出口数量显著增加（$\beta_2 + \beta_3$ 的联合显著性检验结果显著为正），即存在贸易偏转效应。我们还发现，当期已经退出没有遭到技术性贸易壁垒的产品细分市场的企业，该产品对于其他贸易伙伴的出口规模也较小［列（1）—列（4）的 β_2 显著为负］，一定程度上反映了市场本身的优胜劣汰机制，并且支撑了技术性贸易壁垒异于市场原有机制的贸易偏转效应（$\beta_2 + \beta_3$ 的联合显著性检验结果显著为正）。

国有企业和集体企业没有展现出上述技术性贸易壁垒引发的贸易偏转效应。结合前文第五章结果分析，说明国有企业和集体企业在遭受技术性贸易壁垒后，在广延边际层面倾向于退出细分市场；国有企业在集约边际层面存在幸存者出口数量显著削减、新进入者也没有增加出口数量的情况，而且在此处第六章的研究中发现其不存在贸易偏转效应。这可能是由于国有企业和集体企业受到政府影响较大，其贸易偏转行为相对于具有外资性质和私营资本性质的企业而言相比不灵活，故在遭受发达国家的技术性贸易壁垒时呈现了多方面的贸易阻碍效应，但又并不进行贸易偏转。

表 6—10 异质性检验二：区分企业所有制类型

样本企业所有制类别		私营		中外合资		外资		中外合作		个体		国有		集体		其他	
	VARIABLES	(1) lnRow	(2) lnRow	(3) lnRow	(4) lnRow	(5) lnRow	(6) lnRow	(7) lnRow	(8) lnRow	(9) lnRow	(10) lnRow	(11) lnRow	(12) lnRow	(13) lnRow	(14) lnRow	(15) lnRow	(16) lnRow
β_1	TBTSTClag1	-0.214*** (0.025)	-0.168*** (0.022)	-0.094*** (0.026)	-0.038* (0.021)	-0.207*** (0.037)	-0.083*** (0.028)	0.018 (0.047)	0.054 (0.043)	-0.588*** (0.168)	-0.498*** (0.166)	-0.066*** (0.017)	-0.028* (0.015)	-0.077*** (0.024)	-0.037* (0.022)	0.462* (0.250)	0.130 (0.218)
β_2	Exit	-0.042*** (0.010)	-0.058*** (0.011)	-0.103*** (0.010)	-0.119*** (0.010)	-0.034*** (0.012)	-0.052*** (0.012)	-0.063*** (0.018)	-0.085*** (0.018)	-0.030 (0.032)	-0.057* (0.033)	-0.124*** (0.007)	-0.141*** (0.007)	-0.156*** (0.009)	-0.172*** (0.009)	-0.153 (0.117)	-0.282** (0.116)
β_3	TBTSTClag1 × Exit	0.288*** (0.026)	0.297*** (0.027)	0.287*** (0.039)	0.271*** (0.038)	0.345*** (0.048)	0.326*** (0.047)	0.338*** (0.079)	0.319*** (0.078)	0.463*** (0.179)	0.475*** (0.179)	0.154*** (0.025)	0.140*** (0.025)	0.196*** (0.040)	0.192*** (0.040)	-0.0277 (0.251)	-0.137 (0.221)
β_4	lnSizelag1	0.144*** (0.015)	0.146*** (0.015)	0.425*** (0.011)	0.425*** (0.010)	0.380*** (0.007)	0.378*** (0.007)	0.472*** (0.021)	0.469*** (0.021)	-0.329*** (0.062)	-0.325*** (0.062)	0.440*** (0.008)	0.438*** (0.008)	0.484*** (0.017)	0.483*** (0.017)	0.0124 (0.231)	-0.0117 (0.193)
β_5	lnGDPim	-0.039*** (0.001)	0.234*** (0.041)	-0.079*** (0.002)	0.122** (0.061)	-0.096*** (0.002)	0.098*** (0.038)	-0.088*** (0.004)	0.213** (0.087)	-0.018*** (0.002)	-0.973*** (0.218)	-0.056*** (0.001)	0.021 (0.03)	-0.060*** (0.002)	0.186*** (0.060)	-0.013 (0.010)	0.744 (0.497)
β_6	lnDist	0.080*** (0.003)		0.112*** (0.006)		0.081*** (0.005)		0.081*** (0.012)		0.018 (0.015)		0.076*** (0.003)		0.073*** (0.005)		0.087 (0.059)	
β_7	Contig	-0.070*** (0.005)		0.004 (0.009)		-0.067*** (0.007)		-0.063*** (0.014)		-0.075*** (0.028)		-0.067*** (0.004)		-0.047*** (0.007)		-0.167* (0.098)	

第六章 技术性贸易壁垒对中国出口企业贸易偏转行为的影响 215

续表

		(1)	(2)	(3)	(4)	(5)	(6)	(7)	(8)	(9)	(10)	(11)	(12)	(13)	(14)	(15)	(16)
β_8	Comlang	-0.168*** (0.012)		-0.094*** (0.010)		-0.232*** (0.008)		-0.231*** (0.019)		-0.160*** (0.04)		-0.145*** (0.006)		-0.145*** (0.009)		-0.0375 (0.086)	
β_9	Colony	0.061 (0.047)		-0.056 (0.052)		0.164** (0.065)		-0.486* (0.281)		0.583*** (0.064)		-0.159*** (0.055)		-0.181 (0.120)		—	-0.954 (6.786)
	常数项	8.091*** (0.228)	5.135*** (0.560)	4.846*** (0.176)	3.137*** (0.907)	5.802*** (0.135)	3.875*** (0.520)	4.754*** (0.338)	1.433 (1.241)	14.40*** (0.926)	27.39*** (3.139)	3.164*** (0.156)	2.839*** (0.508)	3.231*** (0.297)	0.634 (0.916)	6.784* (3.449)	2035
	样本量	6305727	6305727	1689915	1689915	2777614	2777614	247181	247180	54977	54967	5857893	5857893	1134713	1134712	2049	2035
	R^2	0.879	0.879	0.884	0.885	0.881	0.882	0.866	0.868	0.885	0.886	0.843	0.844	0.848	0.849	0.929	0.937
	企业—产品HS6 固定效应	是	是	是	是	是	是	是	是	是	是	是	是	是	是	是	是
	年份固定效应	是	是	是	是	是	是	是	是	是	是	是	是	是	是	是	是
	目的地固定效应	否	是	否	是	否	是	否	是	否	是	否	是	否	是	否	是
	联合显著性检验 $\beta_2 + \beta_3$	0.246***	0.239***	0.184***	0.152***	0.311***	0.274***	0.275***	0.234***	0.433**	0.418**	0.030	-0.0008	0.040	0.020	-0.180	-0.419*

注：(1) ***、**与*分别表示估计的系数在1%、5%与10%的水平上显著；括号中为聚类稳健标准误，聚类在"产品HS6—目的地"层面；lag数字代表滞后期数。

三 区分企业生产方式类型

在本小节中，笔者基于企业是否从事直接生产，将样本分为了直接生产商和贸易中间商两类。对于这一类别的区分操作参照了大部分贸易领域文献的处理方法，即根据出口企业的企业名称中是否包含"贸易""进出口"等代表贸易中间商特征的词汇。表6-11的结果显示，技术性贸易壁垒对于直接生产商和贸易中间商的作用与基准模型一致：对于遭受技术性贸易壁垒的企业—产品组合，退出相关细分市场的个体展现出了显著的贸易偏转效应（$\beta_2 + \beta_3$ 的联合显著性检验结果显著为正）。

表6-11　　异质性检验3：区分直接出口商和贸易中间商

β	VARIABLES	(1)	(2)	(3)	(4)
		\multicolumn{4}{c}{lnRow}			
	样本企业生产方式类别	直接生产商		贸易中间商	
β_1	TBTSTClag1	-0.143***	-0.077***	-0.125***	-0.081***
		(0.021)	(0.015)	(0.022)	(0.019)
β_2	Exit	-0.082***	-0.099***	-0.097***	-0.113***
		(0.007)	(0.007)	(0.009)	(0.009)
β_3	TBTSTClag1 × Exit	0.241***	0.226***	0.224***	0.222***
		(0.025)	(0.025)	(0.025)	(0.025)
β_4	lnSizelag1	0.367***	0.366***	0.185***	0.186***
		(0.006)	(0.006)	(0.016)	(0.016)
β_5	lnGDPim	-0.069***	0.149***	-0.046***	-0.061**
		(0.001)	(0.036)	(0.001)	(0.027)
β_6	lnDist	0.083***		0.088***	
		(0.004)		(0.004)	
β_7	Contig	-0.058***		-0.058***	
		(0.005)		(0.005)	

续表

		（1）	（2）	（3）	（4）
β_8	Comlang	-0.167*** (0.007)		-0.160*** (0.008)	
β_9	Colony	0.017 (0.032)		-0.132** (0.053)	
	常数项	5.494*** (0.106)	3.299*** (0.511)	7.353*** (0.276)	8.305*** (0.471)
	样本量	9784953	9784953	8290950	8290950
	R^2	0.881	0.882	0.844	0.845
	企业—产品HS6固定效应	是	是	是	是
	年份固定效应	是	是	是	是
	目的地固定效应	否	是	否	是
	联合显著性检验 $\beta_2 + \beta_3$	0.159***	0.126***	0.127***	0.109***

注：（1）***、**与*分别表示估计的系数在1%、5%与10%的水平上显著；括号中为聚类稳健标准误，聚类在"产品HS6—目的地"层面；lag数字代表滞后期数。

四 区分目的地经济体经济发展程度

在本小节中，笔者对于目的地经济体的经济发展程度以分组回归的形式进行区分。表6-12的检验结果与基准模型中以虚拟变量形式区分目的地经济体经济发展程度的结果一致。上一期来自发达经济体的技术性贸易壁垒对于中国出口企业—产品组合的贸易偏转效应对于当期在位者并不显著，同时导致其减少对于其他现有贸易伙伴的出口数量。上一期来自发展中或转型经济体的技术性贸易壁垒对于中国出口企业—产品组合带来了连带的贸易阻碍效应，尤其是阻碍了对于新市场的出口。

表 6-12 异质性检验四：区分目的地经济发展程度

	(1)	(2)	(3)	(4)	(5)	(6)	(7)	(8)	(9)	(10)	(11)	(12)	(13)	(14)
Sample	Developed			Developing			Developed				Developing			
VARIABLES	lnRow	lnNewRow	lnPreRow	lnRow	lnNewRow	lnPreRow	lnRow1	lnRow2	lnRow3	lnRow4	lnRow1	lnRow2	lnRow3	lnRow4
β_1 TBTSTClag1	-0.021	-0.009	-0.020	-0.085 ***	-0.135 ***	0.001	0.022	-0.021 *	-0.005	-0.036 ***	-0.071 **	-0.116 **	0.135 ***	-0.032
	(0.013)	(0.015)	(0.013)	(0.031)	(0.036)	(0.035)	(0.016)	(0.012)	(0.016)	(0.013)	(0.029)	(0.049)	(0.044)	(0.039)
β_2 lnSizelag1	0.172 ***	0.431 ***	-0.190 ***	0.148 ***	0.447 ***	-0.158 ***	0.398 ***	0.381 ***	-0.243 ***	-0.126 ***	0.418 ***	0.407 ***	-0.186 ***	-0.149 ***
	(0.004)	(0.005)	(0.004)	(0.005)	(0.006)	(0.004)	(0.005)	(0.008)	(0.004)	(0.004)	(0.008)	(0.008)	(0.006)	(0.004)
β_3 lnGDPim	-0.043 **	0.075 ***	-0.112 ***	0.079 ***	0.043 ***	0.177 ***	0.041 ***	0.132 ***	-0.089 ***	-0.133 ***	0.065 ***	0.019	0.138 ***	0.106 ***
	(0.017)	(0.018)	(0.016)	(0.013)	(0.015)	(0.012)	(0.020)	(0.019)	(0.020)	(0.016)	(0.017)	(0.014)	(0.015)	(0.012)
常数项	8.498 ***	2.798 ***	13.750 ***	7.406 ***	3.205 ***	9.725 ***	3.490 ***	1.894 ***	13.64 ***	12.50 ***	2.882 ***	3.564 ***	9.821 ***	10.09 ***
	(0.250)	(0.264)	(0.244)	(0.170)	(0.202)	(0.160)	(0.291)	(0.274)	(0.298)	(0.241)	(0.270)	(0.215)	(0.198)	(0.156)
样本量	14738377	11085780	13096126	15464089	10566234	14054125	9689287	7583704	11360886	9372000	7632208	8858278	9629407	1205518
R^2	0.871	0.864	0.759	0.906	0.903	0.828	0.844	0.880	0.709	0.792	0.904	0.885	0.790	0.824
企业—产品 HS6 固定效应	是	是	是	是	是	是	是	是	是	是	是	是	是	是
年份固定效应	是	是	是	是	是	是	是	是	是	是	是	是	是	是
目的地固定效应	是	是	是	是	是	是	是	是	是	是	是	是	是	是

注：(1) ***、** 与 * 分别表示估计的系数在 1%、5% 与 10% 的水平上显著；括号中为聚类稳健标准误，聚类在 "产品 HS6—目的地" 层面；lag 数字代表滞后期数。

第五节　稳健性检验：使用贸易方式 为一般贸易的样本

由于加工贸易具有"两头在外"的特征，对于生产过程的影响相对较弱，因此笔者在本小节基于根据企业出口交易所选择的贸易方式类型，聚焦一般贸易方式出口的企业样本进行稳健性检验。中国海关数据的出口交易数据中含有出口企业每一笔出口交易所对应的贸易方式类别代码。其中，一般贸易的贸易方式代码为10，加工贸易的贸易方式代码为0。

表6-13展现了从事一般贸易出口的样本企业在遭受技术性贸易壁垒影响下所呈现的市场偏转市场多样性。该稳健性检验结果与基准模型结果十分相似：核心解释变量显著为正。有趣的差异是，企业生产能力（上一期全球出口总额）代理变量显著为负，意味着上一期出口能力越强的一般贸易企业在当期的出口目的地越集中。

表6-13　稳健性检验：一般贸易样本贸易偏转的市场多样性

VARIABLES	(1) Cnum	(2) NewCnum	(3) lnCnum	(4) lnNewCnum
$TBTSTCnumlag1$	0.464*** (0.064)	0.231*** (0.027)		
$TBTSdummylag1$			0.181*** (0.005)	0.0607*** (0.006)
$lnSizelag1$	-0.019*** (0.003)	-0.003* (0.002)	-0.004*** (0.0005)	-0.004*** (0.0007)

续表

	(1)	(2)	(3)	(4)
常数项	3.183***	1.230***	0.670***	0.613***
	(0.036)	(0.026)	(0.006)	(0.009)
样本量	2015399	2015399	2015399	752101
R^2	0.809	0.795	0.759	0.817
企业—产品 HS6 固定效应	是	是	是	是
年份固定效应	是	是	是	是

注：(1) ***、**与*分别表示估计的系数在1%、5%与10%的水平上显著；括号中为聚类稳健标准误，聚类在"产品 HS6—目的地"层面；lag 数字代表滞后期数。

表6-14 展现了一般贸易样本贸易偏转的数量规模效应。结果也与全样本结果十分相似：来自发展中或转型经济体的技术性贸易壁垒会导致该细分产品对于其他贸易伙伴的出口数量显著减少，其中尤其是对于新市场的出口数量显著减少，如列（5）所示；来自发达经济体的技术性贸易壁垒会导致该细分产品对于其他贸易伙伴的出口总数显著减少，但其中是对于现有市场的出口数量显著减少，如列（6）所示。

表6-14　稳健性检验：一般贸易样本贸易偏转的数量规模
（区别新旧市场）

β	VARIABLES	(1) lnRow	(2) lnNewRow	(3) lnPreRow	(4) lnRow	(5) lnNewRow	(6) lnPreRow
β_1	TBTSTClag1	-0.068***	-0.037	-0.051**	-0.175**	-0.221**	0.052
		(0.017)	(0.024)	(0.022)	(0.077)	(0.105)	(0.049)
β_2	TBTSTClag1 × Developed				0.111	0.192*	-0.106**
					(0.079)	(0.105)	(0.054)

续表

		(1)	(2)	(3)	(4)	(5)	(6)
β_3	ln$Sizelag$1	-0.016***	-0.019***	-0.009***	-0.016***	-0.019***	-0.009***
		(0.002)	(0.003)	(0.003)	(0.002)	(0.003)	(0.003)
β_4	ln$GDPim$	0.095***	0.238***	0.093***	0.095***	0.239***	0.092***
		(0.022)	(0.030)	(0.023)	(0.022)	(0.030)	(0.023)
	常数项	9.174***	7.778***	8.056***	9.170***	7.770***	8.060***
		(0.290)	(0.381)	(0.296)	(0.291)	(0.381)	(0.296)
	样本量	5766191	3454175	5259861	5766191	3454175	5259861
	R^2	0.882	0.865	0.822	0.882	0.865	0.822
	企业—产品 HS6 固定效应	是	是	是	是	是	是
	年份固定效应	是	是	是	是	是	是
	目的地固定效应	是	是	是	是	是	是
	联合显著性检验 $\beta_1 + \beta_2$	—	—	—	-0.064***	-0.030	-0.054**

注：(1) ***、**与*分别表示估计的系数在1%、5%与10%的水平上显著；括号中为聚类稳健标准误，聚类在"产品 HS6—目的地"层面；lag 数字代表滞后期数。

进一步区分出口目的地新旧市场的经济发展程度，表6-15展现了将企业出口产品遭受了哪类经济体的技术性贸易壁垒、之后偏转去了哪类经济体、偏转量是多少结合在一起进行的"来龙去脉"的综合分析。结果显示：技术性贸易壁垒导致中国企业—产品对于其他现有发达经济体市场的出口数量显著减少，如列（4）所示。

表 6-15　稳健性检验：一般贸易样本贸易偏转的数量规模（区别新旧市场与经济发展程度）

		(1)	(2)	(3)	(4)	(5)	(6)	(7)	(8)
	进口经济体所属市场类别	新发达	新非发达	旧发达	旧非发达	新发达	新非发达	旧发达	旧非发达
	VARIABLES	lnRow1	lnRow2	lnRow3	lnRow4	lnRow1	lnRow2	lnRow3	lnRow4
β_1	TBTSTClag1	0.036 (0.024)	-0.020 (0.019)	-0.0001 (0.027)	-0.063** (0.028)	0.094 (0.065)	-0.291* (0.166)	0.084 (0.061)	-0.009 (0.059)
β_2	TBTSTClag1 × Developed					-0.060 (0.072)	0.283* (0.167)	-0.086 (0.060)	-0.056 (0.070)
β_3	lnSizelag1	-0.015*** (0.004)	-0.021*** (0.005)	-0.009* (0.005)	-0.011*** (0.004)	-0.015*** (0.004)	-0.021*** (0.005)	-0.009* (0.005)	-0.011*** (0.004)
β_4	lnGDPim	-0.187*** (0.033)	0.547*** (0.041)	0.188*** (0.027)	0.012 (0.027)	-0.187*** (0.033)	0.548*** (0.041)	0.188*** (0.027)	0.012 (0.027)
	常数项	12.94*** (0.436)	3.297*** (0.523)	6.096*** (0.351)	8.836*** (0.350)	12.94*** (0.436)	3.289*** (0.523)	6.098*** (0.351)	8.838*** (0.349)
	样本量	2677721	2598282	3788063	4125421	2677721	2598282	3788063	4125421
	R^2	0.863	0.865	0.790	0.827	0.863	0.865	0.790	0.827
	企业一产品 HS6 固定效应	是	是	是	是	是	是	是	是
	年份固定效应	是	是	是	是	是	是	是	是
	目的地固定效应	是	是	是	是	是	是	是	是
	联合显著性检验 $\beta_1 + \beta_2$	—	—	—	—	0.034	-0.008	-0.002	-0.065

注：(1) ***、**、* 分别表示估计的系数在1%、5%与10%的水平上显著；括号中为聚类稳健标准误，聚类在"产品 HS6—目的地"层面；lag 数字代表滞后期数。

第六节　本章小结

在本章的理论模型小节，笔者主要基于进口国技术性贸易壁垒对于其贸易伙伴国家出口企业的固定成本和可变成本增加的角度来刻画其出口企业出口数量、出口价格、出口金额（收益）的影响，并探讨了其对于企业动态决策的影响和对于不同决策群体的影响。笔者同时根据技术性贸易壁垒这一"非歧视"特征所具备的难以规避的特性，探讨了其对于多市场出口企业在全球市场利润最大化目标下最优化市场组合的影响——产生贸易流向和流量的调整。在此基础上，笔者进一步通过引入现有伙伴和新伙伴的偏转成本差异，厘清了企业在遭受技术性贸易壁垒情况下选择偏转的条件，以及选择向哪类市场偏转的条件。

进口国的技术性贸易壁垒会以增加固定成本和可变成本的方式导致出口企业的相关产品出口数量减少、价格上升、收益下降，并引发原本产品专业化生产程度"达标"的企业被迫退出市场，成为"新退出者"。然而与此同时，技术性贸易壁垒相当于提高了企业出口至这一国家—产品细分市场的产品专业化生产能力门槛，使得相应市场中新进入者的产品生产专业化能力相对提高，幸存者的产品专业化生产能力相对提高，退出者中受到技术性贸易壁垒的新退出者也会展现出比原有退出者相对更高的产品专业化生产能力。由于多产品、多市场企业追求的是全球市场的利润最大化，所以在这一部分因技术性贸易壁垒而退出的新退出者中，可能并不是因为企业整体生产能力弱而退出的，只是因为企业因面临一种产品的技术性贸易壁垒而调整在全球的市场组合。因此就会存在贸易偏转行为，如果偏转行为对于偏向现有贸易伙伴和寻找新贸易伙伴的成本是不同的，就会导致综合收益更高的企业有能力选择开拓新的出口市场，而收益相对较弱的企业选择偏转向现有的贸易伙伴，当然如果收益更弱的企业可能甚至并不产生偏转。

在本章的实证分析小节，笔者基于中国海关出口企业数据和 TBT – STC 案例数据，检验了技术性贸易壁垒对于中国企业产品出口所产生的贸易偏转方向、数量规模的影响及其与退出原壁垒市场决策是否相关。在基准模型的基础之上，进一步对于企业所有制结构、出口贸易方式类型、是否直接从事生产、目的地经济发展程度等角度展开了充分的稳健性检验，以加深研究结论的稳健性。

在贸易偏转方向方面，综合生产能力更强（即全球出口总额更大）的企业表现出更多的出口目的地数量，而技术性贸易壁垒也导致了企业目的地市场种类的多样化。其中，来自发达经济体的技术性贸易壁垒会更加驱动中国出口企业寻找新的目的地市场。

在贸易偏转规模方面，企业在上一期的出口产品遭受技术性贸易壁垒后，当期对于其他贸易伙伴的出口总数量也会减少，看似驳斥了技术性贸易壁垒引发贸易偏转的论点。但是与集约边际的情况类似，这是由于上一期发达经济体所设置的技术性贸易壁垒对于当期出口市场中新进入者和幸存者的影响作用不同所导致的：由于上一期遭受技术性贸易壁垒的细分市场中企业数量显著减少，对于部分新进入者来说成为市场机遇，这些新进入者对于这些机遇市场的出口数量显著增加，因此这些新进入者很可能在全球组合的调整上将出口更加集中到了这些受到过技术性贸易壁垒冲击的机遇市场，随之呈现对于其他贸易伙伴出口总数量的减少。

进一步考虑遭受上一期技术性贸易壁垒而选择在当期退出细分市场的企业，引入退出市场决策虚拟变量的模型回归结果显示：当上一期遭遇来自发达经济体的技术性贸易壁垒时，当期选择留在市场中的企业相对于该细分产品类别对其他贸易伙伴的出口数量显著减少；而当期选择退出该市场的企业相对于留下的企业而言，表现出了对于该细分产品类别项下对其他贸易伙伴的出口数量的显著增加，即出现了退出原壁垒市场和偏转至其他伙伴市场的叠加效应。而且这一效应异于市场原有的退出机制特征。进一步区分企业所有制类型时，私营、外资、中外合资、中外合作、个体所有制类型的样本均表现出了与全样本相似的结果；而国有企业和集体所有制类型的样本却不显著。同时本研究发现，生产能力越强的企业对于其他贸易伙伴的偏转规模越大，且生产能力越强的企业对于新市场的偏转规模越大，而生产能力越低的企业对于现有市场的偏转规模越大。

总结如下，笔者根据技术性贸易壁垒自身的普适性所带来的难以通过"转出口"最终到达原有目的地以实现规避部分非关税壁垒（例如反倾销）的特点，结合企业异质性、产品质量衡量、多产品决策、多市场决策的理论，综合地构建了系统的理论框架，一定程度上弥补了现有文献相对缺少的技术性贸易壁垒方面理论研究的空白，这是本研究重要的贡献之一。与此同时，本章的相关实证结果进一步拓展了第四章企业出口二元边际的结果，揭示了来自发达经济体的技术性贸易壁垒对于异质性决策个体的差异化影响：首先，发达经济体在上一期的技术性贸易壁垒导致细分市场竞争程度降低，吸引了部分更有能力的新进入者，而这些新进入者不仅在当期增加了出口数量，而且在全球范围内的市场组合也更加集中于这些目标市场，即细分产品在当期表现出对于其他贸易伙伴出口数量的显著减少。其次，对于幸存者来说，遭遇技术性贸易壁垒使得相应细分产品对于原壁垒市场的出口数量减少，但是这些选择留下的个体不存在显著的贸易偏转效应。最后，发达经济体在上一期的技术性贸易壁垒导致企业倾向于退出细分市场，而且对于选择退出的企业来说，在退出后表现出了显著的贸易偏转效应，对于其他贸易伙伴的出口数量的显著增加。

第七章

引入壁垒宣布、生效、适用时点的拓展性研究

不同时点、不同对象的 TBT-STC 影响一样吗？在中国的贸易伙伴中，美国是中国提出 STC 表示异议的重要 TBT 来源对象，然而基于美国所提出的 TBT，也有其他 WTO 成员以 STC 形式提出异议。如果一项美国提出的 TBT 遭到了其他 WTO 成员的 STC，但中国却不是 STC 的成员之一，是否意味着相对于 STC 异议成员，中国并没有受到相关技术性贸易壁垒的冲击，或者甚至有可能从中获得商机？与此同时，并非所有的技术性贸易壁垒都会最终实施，而且从相关措施通过 WTO 平台公开通报到具体措施正式生效，中间往往存在一个时间间隔，这个不确定性是否会影响出口商的决策？

在这一章节，我们以美国于 2000—2010 年所提出的所有 TBT 通报为例，探究了不同实施时间节点上的对华技术性贸易壁垒冲击对于中国企业所产生的影响，并且深入讨论了 STC 提出方是否包含中国对于出口企业所产生的差异化市场表现影响。

本章与第三章至第六章双边层面研究的主要区别和重要性在于：（1）在前述章节中，中国与所有 WTO 成员的双边层面研究难以追踪所有案例的最终实施情况。然而，以美国这一具体出口目的地为对象则可以追踪相关案例是否最终实施及确切的实施时间。（2）在前

述章节中，双边研究侧重于观察具有中国 STC 异议的其他成员的技术性贸易壁垒对于中国出口的影响，但没有考虑进口市场中的第三方竞争者。然而，以美国这一具体出口目的地为对象，可以通过美国提出的遭到第三方 STC 异议的 TBT 对于中国出口商的影响，侧面反映出"对象不同"的壁垒在不同出口来源地竞争者之间的差异化影响。

第一节　美国对华技术性贸易壁垒影响中国企业出口表现的计量模型设定

一　三重差分（DDD）模型的推导说明

DDD 模型是在 DID 模型的基础之上增加了一层控制组。一个一般形式的 DDD 模型可以写作：

$$Y_{ipt} = \beta_0 + \beta_1 F_p \times D_i \times T_t$$
$$+ \beta_2 F_p \times D_i + \beta_3 D_i \times T_t + \beta_4 F_p \times T_t$$
$$+ \beta_5 F_p + \beta_6 D_i + \beta_7 T_t + \varepsilon_{ipt}$$

$$T_t = \begin{cases} 1, & \text{After} \\ 0, & \text{Before} \end{cases}$$

$$D_i = \begin{cases} 1, & \text{DID Treated Group} \\ 0, & \text{DID Control Group} \end{cases}$$

$$F_p = \begin{cases} 1, & \text{DDD Treated Group} \\ 0, & \text{DDD Control Group} \end{cases}$$

但实际操作中，研究者们会加入各种固定效应，因此更为常见的 DDD 模型表述形式为：

$$Y_{ipt} = \beta_0 + \beta_1 F_p \times D_i \times T_t$$

$$+ \beta_2 F_p \times D_i + \beta_3 D_i \times T_t + \beta_4 F_p \times T_t$$
$$+ FE\_F_p + FE\_D_i + FE\_T_t + \varepsilon_{ipt}$$

$$T_t = \begin{cases} 1, & \text{After} \\ 0, & \text{Before} \end{cases}$$

$$D_i = \begin{cases} 1, & \text{DID Treated Group} \\ 0, & \text{DID Control Group} \end{cases}$$

$$F_p = \begin{cases} 1, & \text{DDD Treated Group} \\ 0, & \text{DDD Control Group} \end{cases}$$

DDD 模型中只要求"零条件均值假设"成立，即 $E[\varepsilon_{ipt} \mid F_p \times D_i \times T_t] = 0$，若此次条件满足，则基于可观测数据所衡量的差分估计量 τ_{diff} 就是 τ_{ATE} 的一致估计量，即 $\hat{\tau}_{diff} \xrightarrow{P} \tau_{ATE}$

DDD 模型并不要求"平行趋势假设"，相应的估计值含义如下表 7-1 所示。

表 7-1　　　　　　　　DDD 模型的估计值解释

F_p	D_i	$T_t = 0$	$T_t = 1$	DID	DDD
$F_p = 1$	$D_i = 1$	$\beta_0 + \beta_2$	$\beta_0 + \beta_1 + \beta_2 + \beta_3 + \beta_4$	$\beta_1 + \beta_3$	β_1
	$D_i = 0$	β_0	$\beta_0 + \beta_4$		
$F_p = 0$	$D_i = 1$	β_0	$\beta_0 + \beta_3$	β_3	
	$D_i = 0$	β_0	β_0		

资料来源：笔者整理所得。

在这一章节使用 DDD 方法的目的主要是为了衡量美国设置的技术性贸易壁垒对于中国产品层面和企业层面出口至美国市场及世界其他市场的影响差异。假设将进口国实施技术性贸易壁垒的时间前后设为 Post 变量，在事前取值为 0，事发生当年及之后的时间段均取值为 1；将是否受到进口国技术性贸易壁垒的处理状态分

为处理组和控制组，用 Treated 变量，处理组取值为 1，控制组取值为 0，即

$$Post_t = \begin{cases} 1, & \text{After} \\ 0, & \text{Before} \end{cases}$$

$$Treated_p = \begin{cases} 1, & \text{Treated Group} \\ 0, & \text{Control Group} \end{cases}$$

$$USA_d = \begin{cases} 1, & \text{Export to USA} \\ 0, & \text{Do Not Export to USA} \end{cases}$$

我们所关注的政策影响效应 τ_{ATT} 就可以通过如下变换得到：

$$\begin{aligned}\tau_{ATT} &= E[\tau_{pdt} \mid USA_d = 1, Treated_p = 1, Post_t = 1] \\ &= \{[\bar{y}(1,1,1) - \bar{y}(1,1,0)] - [\bar{y}(1,0,1) - \bar{y}(1,0,0)]\} \\ &\quad - \{[\bar{y}(0,1,1) - \bar{y}(0,1,0)] - [\bar{y}(0,0,1) - \bar{y}(0,0,0)]\}\end{aligned}$$

二 指标与模型构建

在本章节，笔者基于 DDD 模型检验了美国对华技术性贸易壁垒对中国企业出口表现（包括出口金额价值、数量和价格）的影响。DDD 模型是对 DID 模型的进一步扩展，在双重差分的基础之上增加了一层对照组。本章节以企业对世界其他地区产品的总出口规模（金额价值或数量）作为对美国同一维度出口表现变量的对照组。具体而言，对以下基准模型进行定量估计，如式（7-1）所示：

$$\begin{aligned}\ln y_{ipdt} &= \beta_0 + \beta_1 USA_d + \beta_2 TBTSTC_{pt} + \beta_3 USA_d \times TBTSTC_{pt} \\ &\quad + \beta_4 TBTSTC_{pt} \times China_{pt} + \beta_5 USA_d \times TBTSTC_{pt} \times China_{pt} \\ &\quad + \beta_6 \ln Expttl_{it-1} + \beta_i + \beta_p + \beta_{hs2t} + \varepsilon_{ipdt}\end{aligned}$$

$$TBTSTC_{pdt} = \begin{cases} 1, \text{如果产品 } p \text{ 在 } t \text{ 期受美国的技术性贸易壁垒覆盖} \\ 0, \text{其他} \end{cases}$$

$$USA_d = \begin{cases} 1, \text{如果目的地为美国} \\ 0, \text{其他} \end{cases}$$

$$China_{pt} = \begin{cases} 1, \text{如果中国对美国的该项 } TBT \text{ 提出了 } STC \\ 0, \text{如果中国没有对美国的该项 } TBT \text{ 提出 } STC \end{cases}$$

(7-1)

其中，i、p、t 和 d 分别代表企业、产品（HS-6位码维度）、出口年份和出口目的地国别。$\ln y_{ipdt}$ 是经过对数化处理的被解释变量，包括企业 i 在 t 年出口产品 p 到目的地国别 d（美国 USA 或世界其他地区 ROW）的出口金额价值、出口数量、出口单价。当出口目的地国别为美国 USA 时，虚拟变量 USA_d 的取值为 1，否则为 0。解释变量中的 $TBTSTC_{pt}$ 代表美国技术性贸易壁垒的类别，根据实施进展所处的时点，该类别包括通报提出时刻、通报生效时刻和通报正式适用时刻。与此同时，如果该美国技术性贸易壁垒后续遭到中国以 STC 形式表达异议，则变量 $China_{pt}$ 的取值为 1，若后续遭到其他除中国以外的 WTO 成员以 STC 形式表达异议，则变量 $China_{pt}$ 的取值为 0。此外，由于中国海关数据集不包含出口商的详细经营信息，我们使用企业在 $t-1$ 年对世界的出口总金额价值作为其在 t 年生产能力的代理变量，用 $\ln Expttl_{it-1}$ 来表示。β_i、β_p 和 β_{hs2t} 分别是企业、产品、行业—年份维度的固定效应，ε_{ipdt} 为聚类稳健的误差项。本章节对外部壁垒冲击可能存在的 partial-year bias 的处理参考 Bernard 等 (2017)[①]，调整具体冲击时间点在同一年月初或月底的差异。具体而言，如果冲击发生在 7—12 月，我们将时间点从 t 年提前到 $t+$

[①] Bernard, Andrew B., Esther A. Boler, Renzo Massari, Jose-Daniel Reyes and Daria Taglioni, "Exporter Dynamics and Partial-Year Effects", *American Economic Review*, Vol. 107, No. 10, 2017, pp. 3211-3228.

1年。

基准模型的回归估计系数含义主要包括以下三个方面的重要内容：第一，如果 $\beta_3 + \beta_5$ 的联合显著性检验出现显著为负的结果，则贸易阻碍效应成立，表明美国对华技术性贸易壁垒导致中国出口商的出口数量或出口金额价值显著减少。第二，如果 $\beta_2 + \beta_4$ 的联合显著性检验出现显著为正的结果，则贸易偏转效应成立，表明美国对华技术性贸易壁垒导致中国出口商向其他目的地的出口偏转，相应出口数量或出口金额价值显著增加。第三，如果 β_3 显著为正，则贸易创造效应成立，表明美国对其他 WTO 成员的技术性贸易壁垒导致中国出口商对相应美国市场的出口数量或出口金额价值显著增加。

三　数据说明

本章节的定量研究的数据来源主要包括以下两个数据集：第一个数据集是 2000—2010 年中国海关出口企业交易数据集，涵盖了不同贸易方式（例如加工贸易、一般贸易）、不同企业所有制（例如国有企业、外资企业、私营企业）、不同产品类型（海关 HS 编码）、出口目的地所属国、贸易数量和贸易金额价值等变量。由于在加工贸易体制下，中国出口商的原材料来自海外，其最终产品也流向于海外买家，对生产技术调整的决定作用相对较弱。因此，在本章节的回归样本中，只使用一般贸易方式的出口交易作为研究对象。第二个数据集是 WTO 技术性贸易壁垒通报和特别贸易关注案例资料和数据集，具体处理方法与第三章相似，但是本章节聚焦美国提出 TBT 通报的情况。简言之，回归样本中的每一个观察值都包含以下信息：（1）WTO 成员（中国或其他成员）针对美国的技术性贸易措施通报提出特别贸易关注的信息；（2）所涉产品的 HS 编码信息，清理至国际统一的 HS6 位码维度；（3）产品遭遇第一次 TBT 通报冲击的公布时点所在的年份；（4）美国政府机构官方网站（例如 Federal Register 网站）对于相关通报生效与正式适用日期的信息。

如表 7-2 所示，1996—2010 年，美国向 WTO 报告的技术性贸易措施通报中有 21 项后续遭到了其他 WTO 成员所提出的特别贸易关注，所涉产品类型非常广泛。从上述技术性贸易壁垒所记录的通报发布年份来看，2007—2009 年是美国技术性贸易壁垒出现频率最多的年份。尽管并非所有美国技术性贸易壁垒最终都会实施，但最终生效的案例仍然涵盖广泛的产品类型。尤其需要注意的是，美国所采取的技术性贸易壁垒中，但凡是对华技术性贸易壁垒（即中国以 STC 形式表达异议），少有后续取消的先例。换言之，绝大部分美国对华技术性贸易壁垒最终都会生效和适用，差异只在于生效和适用所需时间问题。

表 7-2　　美国 TBT-STC 案例情况一览（1996—2010 年）

年份	美国发布的 TBT 通报个数	其他 WTO 成员基于美国发布的 TBT 通报后续提出 STC 的情况			
		IMS 案例编码		所覆盖的产品类别数量（HS6 维度）	
		已宣布	已适用	已宣布	已适用
1996	36	#9，#10（随后取消）	—	182	—
1997	27	—	#9	—	178
1998	33	—	—	—	—
1999	46	—	—	—	—
2000	32	#42，#61	—	10	—
2001	14	#74，#80	—	24	—
2002	14	#91	#61	125	1
2003	26	#90	#90	480	605
2004	38	—	—	—	—
2005	72	#128，#140	—	62	—
2006	64	#150	—	6	—

续表

年份	美国发布的TBT通报个数	其他WTO成员基于美国发布的TBT通报后续提出STC的情况			
		IMS案例编码		所覆盖的产品类别数量（HS6维度）	
		已宣布	已适用	已宣布	已适用
2007	102	<u>#160</u>, <u>#172</u>, <u>#173</u>, #179	#74, #80, <u>#173</u>	612	336
2008	106	<u>#208</u>, #210, #211	<u>#172</u>	27	292
2009	71	<u>#248</u>	<u>#91</u>, <u>#128</u>	1	130
2010	97	<u>#262</u>, #284（随后取消）	#210, #211	781	24
总计	778	21	11	2310	1566
中国提出STC的情况	—	11	5	1298	1221

注：(1) STC提出方包括中国在内的案例用下划线表示，在11个中国提出STC的案例中，9个在样本时间段内已经生效；(2) 案例编号（#）是指WTO-STC通报系统中使用的每个案例唯一的IMS编码；(3) 基于美国当地法规（非基于TBT）的STC案例没有被包括在本章节的研究中，它们的IMS编码是（#43、#85、#106、#192、#209、#247、#257、#258、#268、#277、#278），剔除的原因是这些案例往往不针对具体的HS产品代码且起始时间难以确定。

资料来源：笔者经WTO-TBT通报数据库、WTO-STC数据库以及美国政府官方网站整理得到。

在时间点，即后文中模型设定所选取的滞后期数上，笔者是基于案例实际的通报—生效—适用日期（具体到年月日）所呈现的特征所选定的。经过笔者的计算，发现大多数美国技术性贸易壁垒会在第一次通报后的6—18个月内宣布生效，如图7-1和图7-2所示。其中，有一部分情况公布了过渡期，即在生效和正式适用的时点之间，符合新旧两种要求的产品都会被接受，但此类情况很少见，大多数情况下的生效时间和正式适用时间基本相近。

综上，回归所使用的变量含义及描述性统计情况如表7-3所示。

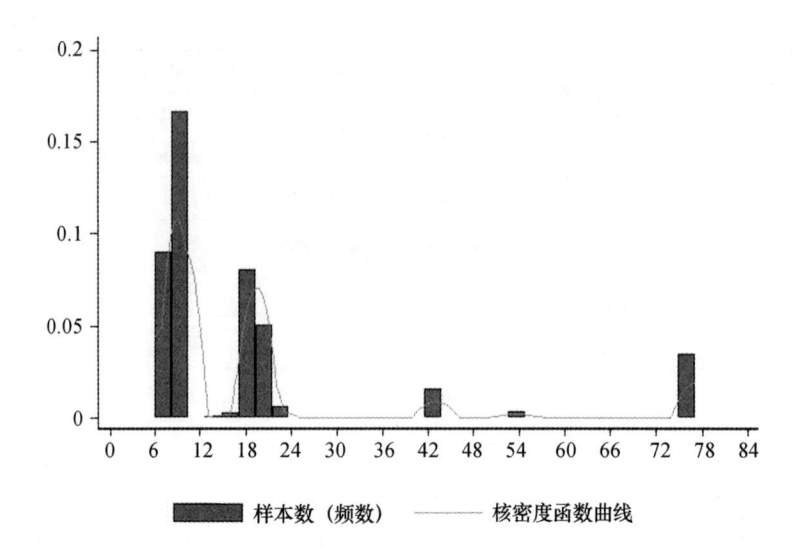

图 7-1 美国对华技术性贸易壁垒的通报—生效间隔（按月度）

资料来源：笔者经 WTO-TBT 通报数据库、WTO-STC 数据库以及美国政府官方网站整理计算得到。

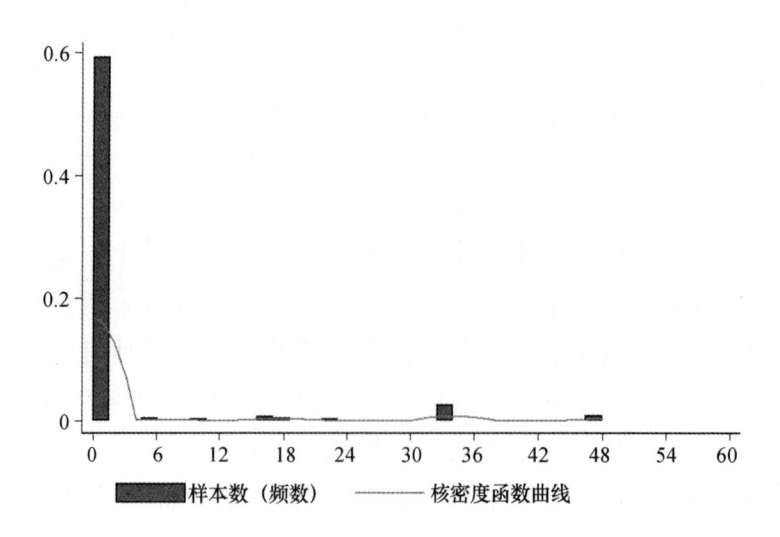

图 7-2 美国对华技术性贸易壁垒的生效—适用间隔（按月度）

资料来源：笔者经 WTO-TBT 通报数据库、WTO-STC 数据库以及美国政府官方网站整理计算得到。

表7-3　　　　　　　　基准回归主要变量的描述性统计表

	变量名称	变量含义（维度：企业—产品—目的地—年）	样本量	均值	最小值	最大值
壁垒通报冲击的回归样本	ln$Value$	出口金额（美元）的对数形式	18479863	9.16	0.69	21.96
	lnQty	出口数量（第一单位）的对数形式（剔除了出口数量小于1的观测值）	18214903	7.93	0.51	24.02
	ln$Price$	出口单价，由出口金额除以出口数量得到	18214903	1.8	0.00	18.79
	USA	虚拟变量，当出口目的地为美国时取1，其他取0	18479863	0.17	0	1
	TBTSTC	虚拟变量，当产品被壁垒通报冲击覆盖时的当年及后续年份取1，其他取0	18479863	0.15	0	1
	CHN	虚拟变量，相应美国技术性贸易壁垒所对应的STC提出方为中国时取1，其他取0	18479863	0.15	0	1
	ln$Expttl_lag$1	滞后1年的对数化企业对世界总出口金额	18479863	14.98	0.69	23.99
壁垒生效冲击的回归样本	ln$Value$	出口金额（美元）的对数形式	18479863	9.16	0.69	21.96
	lnQty	出口数量（第一单位）的对数形式（剔除了出口数量小于1的观测值）	18214903	7.93	0.51	24.02
	ln$Price$	出口单价，由出口金额除以出口数量得到	18214903	1.8	0.00	18.79
	USA	虚拟变量，当出口目的地为美国时取1，其他取0	18479863	0.17	0	1
	TBTSTC	虚拟变量，当产品被壁垒生效冲击覆盖时的当年及后续年份取1，其他取0	18479863	0.09	0	1

续表

变量名称		变量含义（维度：企业—产品—目的地—年）	样本量	均值	最小值	最大值
壁垒生效冲击的回归样本	CHN	虚拟变量，相应美国技术性贸易壁垒所对应的 STC 提出方为中国时取 1，其他取 0	18479863	0.08	0	1
	ln*Expttl_lag*1	滞后 1 年的对数化企业对世界总出口金额	18479863	14.98	0.69	23.99
壁垒正式适用冲击的回归样本	ln*Value*	出口金额（美元）的对数形式	18479863	9.16	0.69	21.96
	ln*Qty*	出口数量（第一单位）的对数形式（剔除了出口数量小于 1 的观测值）	18214903	7.93	0.51	24.02
	ln*Price*	出口单价，由出口金额除以出口数量得到	18214903	1.8	0.00	18.79
	USA	虚拟变量，当出口目的地为美国时取 1，其他取 0	18479863	0.17	0	1
	TBTSTC	虚拟变量，当产品被壁垒正式适用冲击覆盖时的当年及后续年份取 1，其他取 0	18479863	0.08	0	1
	CHN	虚拟变量，相应美国技术性贸易壁垒所对应的 STC 提出方为中国时取 1，其他取 0	18479863	0.08	0	1
	ln*Expttl_lag*1	滞后 1 年的对数化企业对世界总出口金额	18479863	14.98	0.69	23.99

资料来源：笔者计算得到。

第二节　美国对华技术性贸易壁垒影响中国企业出口表现的实证结果分析

本章的基准模型考察了美国技术性贸易壁垒对中国企业出口表现的影响，检验了外部贸易壁垒冲击所导致的贸易阻碍效应、贸易偏转效应和贸易创造效应。表7-4的结果显示，美国对华技术性贸易壁垒对中国企业出口的影响存在贸易阻碍效应和贸易偏转效应。与此同时，美国对其他国家的技术性贸易壁垒对中国企业出口的影响存在贸易创造效应。上述三种效应表现出了在时间上的动态特征，即在美方相关部门实施壁垒的不同阶段成立。

第一，列（1）至列（3）的结果表明，在美国对华技术性贸易壁垒通报宣布的影响下，中国企业对美出口金额、数量和价格没有呈现显著变化，表明该通报宣布冲击的贸易阻碍效应不显著。然而，列（4）至列（6）的结果表明，随着这些对华技术性贸易壁垒的正式适用，中国企业对美出口金额、出口价格的各自联合显著性检验结果显著为负，但对美出口数量的回归系数虽然为负却不显著。据此，对美出口金额显著为负的结果很可能是由于受冲击影响下产品价格大幅下降所导致的。具体而言，在保持其他变量不变前提下，受美国对华技术性贸易壁垒的正式适用的影响，中国企业对美出口金额下降约8.3%。

第二，列（1）至列（3）的结果也表明，在美国对华技术性贸易壁垒的通报宣布影响下，对于企业出口金额和数量回归的估计系数（β_3）均显著为正，表明该冲击导致中国企业对于除美国以外的世界其他地区的出口金额和数量显著增加，证明了美国对华技术性贸易壁垒通报冲击的贸易偏转效应。此外，美国对华技术性贸易壁垒正式适用后，对于世界其他地区的出口数量显著增加的贸易偏转效应仍然成立。具体而言，在保持其他变量不变前提下，受美国对华技术性贸易壁垒的通报宣布的影响，中国企业对世界其他地区的出口数量和价值将分别增加 31.4% 和 15.6%。

表 7-4　　基准模型回归结果

		(1)	(2)	(3)	(4)	(5)	(6)
	冲击时点类别	\multicolumn{3}{c}{通报宣布时点}	\multicolumn{3}{c}{正式适用时点}
	VARIABLES	ln$Value$	lnQty	ln$Price$	ln$Value$	lnQty	ln$Price$
β_1	USA	-0.142 ***	-0.237 ***	0.059 ***	-0.134 ***	-0.231 ***	0.062 ***
		(0.012)	(0.014)	(0.004)	(0.012)	(0.014)	(0.004)
β_2	TBTSTC	-0.384 **	0.017	-0.344 ***	-0.270	0.247	-0.431 **
		(0.179)	(0.160)	(0.132)	(0.178)	(0.220)	(0.186)
β_3	USA × TBTSTC	0.156 ***	0.314 ***	-0.083 ***	0.002	0.205 ***	-0.122 ***
		(0.037)	(0.061)	(0.032)	(0.054)	(0.071)	(0.025)
β_4	TBTSTC × CHN	0.530 ***	0.174	0.284 **	0.331 *	0.010	0.292
		(0.184)	(0.192)	(0.141)	(0.183)	(0.252)	(0.222)
β_5	USA × TBTSTC × CHN	-0.149 ***	-0.296 ***	0.083 **	-0.085	-0.225 ***	0.087 ***
		(0.041)	(0.064)	(0.032)	(0.055)	(0.072)	(0.025)
β_6	ln$Expttl\_lag1$	0.051 ***	0.047 ***	0.000	0.051 ***	0.047 ***	0.000
		(0.001)	(0.001)	(0.000)	(0.001)	(0.001)	(0.000)
	样本量	18479863	18214344	18214344	18479863	18214344	18214344
	R^2	0.332	0.461	0.746	0.332	0.461	0.746
	企业固定效应	是	是	是	是	是	是
	产品 HS6 固定效应	是	是	是	是	是	是
	行业—年份固定效应	是	是	是	是	是	是
	联合显著性检验：$\beta_3 + \beta_5$	0.007	0.018	0.0003	-0.083 ***	-0.019	-0.035 ***
	联合显著性检验：$\beta_2 + \beta_4$	0.146 ***	0.191 *	-0.059	0.060	0.257 **	-0.138

注：***、**与*分别表示估计的系数在 1%、5% 与 10% 的水平上显著；括号中为聚类稳健标准误，聚类在"产品 HS6"层面，模型均包括常数项，为结果表格呈现清晰而暂予省略。

第三，美国对其他国家的技术性贸易壁垒为中国出口企业创造了机会。列（1）至列（3）的结果同时表明，在美国对华技术性贸易壁垒的通报宣布影响下，对于企业出口金额和数量回归的估计系数 β_2 和 β_4 的联合显著性检验结果均显著为正，验证了贸易创造效应的存在。具体来说，自美国对其他国家的技术性贸易壁垒通报宣布以来，中国企业对美出口相应他国受冲击产品类别的数量增加了19.1%，价值增加了14.6%，这可能是通过从受美国技术性贸易壁垒负面影响的其他 WTO 成员获得其原本在美市场份额而实现的。

第三节 美国对华技术性贸易壁垒影响中国企业出口表现的异质性检验

一 基于企业所有制类别的异质性检验

本节研究了美国技术性贸易壁垒对不同中国所有制企业出口表现的影响，包括国有企业、私营企业、港澳台资和外资企业。表7-5的结果表明，国有企业是美国对华技术性贸易壁垒冲击的最大受害者，而私营企业可能会从中受益。

第一，美国对华技术性贸易壁垒对中国国有企业的贸易阻碍效应尤其严重。β_3 和 β_5 的联合显著性结果显示，自壁垒通报时点以来，国有企业对美国市场出口受壁垒冲击覆盖的产品出口金额、数量和价格均呈现显著下降。港澳台资和外资企业对美国市场出口受壁垒冲击覆盖的产品金额和数量也出现了显著下降。相比之下，基于私营企业样本的回归结果则显示，美国对华技术性贸易壁垒的通报冲击大大增加了所覆盖产品类别项下的私营企业对美出口金额和数量。

第二，美国对华技术性贸易壁垒对国有企业和私营企业存在贸易偏转效应，但对港澳台资和外资企业的影响则不显著。这可能是由于澳台资和外资企业的出口目的地组合可能受跨国公司整体战略布局的影响，因此在其他国家的出口安排不受某个特定目的地（美国）冲击的影响。

表 7-5 按壁垒通报宣布时点的企业所有制类别异质性检验结果

		(1)	(2)	(3)	(4)	(5)	(6)	(7)	(8)	(9)
企业所有制类别			SOE			Private			Foreign	
	VARIABLES	ln*Value*	ln*Qty*	ln*Price*	ln*Value*	ln*Qty*	ln*Price*	ln*Value*	ln*Qty*	ln*Price*
β_1	USA	-0.097***	-0.215***	0.072***	-0.236***	-0.342***	0.070***	-0.048***	-0.077***	0.014***
		(0.013)	(0.016)	(0.005)	(0.017)	(0.018)	(0.005)	(0.016)	(0.018)	(0.003)
β_2	TBTSTC	-0.099	0.227***	-0.291***	-0.123	0.387	-0.385***	-0.225**	0.192	-0.379***
		(0.065)	(0.082)	(0.062)	(0.188)	(0.249)	(0.071)	(0.103)	(0.132)	(0.079)
β_3	USA × TBTSTC	0.141	0.237**	-0.041	0.110	0.313***	-0.117***	0.015	0.107	-0.057***
		(0.100)	(0.098)	(0.042)	(0.083)	(0.117)	(0.030)	(0.103)	(0.114)	(0.019)
β_4	TBTSTC × CHN	0.224***	-0.069	0.238***	0.203	-0.212	0.295***	0.386***	0.044	0.286***
		(0.084)	(0.103)	(0.075)	(0.192)	(0.292)	(0.091)	(0.119)	(0.157)	(0.092)
β_5	USA × TBTSTC × CHN	-0.343***	-0.367***	0.010	0.023	-0.194*	0.134***	-0.111	-0.186	0.046**
		(0.105)	(0.102)	(0.042)	(0.082)	(0.116)	(0.033)	(0.110)	(0.122)	(0.020)
β_6	ln*Expttl_lag1*	0.057***	0.063***	-0.005***	0.039***	0.032***	0.003***	0.077***	0.077***	-0.001
		(0.002)	(0.002)	(0.001)	(0.001)	(0.001)	(0.000)	(0.002)	(0.002)	(0.001)
	样本量	4605532	4573555	4573555	9623814	9455591	9455591	2997150	2944795	2944795
	R^2	0.248	0.440	0.738	0.361	0.473	0.758	0.372	0.512	0.744
	企业固定效应	是	是	是	是	是	是	是	是	是
	产品 HS6 固定效应	是	是	是	是	是	是	是	是	是
	行业—年份固定效应	是	是	是	是	是	是	是	是	是
	联合显著性检验:$\beta_3+\beta_5$	-0.202***	-0.131***	-0.031***	0.133***	0.118***	0.018	-0.096***	-0.079**	-0.011
	联合显著性检验:$\beta_2+\beta_4$	0.125**	0.158***	-0.053	0.80*	0.173	-0.090	0.160***	0.236***	-0.093*

注：***、**、*号分别表示估计的系数在 1%、5%与 10%的水平上显著；括号中为聚类稳健标准误，聚类在"产品 HS6"层面；模型均包括常数项，为结果表格呈现清晰暂予省略。

第三，β_2和β_4的联合显著性检验结果表明，在国有企业、私营企业、港澳台资企业和外资企业这三个不同所有制的样本中，美国对其他WTO成员的技术性贸易壁垒都为中国出口企业带来了贸易创造效应。特别是对于私营企业来说，虽然壁垒通报冲击导致企业对美国市场的出口数量没有产生显著影响，但却显著导致对美国市场的出口金额增加了80%。

本节还进一步研究了美国技术性贸易壁垒的正式适用冲击对不同所有制企业出口表现的影响，如表7-6所示。结果发现：第一，美国对华技术性贸易壁垒对国有企业、港澳台资企业和外资企业的贸易阻碍效应同样成立。第二，贸易偏转效应只在私营企业样本中成立，这可能是因为私营企业在生产管理上比国有企业、港澳台资企业和外资企业公司更灵活。第三，美国对其他WTO成员的技术性贸易壁垒对中国企业所带来的贸易创造效应对私营企业样本不再显著，但其在国有企业样本显著成立。

二 基于企业生产方式类别的异质性检验

本节检验了美国技术性贸易壁垒的通报宣布、正式适用冲击分别对所属不同生产方式类别企业出口表现的差异化影响，根据出口商是否从事直接生产，企业的生产方式类别被区分为直接制造商和贸易中介商。具体而言，通过核查出口企业的名称是否包含"贸易""进口和出口"等代表贸易中介商的词语，将样本分为直接制造商、贸易中介商两个子样本。

首先，从表7-7的壁垒通报冲击的影响检验结果中可以看出，美国技术性贸易壁垒的通报宣布冲击对直接制造商和贸易中介商的影响差异较小，贸易阻碍效应均不显著（β_3和β_5的联合显著性检验），贸易创造效应均显著（β_2和β_4的联合显著性检验），两者结果的主要差异在于贸易偏转程度，这可以通过系数β_3的绝对值大小来反映，即在相同的实证模型设置前提下，直接制造商样本的贸易偏转检验回归系数的绝对值大于交易中介的系数。

表7-6 按壁垒正式适用时点的企业所有制类别异质性检验结果

企业所有制类别		(1) SOE lnValue	(2) SOE lnQty	(3) SOE lnPrice	(4) Private lnValue	(5) Private lnQty	(6) Private lnPrice	(7) Foreign lnValue	(8) Foreign lnQty	(9) Foreign lnPrice
	VARIABLES									
β_1	USA	-0.105*** (0.013)	-0.220*** (0.016)	0.071*** (0.005)	-0.214*** (0.016)	-0.328*** (0.017)	0.076*** (0.005)	-0.050*** (0.016)	-0.078*** (0.017)	0.014*** (0.003)
β_2	TBTSTC	-0.025 (0.129)	0.536** (0.212)	-0.500*** (0.152)	-0.117 (0.095)	0.430** (0.212)	-0.425** (0.179)	-0.250* (0.133)	0.169 (0.200)	-0.412** (0.170)
β_3	USA × TBTSTC	-0.102 (0.116)	0.051 (0.134)	-0.084** (0.035)	-0.004 (0.096)	0.194* (0.114)	-0.122*** (0.025)	-0.008 (0.121)	0.123 (0.130)	-0.084*** (0.022)
β_4	TBTSTC × CHN	0.309* (0.181)	-0.177 (0.274)	0.471*** (0.171)	-0.005 (0.110)	-0.285 (0.280)	0.256 (0.231)	0.357** (0.155)	0.017 (0.209)	0.359** (0.172)
β_5	USA × TBTSTC × CHN	-0.121 (0.119)	-0.180 (0.137)	0.039 (0.036)	0.001 (0.095)	-0.126 (0.113)	0.081*** (0.026)	-0.140 (0.128)	-0.249* (0.138)	0.067*** (0.023)
β_6	lnExpntL_lag1	0.057*** (0.002)	0.063*** (0.002)	-0.005*** (0.001)	0.039*** (0.001)	0.032*** (0.001)	0.003*** (0.000)	0.077*** (0.002)	0.077*** (0.002)	-0.001 (0.001)
	样本量	4605532	4573555	4573555	9623814	9455591	9455591	2997150	2944795	2944795
	R^2	0.248	0.440	0.738	0.361	0.473	0.758	0.372	0.512	0.744
	企业固定效应	是	是	是	是	是	是	是	是	是
	产品HS6固定效应	是	是	是	是	是	是	是	是	是
	行业-年份固定效应	是	是	是	是	是	是	是	是	是
	联合显著性检验：$\beta_3+\beta_5$	-0.223***	-0.129***	-0.045***	-0.003	0.068**	-0.041***	-0.148***	-0.127***	-0.017***
	联合显著性检验：$\beta_2+\beta_4$	0.283**	0.359**	-0.029	-0.122*	0.145	-0.170	0.106	0.186***	-0.053*

注：***、**与*分别表示估计的系数在1%、5%与10%的水平上显著；括号中为聚类稳健标准误，聚类在"产品HS6"层面；模型均包括常数项，为结果表现清晰暂予省略。

表7-7　按壁垒通报宣布时点的企业生产方式类别异质性检验结果

		(1)	(2)	(3)	(4)	(5)	(6)
	企业类型	\multicolumn{3}{c	}{直接生产商}	\multicolumn{3}{c	}{贸易中间商}
	VARIABLES	ln*Value*	ln*Qty*	ln*Price*	ln*Value*	ln*Qty*	ln*Price*
β_1	USA	-0.115***	-0.184***	0.041***	-0.182***	-0.296***	0.073***
		(0.014)	(0.015)	(0.004)	(0.016)	(0.018)	(0.005)
β_2	TBTSTC	-0.301*	0.090	-0.348***	-0.435**	-0.036	-0.338**
		(0.166)	(0.149)	(0.099)	(0.200)	(0.189)	(0.159)
β_3	USA × TBTSTC	0.125**	0.262***	-0.069***	0.148***	0.321***	-0.093*
		(0.057)	(0.056)	(0.014)	(0.047)	(0.095)	(0.049)
β_4	TBTSTC × CHN	0.512***	0.152	0.287***	0.526**	0.183	0.278*
		(0.172)	(0.171)	(0.108)	(0.205)	(0.226)	(0.168)
β_5	USA × TBTSTC × CHN	-0.143**	-0.260***	0.062***	-0.124**	-0.295***	0.101**
		(0.063)	(0.063)	(0.015)	(0.050)	(0.098)	(0.050)
β_6	ln*Expttl_lag*1	0.060***	0.061***	-0.002***	0.045***	0.036***	0.003***
		(0.002)	(0.002)	(0.001)	(0.001)	(0.001)	(0.000)
	样本量	7647858	7533165	7533165	10831935	10681108	10681108
	R^2	0.365	0.495	0.765	0.306	0.441	0.731
	企业固定效应	是	是	是	是	是	是
	产品HS6固定效应	是	是	是	是	是	是
	行业—年份固定效应	是	是	是	是	是	是
	联合显著性检验：$\beta_3+\beta_5$	-0.018	0.002	-0.007	0.024	0.026	0.008
	联合显著性检验：$\beta_2+\beta_4$	0.211***	0.242***	-0.061	0.091**	0.147	-0.060

注：***、**与*分别表示估计的系数在1%、5%与10%的水平上显著；括号中为聚类稳健标准误，聚类在"产品HS6"层面；模型均包括常数项，为结果表格呈现清晰而暂予省略。

其次，从壁垒正式适用冲击的影响检验结果（见表7-8）中可以看出，在直接生产商和贸易中介商的两个子样本中，壁垒正式适用冲击对出口金额、出口价格回归的估计系数β_3和β_5的联合显著性检验结果均显著为负，与基准模型结果一致。与此同时，根据壁垒正式适用冲击出口数量的回归结果可以看出，美国对华技术性贸易壁垒造成的贸易偏转效应，以及美国对其他 WTO 成员技术性贸易壁垒对中国企业造成的贸易创造效应仅在直接制造商样本中显著成立。这两个结果符合我们的预期，因为技术性贸易壁垒通常涉及产品生产的技术要求，与直接制造商相比，贸易中介商较少接触产品的制造过程，因而贸易中介商很少直接接触产品生产调整或技术升级，但其却可以通过替换产品供应商而实现符合新技术要求，从而继续出口。

表 7 - 8　按壁垒正式适用时点企业生产方式类别异质性检验结果

		(1)	(2)	(3)	(4)	(5)	(6)
	企业类型	\multicolumn{3}{c}{直接生产商}	\multicolumn{3}{c}{贸易中间商}
	VARIABLES	ln$Value$	lnQty	ln$Price$	ln$Value$	lnQty	ln$Price$
β_1	USA	-0.109***	-0.179***	0.041***	-0.172***	-0.290***	0.077***
		(0.013)	(0.015)	(0.003)	(0.015)	(0.017)	(0.005)
β_2	TBTSTC	-0.186	0.328	-0.454***	-0.321*	0.196	-0.416**
		(0.176)	(0.230)	(0.167)	(0.189)	(0.230)	(0.200)
β_3	USA × TBTSTC	0.018	0.169***	-0.084***	-0.057	0.181	-0.148***
		(0.052)	(0.061)	(0.019)	(0.082)	(0.110)	(0.034)
β_4	TBTSTC × CHN	0.257	-0.132	0.380**	0.335*	0.141	0.169
		(0.187)	(0.240)	(0.178)	(0.199)	(0.332)	(0.281)
β_5	USA × TBTSTC × CHN	-0.106*	-0.206***	0.056***	-0.022	-0.188*	0.109***
		(0.057)	(0.067)	(0.020)	(0.083)	(0.111)	(0.035)
β_6	ln$Expttl\_lag1$	0.060***	0.061***	-0.002***	0.044***	0.035***	0.003***
		(0.002)	(0.002)	(0.001)	(0.001)	(0.001)	(0.000)
	样本量	7647858	7533165	7533165	10831935	10681108	10681108
	R^2	0.365	0.495	0.765	0.306	0.441	0.732
	企业固定效应	是	是	是	是	是	是
	产品 HS6 固定效应	是	是	是	是	是	是

续表

	(1)	(2)	(3)	(4)	(5)	(6)
行业—年份固定效应	是	是	是	是	是	是
联合显著性检验：$\beta_3 + \beta_5$	-0.088***	-0.037	-0.028***	-0.079***	-0.008	-0.039***
联合显著性检验：$\beta_2 + \beta_4$	0.071	0.196***	-0.074	0.014	0.337	-0.248

注：***、**与*分别表示估计的系数在1%、5%与10%的水平上显著；括号中为聚类稳健标准误，聚类在"产品HS6"层面；模型均包括常数项，为结果表格呈现清晰而暂于省略。

第四节 美国对华技术性贸易壁垒影响中国企业出口表现的稳健性检验

本节进行了一系列稳健性检验：首先，对冲击做滞后一期处理；其次，使用壁垒生效时点冲击。

一 对冲击做滞后一期处理

鉴于对于美国技术性技术壁垒的认定涉及其他WTO成员提出STC的行为，因此可能会有学者质疑，中国提出STC的决定是否与中国的出口表现之间存在联系，若有，则特别是在使用同年的冲击时间时，可能存在内生性问题。为了缓解这种担忧，笔者在基准模型中采取了以下两步处理：一是根据Bernard等（2017）[1]处理了partial-year效应；二是被解释变量引入企业维度，"企业—产品—目的地"出口表现变量的维度比外部壁垒冲击所在的"产品—目的地"维度的变量更细，一定程度上有助于缓解上述内生性问题。

---

[1] Bernard, Andrew B., Esther A. Boler, Renzo Massari, Jose-Daniel Reyes and Daria Taglioni, "Exporter Dynamics and Partial-Year Effects", *American Economic Review*, Vol. 107, No. 10, 2017, pp. 3211-3228.

在本节，为了进一步缓解相关担忧，笔者对美国技术性贸易壁垒的通报宣布和正式适用时点做滞后一期处理，再进行相应回归检验。表7-9中呈现的稳健性结果与基准模型回归结果一致。简言之：美国对华技术性贸易壁垒的通报公布冲击对中国企业出口数量造成了显著的贸易偏转效应；该壁垒的正式适用冲击对中国企业出口数量造成了显著的贸易阻碍效应。与此同时，美国对其他WTO成员的技术性贸易壁垒的通报公布冲击对中国企业产生了显著贸易创造效应。

表7-9　　　　稳健性检验一：对冲击作滞后一期处理

	技术性贸易壁垒的冲击时点	(1)	(2)	(3)	(4)	(5)	(6)
		\multicolumn{3}{c}{通报宣布时点}	\multicolumn{3}{c}{正式适用时点}		
	VARIABLES	ln$Value$	lnQty	ln$Price$	ln$Value$	lnQty	ln$Price$
β_1	USA	-0.137***	-0.236***	0.063***	-0.136***	-0.232***	0.060***
		(0.012)	(0.014)	(0.004)	(0.012)	(0.014)	(0.004)
β_2	TBTSTC_lag1	-0.304*	0.032	-0.295**	-0.303*	0.169	-0.408***
		(0.183)	(0.157)	(0.137)	(0.164)	(0.187)	(0.148)
β_3	USA × TBTSTC_lag1	0.137***	0.309***	-0.093***	-0.063	0.131*	-0.119***
		(0.037)	(0.061)	(0.030)	(0.059)	(0.075)	(0.029)
β_4	TBTSTC_lag1 × CHN_lag1	0.468**	0.125	0.275*	0.499***	0.129	0.341*
		(0.188)	(0.181)	(0.144)	(0.175)	(0.209)	(0.175)
β_5	USA × TBTSTC_lag1 × CHN_lag1	-0.173***	-0.289***	0.062**	-0.013	-0.142*	0.089***
		(0.042)	(0.063)	(0.031)	(0.060)	(0.077)	(0.029)
β_6	ln$Expttl$_lag1	0.051***	0.047***	0.000	0.051***	0.047***	0.000
		(0.001)	(0.001)	(0.000)	(0.001)	(0.001)	(0.000)

续表

	（1）	（2）	（3）	（4）	（5）	（6）
样本量	18479863	18214344	18214344	18479863	18214344	18214344
R^2	0.332	0.461	0.746	0.332	0.461	0.746
企业固定效应	是	是	是	是	是	是
产品 HS6 固定效应	是	是	是	是	是	是
行业—年份固定效应	是	是	是	是	是	是
联合显著性检验：$\beta_3 + \beta_5$	-0.036	0.021	-0.031***	-0.075***	-0.011	-0.030***
联合显著性检验：$\beta_2 + \beta_4$	0.164***	0.157*	-0.020	0.196***	0.298***	-0.067

注：***、**与*分别表示估计的系数在1%、5%与10%的水平上显著；括号中为聚类稳健标准误，聚类在"产品HS6"层面；模型均包括常数项，为结果表格呈现清晰而暂予省略。

二 使用壁垒生效时点冲击

美国技术性贸易壁垒的生效日期一般在通报公布日期和正式适用日期之间。然而，历史数据表明，美国对华技术性贸易壁垒的生效日期往往与正式适用日期极为相近。据此，笔者推断，以壁垒生效时点为冲击时点的相应结果不应与以壁垒通报公布时点或壁垒正式适用时点为冲击时点的结果偏离太大。以壁垒生效时点为冲击时点的相应结果如表7-10所示。列（1）、列（3）和列（5）的结果表明：美国对华技术性贸易壁垒的生效冲击对中国企业对美出口的贸易阻碍效应成立，对美出口金额和价格显著下降。美国对华技术性贸易壁垒的生效冲击对中国企业对世界其他地区出口数量显著增加所代表的贸易偏转效应也成立。同时，美国对其他WTO成员的技术性贸易壁垒的生效冲击对于中国企业对美出口产生的贸易创造效应也同样成立。除此之外，笔者进一步使用滞后一年冲击时间来进一步检验上述，如列（2）、列（4）和列（6）所示，相应结果依然稳健。

表7-10　　　　稳健性检验二：使用壁垒生效时点冲击

		(1)	(2)	(3)	(4)	(5)	(6)
	VARIABLES	ln$Value$		lnQty		ln$Price$	
β_1	USA	-0.134***	-0.136***	-0.232***	-0.232***	0.062***	0.061***
		(0.012)	(0.012)	(0.014)	(0.014)	(0.004)	(0.004)
β_2	TBTSTC	-0.336**		0.116		-0.372**	
		(0.167)		(0.200)		(0.176)	
β_3	USA × TBTSTC	0.054		0.245***		-0.113***	
		(0.050)		(0.066)		(0.024)	
β_4	TBTSTC × CHN	0.492***		-0.040		0.376**	
		(0.171)		(0.211)		(0.179)	
β_5	USA × TBTSTC × CHN	-0.133***		-0.262***		0.076***	
		(0.051)		(0.068)		(0.024)	
β_2	TBTSTC_lag1		-0.354**		0.166		-0.428**
			(0.161)		(0.226)		(0.199)
β_3	USA × TBTSTC_lag1		0.021		0.221***		-0.122***
			(0.059)		(0.072)		(0.024)
β_4	TBTSTC_lag1 × CHN_lag1		0.496***		-0.071		0.433**
			(0.163)		(0.234)		(0.203)
β_5	USA × TBTSTC_lag1 × CHN_lag1		-0.095		-0.229***		0.090***
			(0.060)		(0.073)		(0.024)
β_6	ln$Expttl$_lag1	0.051***	0.051***	0.047***	0.047***	0.000	0.000
		(0.001)	(0.001)	(0.001)	(0.001)	(0.000)	(0.000)
	样本量	18479863	18479863	18214344	18214344	18214344	18214344
	R^2	0.332	0.332	0.461	0.461	0.746	0.746
	企业固定效应	是	是	是	是	是	是
	产品HS6固定效应	是	是	是	是	是	是
	行业—年份固定效应	是	是	是	是	是	是
	联合显著性检验：$\beta_3 + \beta_5$	-0.079***	-0.074***	-0.017	-0.008	-0.037***	-0.032***
	联合显著性检验：$\beta_2 + \beta_4$	0.156	0.142	0.076	0.094	0.004	0.005

注：***、**与*分别表示估计的系数在1%、5%与10%的水平上显著；括号中为聚类稳健标准误，聚类在"产品HS6"层面；模型均包括常数项，为结果表格呈现清晰而暂予省略。

第五节 本章小结

在本章中，笔者通过人工追踪和清理所得的美国对贸易伙伴的技术性贸易壁垒在"通报—生效—适用"不同时点的信息，验证了该类壁垒在不同时点在相关出口市场所引发的"贸易阻碍""市场偏转"和"贸易创造"效应。主要结果显示：美国对华技术性贸易壁垒少有后续被取消的先例，且对于中国企业出口产生了显著的"贸易阻碍"，并引发了"市场偏转"行为，与此同时，美国对于其他经济体的技术性贸易壁垒却给中国出口企业带来了"贸易创造"的机遇。

本章以美国设置对华技术性贸易壁垒对于中国出口企业的影响为例，揭示了 TBT – STC 对于处于不同利益地位的贸易伙伴的影响及其作用机制，特别是证明了技术性贸易壁垒给目的地市场的第三方竞争者可能带来的机遇，为相关出口商和政策制定者提供了商机研判的参考。

第八章

研究结论与政策建议

第一节 主要结论

在全球经济下行与国际形势不稳定的背景下，技术性贸易壁垒成为各国变相实施贸易保护主义的新形式。本书以对华技术性贸易壁垒为研究对象，通过充分的定性和定量研究探讨了对华技术性贸易壁垒对中国企业出口表现和行为的影响。在定性研究方面，本书对于技术性贸易壁垒的相关概念区别、制度背景、特征事实、发展趋势、最新动向、形成动机及其在新形势下对于国家经济安全的重要影响进行了充分梳理和详细分析，并充分梳理学术界现有文献研究进展。在定量研究方面，本书通过匹配WTO技术性贸易措施通报数据和特别贸易关注案例数据，从广泛的技术性贸易措施中识别和构建了产品—目的地层面的发达经济体对华技术性贸易壁垒指标，并结合中国海关企业出口交易数据开展定量分析，除了检验出口产品和企业在壁垒冲击下的集约边际表现外，还尤其关注企业的出口动态决策、质量调整行为和市场偏转行为，并追溯了壁垒宣布、生效、适用不同时点的差异，弥补了相关领域微观定量研究稀少的缺陷。

在定性研究方面，笔者研究发现：对华技术性贸易壁垒具有覆盖产品品类广泛、欧美主导和彼此效仿的特征，并呈现聚焦能源环境议题、向价值链上游环节延伸的趋势。壁垒形成受经济、政治、技术、外交因素驱动，是国家利益在特定市场发生竞争性冲突的结果。对华技术性贸易壁垒通过直接影响中国微观主体参与国际贸易的经济行为，引发国内行业维度、地区维度的结构性调整，并通过产品市场与劳动力市场的均衡作用、国外市场与国内市场的内外联动等途径影响国民经济运行的稳定状态，从而深刻影响国家经济安全。

在定量研究方面，笔者的实证分析建立在理论模型基础之上。首先，在结合异质性企业贸易理论、贸易偏转理论的基础上，引入产品质量衡量、多产品决策、多市场决策因素，构建了分析技术性贸易壁垒影响企业出口行为的理论分析框架。其次，利用手工整理的 WTO 技术性贸易措施通报数据与特别贸易关注案例数据，参照前沿文献的做法，构造了中国出口所面临的"HS6 位码—目的地"维度的"对华技术性贸易壁垒"变量。最后，将上述指标结合中国海关企业出口交易数据，构建实证模型，采用多种计量估计方法定量检验对华技术性贸易壁垒对中国产品出口的总体影响，以及微观企业在冲击下的出口行为调整。同时，笔者利用倾向得分匹配—双重差分模型和工具变量方法对潜在的内生性问题进行了处理，也对研究结果进行了充分的稳健性检验，并充分利用详尽的微观数据，考察了产品和企业两个异质性维度的多种特征在壁垒冲击影响机制中的差异化表现。具体而言，相关实证检验结果显示：第一，发达经济体对华技术性贸易壁垒并未能显著削弱中国总体出口，相反地，遭遇壁垒后中国出口金额、数量、出口企业个数均呈现显著增加。第二，上述净效应背后是企业显著的"优胜劣汰"和"提质升级"动态调整。其一，虽然贸易壁垒在低技术密集度产品行业减少了企业进入倾向、增加了企业退出倾向、降低了幸存企业的出口额，但是在高技术密集度产品行业却反而促进了"优胜劣汰"机制的调整；其二，贸易壁垒增加了生产低质量产品的企业的退出倾向、降低了生产低质量产品的幸存企业的出口额,但是对生产高质量产品的企业没有显著影响;其三,贸易壁垒促使生产高质量产品的幸存企业进一步升级其产品质量,因此促进了中国出口的"提质升级"机制调整。第三,对华技术性贸易壁垒引发了新进入者、幸存者和退出者对于出口产品在全球范围内的市场组合调整和偏转行为。第四,对华技术性贸易壁垒对中国企业出口行为的冲击在产品类别、企业所有制等方面存在异质性效应。第五,发展中或转型经济体的对华技术性贸易壁垒并未引发中国企业的此类动态调整。第六,美国对华技术性贸易壁垒对中国企业出口产生了显著的"贸易阻碍",并引发了"市场偏转"行为。与此同时,美国对于其他经济体的技术性贸易壁垒却给中国出口企业带来了"贸易创造"的机遇。

  本书最重要的边际贡献在于,从静态与动态的双视角出发,检验了该壁垒冲击对于中国微观企业出口集约边际、广延边际、产品质量升级和贸易偏转行为的影响,揭示了总体影响背后的"优胜劣汰""提质升级""市场偏转"作用机制。此外,本书还通过手工追踪清理所得的美国对其贸易伙伴的技术性贸易壁垒在"通报—生效—适用"不同时点的信息,验证了技术性贸易壁垒在不同时点在相关出口市场对不同竞争者所产生的"贸易阻碍""市场偏转"和"贸易创造"效应。

第二节　现存问题

  技术性贸易壁垒不仅涉及科学技术领域,还涉及国际贸易规则与国际磋商谈判,其涉及的行业范围广、业务内容杂、数据资料分散,给相关管理、研究、宣传等实际工作的落实带来了较大挑战。目前中国在应对技术性贸易壁垒方面存在顶层设计不足、信息传递不畅、研究成果落后、国际接轨不足等问题。

一 顶层设计不足,协同效率不高

识别技术性贸易壁垒和应对涉及技术性贸易措施的通报和特别贸易关注提案,牵涉较多工作,例如,市场监督管理部门管辖的技术标准、计量、认证认可业务,海关管辖的进出口检验检疫以及通关业务,商务部门管辖的 WTO 框架下 TBT 会议内的多边磋商与会议外的双边磋商工作等,且这些工作存在一定程度的交叠关系,具有较强的综合性与复杂性。目前,虽然中国已设立全国技术性贸易措施部际联席会议制度,[①] 但其本质上是一个会议制度而非常设机构,其功能在于协调而非决策。实际工作中,市场监管、海关、商务等管理部门在职能目标、工作方式、保密需求、规章制度等方面存在差异,导致这些部门较难协调业务和实现数据资料互通。尤其在 2018 年机构改革后,国家质检总局下设的国际检验检疫标准与技术法规中心和 WTO-TBT 通报咨询中心的职责和队伍被统一划归海关总署,而新组建的国家市场监督管理总局仍保留了"按规定承担技术性贸易措施有关工作"的职责内容。[②] 对于同业务不同方面的跨部门管理使得横向协调需求进一步加强。具体而言,市场监管部门了解技术性贸易壁垒涉及的技术要求变动情况,商务部门熟悉 WTO 规则与贸易政策,海关部门掌握企业受损情况和进出口数据,同时

[①] 2003 年,经国务院批准,由国家质检总局牵头,国家发展改革委、科技部、商务部等 18 个部委联合成立了"全国技术性贸易措施部际联席会议"(https://www.sc.gov.cn/10462/10464/10684/13655/2018/6/25/10453736.shtml)。

[②] 中国于 2001 年 12 月加入世界贸易组织。同年 4 月,国家质检总局成立,它是负责技术性贸易措施工作的职能部门,也是全国技术性贸易措施部际联席会议的牵头部门。2002 年,国务院批准在国家质检总局的国际检验建议标准与技术法规中心设立"WTO-TBT 通报咨询中心",其代表国家履行 WTO《TBT 协定》项下的通报、咨询和评议义务,并持续开展技术性贸易措施损害评估工作。同时,商务部负责中国对外经济贸易协调工作,其下设的世界贸易组织司、条法司负责中国在 WTO 框架下的政策审议、通报咨询和争端解决等工作,是处理中国与 WTO 其他成员关于技术性贸易措施及壁垒争端的主要官方部门。

负责相关措施通报和研究工作。然而，在业务方面，市场监管、海关、商务等管理部门均无法独立有效应对相关壁垒冲击；在研究方面，关键数据资料的互通困难更是给研究及预警工作带来不便。

二 信息传递不畅，脱离企业实际需求

第一，政府部门对于信息的上传下达不到位，内容针对性不强。一方面，自下而上的意见传递中缺乏企业参与。进行WTO成员技术性贸易措施通报评议的人员主要由政府部门、行业商协会、检测机构、专家人员承担，与出口企业的沟通不足，与企业实际需求存在脱节滞后、供需不匹配、流于形式等问题。另一方面，自上而下的信息传递也难以及时到达遭受壁垒潜在冲击的一线企业，尤其缺乏针对中小出口企业群体的充分宣传。

第二，技术性贸易措施通报跟踪和壁垒预警的线上信息平台亟待完善。当前与技术性贸易措施有关的信息服务平台较为分散，地方性平台建设缺乏规范，信息传递不及时、不完整和不准确，预警提醒作用发挥不足。尤其是部分平台的网站功能存在发布内容杂乱、查询步骤不清、标签内容空白、页面加载缓慢等缺陷，较大程度上阻碍了中小企业获取相关信息。

第三，面向企业主体的线下宣传与培训力度不足。近年来关于技术性贸易措施的企业抽样问卷调查[①]显示，多数出口企业不了解相关壁垒，在遭遇壁垒时不知如何应对，不知应向哪个部门寻求帮助，不了解其他国家提出的哪些要求已超出合理范畴，更不知晓国家相关机构可能已经或正在基于特定技术性贸易壁垒通过WTO向壁垒实施方提出磋商需求或协商处理办法。缺乏这些信息使得企业难以有效维护自身权益。

---

① 关于技术性贸易措施的企业抽样问卷调查工作由国家质检总局负责，在2018年机构改革后，由海关部门组织开展。

三 研究成果落后，人才经费保障不力

第一，数据库建设缺失，研究成果落后。目前中国尚未建立统一的国家级技术性贸易措施通报跟踪与壁垒预警研究数据库。面对技术性贸易措施常常需要界定技术性贸易措施是否合规，是否形成壁垒，对贸易的影响程度如何，在 TBT 会议上应提出哪些技术解释或援助需求，又应争取多久的过渡期。这一系列应对步骤都离不开技术和贸易领域的研究支撑，但中国当前的研究能力和研究成果明显落后于发达经济体。对于相关 WTO 文件、数据和成员政策动向的最基本的收集、翻译和整理工作存在明显滞后和缺失的情况。

第二，政府部门内部研究机构缺少专职研究岗位和编制。现有研究队伍中有较多以业务工作为主、研究工作为辅的抽调、借调人员，对研究成果的认定缺乏具有激励效应的考核机制，研究队伍总体专业能力薄弱、凝聚力不足，研究对象和研究内容较为零散，缺乏系统性和可推广性。

第三，学术界针对技术性贸易壁垒的深入研究相对较少。在学术研究领域，以技术性贸易壁垒为主题的理论研究相对少见，实证分析也受限于数据可得性、准确性和清理难度而多停留在产品或国家层面。

第四，中央和地方财政的资助安排不足。国家和地方两级工作团队的研究经费保障落实不到位，地方基层单位开展技术性贸易壁垒针对性研究的经费相对紧缺。

四 技术国际接轨不足，治理参与程度较低

第一，国内技术水平与国际领先技术水平之间存在客观差异。对华技术性贸易壁垒在一定程度上源于中国在关键领域的生产技术、工艺、设备相对落后于发达经济体，部分检验检测技术、试剂、方法与国际接轨不足以及认证认可机构的国际化认可度不足。

第二，中国技术法规和标准体系与占国际技术市场主导地位的

发达经济体存在较大差异。中国行业或企业自愿性标准的影响力普遍弱于国家强制性标准，而发达经济体的自愿性标准则纳入了较多颇具领先性的技术创新内容，这客观上使得中国国内标准相对落后于国际标准和国外先进标准。因此，当技术性贸易壁垒涉及高于国际标准的先进技术标准时，出口企业一般就难以在短时间内实现技术升级。

第三，相较于发达经济体，中国目前参与 WTO 框架下"通报评议—特别贸易关注—多双边磋商"机制的程度较低，尚未充分利用 WTO 规则赋予的权利。具体而言，通报评议范围相对较窄、数量相对较少，而且特别贸易关注的内容有时脱离企业需求，磋商、谈判的技巧和成效也有待提升。

第三节 对策建议

如前所述，中国在应对技术性贸易壁垒方面存在顶层设计欠缺、信息传递不畅、研究成果落后、国际接轨不足等问题。处理这些问题离不开各方的有效协调与通力合作。为健全技术性贸易壁垒研究和应对体系，维护市场良性竞争和促进技术进步，实现"稳增长"与"防风险"双重目标，结合笔者的主要研究发现，本节旨在针对上述问题提出针对性的应对建议。

一 加强顶层设计，健全工作机制

第一，在组织机构方面，应当改革现有技术性贸易措施部际联席会议制度，提升会议规格，加强组织领导，推动工作落实。建议成立国家级技术性贸易措施与壁垒研究工作领导小组，签署跨部门合作框架协议，构建由国务院牵头，市场监管、海关、商务等部门横向协同，中央与地方纵向联动，政府部门、行业商协会、出口企业有效沟通的技术性贸易壁垒研究与应对联合工作体系，以实现有

效分工、紧密合作、高效落实以及分享互通数据信息。

第二，在工作机制方面，应当建立事前跟踪评估、事中警示应急、事后损失统计的机制，做到防微杜渐、高效应对和及时总结经验。

首先，建立事前跟踪评估机制。事前跟踪评估机制应当包括常规动态跟踪和重点风险评估两方面，主要依托市场监管部门的工作。一方面，对国际市场技术标准、法规、合格评定、认证认可领域的最新动态进行日常跟踪和整理；另一方面，对中国重点出口产品市场的技术性贸易措施通报进行及时的评议和风险评估，对可能出现技术性贸易壁垒的高风险情况在国家级信息平台予以预警和提醒，并及时通知所涉产品主要出口省市的市场监管部门。

其次，建立事中警示应急机制。事中警示应急机制的有效运行有助于缓解信息失灵，需要市场监管、海关、商务部门协同工作以及行业商协会的积极配合。具体而言，地方海关和商务部门一旦获悉出口企业集中遭受技术性贸易壁垒的实际损害（如扣留、退回、销毁产品）的消息后，应当立即向当地市场监管部门反馈，经确认后及时在国家级信息平台发布相关产品市场已有较多企业遭遇损害冲击的特别警示，提醒行业商协会配合宣传工作，并及时通知所涉产品主要出口省市的商务部门。与此同时，市场监管部门应当立即针对壁垒启动应急预案，联合商务部门开展技术细节研究、壁垒经济影响程度研判、特别贸易关注提案拟定和多双边磋商等具体应对措施。

最后，建立事后损失上报机制。事后损失上报机制是准确衡量负面冲击影响程度的基础。建议建立市场监管、海关、商务等部门的一体化技术性贸易壁垒损害信息统计系统，成立专门小组定期统计遭受相关壁垒冲击的企业数量、损失形式和受损程度。与此同时，持续开展关于技术性贸易措施的企业抽样问卷调查，改进问卷内容以更多地反映企业应对壁垒的难点和实际需求。

二 构建国家级信息平台，服务企业的实际需求

第一，提高线上平台信息的传递效率。建立国家级技术性贸易措施通报跟踪和壁垒预警线上信息平台，整合现有各级信息平台资源，及时、完整、准确地集中发布相关信息。在信息平台接入国家级技术性贸易措施通报跟踪和壁垒预警数据库查询窗口，优化查询步骤以提高企业及公众获取信息的便利化程度。同时，在信息平台设立地方专题窗口，推送围绕地方重点出口产品和目的地市场的相关动态信息和研究成果。

第二，面向出口主体加大线下服务力度。建立"政府部门—行业—企业"三方常态化沟通工作机制，以地方政府部门牵头，定期组织各省重点行业商协会和企事业单位参与通报评议会，以切实反映出口企业的实际需求。通过专题技术培训、经贸规则讲座、案例分析和点对点帮扶等实践形式，帮助企业树立对技术性贸易壁垒的关注意识和应对能力。

三 加强壁垒应对研究，落实人员经费保障

第一，加强科研体系建设，提升科研管理能力。首先，建设国家级技术性贸易措施通报跟踪和壁垒预警数据库，动态收集、更新、翻译和整理各国前沿技术标准、技术法规、合格评定程序和政策文件，并集中汇总技术性贸易措施通报的常规内容和重点风险评估、技术性贸易壁垒的损失分析和典型案例。其次，整合现有技术性贸易措施专业性研究评议基地、风险评估研究中心等研究机构，制定优胜劣汰的成果考核机制。再次，建立中央和地方分级课题研究体系，中央研究机构开展总体研究，地方研究机构围绕各地重点扶持产业开展针对性专项研究。同时，围绕"人工智能""节能环保""双碳"等重大需求议题，结合技术性贸易壁垒发展趋势开展专题研究，将非涉密优秀研究成果统一上报至国家级数据库，并在信息平台公布。最后，对于重点出口行业领先企业，提醒其通过国际会议

关注同行业国外领先企业的技术标准动向，并鼓励其参与技术研讨活动。

第二，整合工作队伍，培育复合人才。一方面，对于涉及特定技术细节的预警评估、方案应对和国际谈判，亟须加强现有技术、贸易、国际事务三方面专业团队的有效融合；另一方面，在相关部门增设专职研究岗位和编制，及时引进和培养熟悉专业技术、国际经贸规则和国际事务的复合型人才。

第三，落实中央及地方经费保障。一方面，经中央政府部门统筹，向地方下拨专项研究经费；另一方面，鼓励地方部门联合高等院校、科研院所与企事业单位开展联合研究，并对相关经费投入进行合理评估、纳入部门预算。

四 推动技术与国际接轨，参与全球标准治理

第一，加强计量基础和前沿核心技术研究。加强在关键领域生产技术、工艺、设备领域的研发创新；加大计量基础设施建设，提高检验检测技术、试剂、方法的国内水平和国际接轨程度，推进认证认可机构的国际互认；鼓励领先企业加大科研创新投入、开展持续创新，改善技术工艺，不断适应国际市场准入的要求。

第二，着力建设结构优化、先进合理、国际兼容的标准体系。在国内标准中及时引入先进适用的科技创新成果，持续提升关键技术指标在国家标准与国际标准间的一致性程度。同时，鼓励国内专家学者参与国际标准化组织技术委员会职位的竞争，推动中国标准接轨国际标准。

第三，利用现有国际规则与发达经济体展开博弈，积极参与国际治理，提升话语权和影响力。首先，扩大技术性贸易措施评议规模，提升壁垒识别敏感度。在 WTO 其他成员发布技术性贸易措施通报后，应当及时在 WTO 规定的 60 天内组织专家评议，收集企业意见，同时就风险较高的通报发布潜在壁垒预警。其次，充分使用 WTO 成员权利，研究和斟酌特别贸易关注提案的内容，有理有据地

质疑、延长过渡期、获取详细技术说明或指导等，为出口企业争取调整时间和缓解负面冲击。最后，通过区域框架协议或多双边磋商机制，开展"南南合作"与"南北对话"，灵活应对不同情形。发展中经济体的技术性贸易措施多为合规性措施，而发达经济体的超国际标准或非合规性技术性贸易措施则很可能成为技术性贸易壁垒。据此，一方面，为缓解合规性措施冲击，应将技术性贸易措施的具体合作安排纳入高水平区域或双边经贸合作协定的内容。同时，可出台标准输出激励政策，对发展中或转型经济体采用中国标准开展生产、设计与施工的项目予以资金支持或技术援助，发展标准协调、互利共赢的伙伴关系。另一方面，为缓解超越国际标准或非合规的壁垒冲击，应积极参与国际标准制定，发出中国声音、提出中国方案，防范发达经济体形成技术标准战略同盟。

附　　录

附录一　各经济体三位代码 ISO3 对应表

附表1　　　目的地经济体三位代码 ISO3 对应一览

ISO3 缩写	经济体名称	ISO3 缩写	经济体名称
ABW	阿鲁巴	BGR	保加利亚
AGO	安哥拉	BHR	巴林
ALB	阿尔巴尼亚	BHS	巴哈马
AND	安道尔	BIH	波斯尼亚和黑塞哥维那
ARE	阿联酋	BLR	白俄罗斯
ARG	阿根廷	BLZ	伯利兹
ARM	亚美尼亚	BMU	百慕大
ATG	安提瓜和巴布达	BOL	玻利维亚
AUS	澳大利亚	BRA	巴西
AUT	奥地利	BRB	巴巴多斯
AZE	阿塞拜疆	BRN	文莱
BDI	布隆迪	BTN	不丹
BEL	比利时	BWA	博茨瓦纳
BEN	贝宁	CAF	中非共和国
BFA	布基纳法索	CAN	加拿大
BGD	孟加拉国	CHE	瑞士

续表

ISO3 缩写	经济体名称	ISO3 缩写	经济体名称
CHL	智利	GIN	几内亚
CHN	中国	GMB	冈比亚
CIV	科特迪瓦	GNB	几内亚比绍
CMR	喀麦隆	GNQ	赤道几内亚
COG	刚果（布）	GRC	希腊
COL	哥伦比亚	GRD	格林纳达
COM	科摩罗	GRL	格陵兰
CPV	佛得角	GTM	危地马拉
CRI	哥斯达黎加	GUY	圭亚那
CUB	古巴	HND	洪都拉斯
CYP	塞浦路斯	HRV	克罗地亚
CZE	捷克	HTI	海地
DEU	德国	HUN	匈牙利
DMA	多米尼克	IDN	印度尼西亚
DNK	丹麦	IRL	爱尔兰
DOM	多米尼加共和国	IRN	伊朗
DZA	阿尔及利亚	IRQ	伊拉克
ECU	厄瓜多尔	ISL	冰岛
EGY	埃及	ISR	以色列
ESP	西班牙	ITA	意大利
EST	爱沙尼亚	JAM	牙买加
ETH	埃塞俄比亚	JOR	约旦
FIN	芬兰	JPN	日本
FJI	斐济	KAZ	哈萨克斯坦
FRA	法国	KEN	肯尼亚
FSM	密克罗尼西亚联邦国家	KGZ	吉尔吉斯斯坦
GAB	加蓬	KHM	柬埔寨
GBR	英国	KIR	基里巴斯
GEO	格鲁吉亚	KNA	圣基茨和尼维斯
GHA	加纳	KOR	韩国

续表

ISO3 缩写	经济体名称	ISO3 缩写	经济体名称
KWT	科威特	NOR	挪威
LAO	老挝	NPL	尼泊尔
LBN	黎巴嫩	NZL	新西兰
LCA	圣卢西亚	OMN	阿曼
LKA	斯里兰卡	PAK	巴基斯坦
LSO	莱索托王国	PAN	巴拿马
LTU	立陶宛	PER	秘鲁
LUX	卢森堡	PHL	菲律宾
LVA	拉脱维亚	PNG	巴布亚新几内亚
MAR	摩洛哥	POL	波兰
MDA	摩尔多瓦	PRI	波多黎各
MDG	马达加斯加	PRT	葡萄牙
MDV	马尔代夫	PRY	巴拉圭
MEX	墨西哥	RUS	俄罗斯
MHL	马绍尔	RWA	卢旺达
MKD	前南马其顿	SAU	沙特阿拉伯
MLI	马里	SDN	苏丹
MLT	马耳他	SEN	塞内加尔
MMR	缅甸	SGP	新加坡
MNG	蒙古国	SLB	所罗门群岛
MOZ	莫桑比克	SLE	塞拉利昂
MRT	毛里塔尼亚	SLV	萨尔瓦多
MUS	毛里求斯	SUR	苏里南
MWI	马拉维	SVK	斯洛伐克
MYS	马来西亚	SVN	斯洛文尼亚
NAM	纳米比亚	SWE	瑞典
NER	尼日尔	SWZ	斯威士兰
NGA	尼日利亚	SYC	塞舌尔
NIC	尼加拉瓜	TCD	乍得
NLD	荷兰	TGO	多哥

续表

ISO3 缩写	经济体名称	ISO3 缩写	经济体名称
THA	泰国	USA	美国
TJK	塔吉克斯坦	UZB	乌兹别克斯坦
TKM	土库曼斯坦	VCT	圣文森特和格林纳丁斯
TON	汤加	VEN	委内瑞拉
TTO	特立尼达和多巴哥	VNM	越南
TUN	突尼斯	VUT	瓦努阿图
TUR	土耳其	WSM	西萨摩亚
TUV	图瓦卢	YEM	也门
TZA	坦桑尼亚	ZAF	南非共和国
UGA	乌干达	ZMB	赞比亚
UKR	乌克兰	ZWE	津巴布韦
URY	乌拉圭		

资料来源：笔者整理自世界银行。

附录二　相关计量方法和理论模型推导过程补充

（一）计数模型负二项回归的推导

本书在实证回归模型中进行了技术性贸易壁垒对于 HS6 产品层面的出口企业数目影响的研究，企业数目变量的值是一个表现为非零整数形式的离散变量，即典型的计数变量。由于数值是离散的，所以其分布也是离散型分布，这就导致使用 OLS 回归时，其假定中的连续分布条件实际得不到满足，即估计系数是有偏的。泊松分布是常用的离散分布形式，但是其存在均值和方差相等的条件，而实际数据未必能够符合这样的规律，即实际数据可能存在"过度分散"的情况。

对于解决这个问题，研究者们提出了负二项分布的方法。负二项分布也是伯努利实验的一种形式，但其基于伯努利实验的过程加上了一个新的设定——当样本的合格率为 p 时,进行连续有放回的抽样试验,抽到第 r 个不合格产品的时候停止抽样试验,截至此时所抽到的合格产品的概率为 k。负二项分布其实是泊松分布的一般化形式,也就是说,泊松分布只是负二项分布在方差和均值相等时的一种特殊情况。假设负二项分布的均值为 μ,方差为 σ^2,推导如下:

$$\mu = \frac{pr}{1-p}$$

$$\sigma^2 = \frac{pr}{(1-p)^2}$$

用 μ 来表示 p,则有:

$$p = \frac{\mu}{\mu + r}$$

$$1 - p = \frac{r}{\mu + r}$$

将 p 和 $1-p$ 代入方差表达式,用和来表达方差:

$$\sigma^2 = \frac{\mu^2}{r} + \mu$$

记 $\alpha = \frac{1}{r}$,则可将方差表达为:

$$\sigma^2 = \mu + \alpha\mu^2$$

因此当 $r \to \infty$ 时有 $\alpha \to 0$,此时我们就得到 $\sigma^2 = \mu$ 的泊松分布;当 $r \to 0$ 时有 $\alpha \to \infty$,此时均值与方差差异较大,即存在过度分散。

笔者在实际操作中使用 nbreg 命令,这一命令将计算是否存在过度分散,并报告于 alpha 值中,其原假设 H0 为 likelihood-ratio test of alpha = 0,如果 alpha 值显著不为零,则存在过度分散,此时应该选择使用负二项分布形式进行回归相比于泊松分布形式更为合理。在实际操作时,OLS 回归的结果可以观察其符号的正负方向和显著性水平,但报告的系数值没有合理意义;而负二项回归的回归结果也可观察其符号的正负方向和显著性水平,但系数值也没有直接分析的意义。至于系数值代表的含义,需要通过边际效应来体现。不过,OLS 和负二项分布可以相互佐证以增强结论的稳健性,所以本书在相关实证检验中使用了以上两种方法作相互印证。

(二) DID 模型的推导

本书在实证章节的内生性处理部分使用了 PSM - DID 方法。其中,PSM 的详细过程在正文中已阐述清楚,DID 模型的详细推导过程如下。

DID 所识别的是一种"处理效应",更准确地说,衡量的是处理组的平均处理效应,而非样本总体平均处理效应。在一个理想化的随机试验中,个体是否接受处理应该是随机的,也就是说潜在的结果 $y_i(1)$ 或者 $y_i(0)$ 与是否经受处理的分组变量 T_i 应相互"独立",这是一个非常强的假设。一般情况下,这一强假设被弱化为"均值独立"假设,即潜在结果的条件期望等于其无条件期望:

$$E[y_i(0) \mid T_i] = E[y_i(0)]$$
$$E[y_i(1) \mid T_i] = E[y_i(1)],$$

其中有 $T_i = \begin{cases} 1, \text{Treated Group} \\ 0, \text{Control Group} \end{cases}$

进而 T_i 取 0 或 1 并不影响期望的结果:

$$E[y_i(0) \mid T_i = 1] = E[y_i(0) \mid T_i = 0]$$
$$E[y_i(1) \mid T_i = 1] = E[y_i(1) \mid T_i = 0]$$

也就有:

$$E[y_i(1) \mid T_i = 1] = E[y_i(1)]$$
$$E[y_i(0) \mid T_i = 0] = E[y_i(0)]$$

此时我们根据可观测数据而衡量所得到的差分估计量 τ_{diff} 即 τ_{ATE} 的一致估计量,

即 $\hat{\tau}_{diff} \xrightarrow{P} \tau_{ATE} = E[y_i(1) - y_i(0)]$

本书使用上述 DID 方法来衡量技术性贸易壁垒对于中国产品层面和企业层面出口的影响。具体而言,假设将进口贸易伙伴所设置技术性贸易壁垒的时间点前后设为 Post 变量,在事前取 0,事发生当年及之后的时间内取 1;并且将是否受到进口贸易伙伴所设置的技术性贸易壁垒的处理状态分为处理组(记为 1)和控制组(记为 0),命名为 Treated 变量来表示。即:

$$Post_t = \begin{cases} 1, & After \\ 0, & Before \end{cases}$$

$$Treated_p = \begin{cases} 1, & Treated\ Group \\ 0, & Control\ Group \end{cases}$$

我们所关注的政策影响效应 τ_{ATT} 就可以通过如下加减变换得到:

$$\begin{aligned}
\tau_{ATT} &= E[\tau_{pt} \mid Treated_p = 1, Post_t = 1] \\
&= E[y_p(1) - y_p(0) \mid Treated_p = 1, Post_t = 1] \\
&= E[y_p(1) \mid Treated_p = 1, Post_t = 1] \\
&\quad - E[y_p(1) \mid Treated_p = 1, Post_t = 1] \\
&= E[y_p(1) \mid Treated_p = 1, Post_t = 1] \\
&\quad - E[y_p(1) \mid Treated_p = 1, Post_t = 1] \\
&\quad + (E[y_p(1) \mid Treated_p = 1, Post_t = 1] \\
&\quad - E[y_p(0) \mid Treated_p = 1, Post_t = 0]) \\
&\quad + (E[y_p(0) \mid Treated_p = 0, Post_t = 0] \\
&\quad - E[y_p(0) \mid Treated_p = 0, Post_t = 1])
\end{aligned}$$

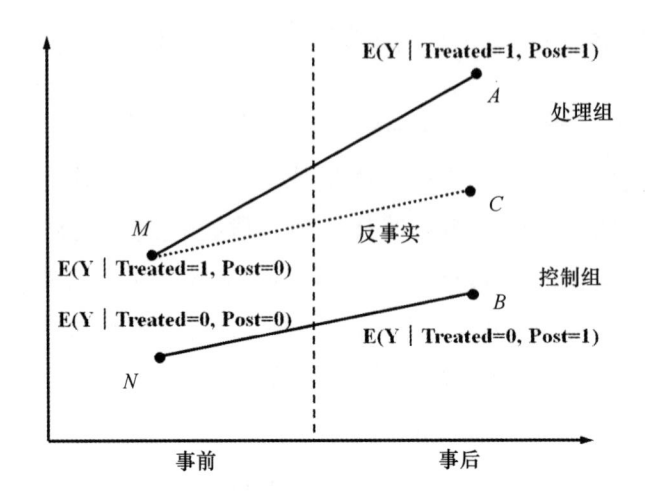

附图1 DID 的效应分解

资料来源：作者绘制。

上式中最后一个等号右边的各项与附图1中的各点是相对应的，相当于表示成：

$$\tau_{ATT} = A - C + (C - M) + (N - B)$$

（三）贸易引力模型的推导

本书在检验技术性贸易壁垒所导致的贸易偏转现象时，采用了贸易引力模型的设定，作为放松"目的地—年份"维度固定效应的情况。贸易引力模型是国际贸易理论模型领域分析双边贸易流量影响因素的经典模型，其详细推导过程如下。

用 EXP_{ij}^m 表示经济体 i 对经济体 j 出口产品 m 的金额，用 Y_i^m 表示经济体 i 对于产品 m 的总支出，用 Y_j^m 表示经济体 j 对于产品 m 的总支出，t_{ij}^m 是经济体 i 出口一单位产品 m 到经济体 j 所消耗的成本，σ 指替代弹性。使用不变替代弹性的效用函数（CES），在经济体 j 的预算约束下求效用最大化的解：

$$U = \left(\sum C_{ij}^{k \frac{\sigma-1}{\sigma}} \right)^{\frac{\sigma}{\sigma-1}} \quad (A3-1)$$

$$s.t. \quad \sum_i p_{ij}^m C_{ij}^m = Y_j^m$$

拉格朗日方程为：

$$L = \left(\sum C_{ij}^{m\frac{\sigma-1}{\sigma}} \right)^{\frac{\sigma}{\sigma-1}} + \lambda \left(Y_j^m - \sum_i p_{ij}^m C_{ij}^m \right) \quad (A3-2)$$

一阶条件

$F.O.C$ on C_{ij}^m: $\dfrac{\sigma}{\sigma-1} \left(\sum C_{ij}^{m\frac{\sigma-1}{\sigma}} \right)^{\frac{1}{\sigma-1}} \times \dfrac{\sigma-1}{\sigma} C_{ij}^{m\frac{-1}{\sigma}} - \lambda p_{ij}^m = 0$

即 $\quad U^{\frac{1}{\sigma}} C_{ij}^{m\frac{-1}{\sigma}} = \lambda p_{ij}^m$

所以得到

$$C_{ij}^m = \left(\frac{\lambda p_{ij}^m}{U^{\frac{1}{\sigma}}} \right)^{-\sigma} = (\lambda p_{ij}^m)^{-\sigma} U \quad (A3-3)$$

把式（A3-3）的结果代入预算约束 s.t. 中，可以推出：

$$\sum_i p_{ij}^m C_{ij}^m = \sum_i p_{ij}^m (\lambda p_{ij}^m)^{-\sigma} U = \sum_i \lambda^{-\sigma} p_{ij}^{m\,1-\sigma} U = Y_j^m$$

也就是

$$\lambda^{-\sigma} = \frac{Y_j^m}{\sum_i p_{ij}^{m\,1-\sigma} U} \quad (A3-4)$$

把式（A3-1）代入式（A3-4），可以得到：

$$C_{ij}^m = \frac{Y_j^m}{\sum_i p_{ij}^{m\,1-\sigma} U} \times p_{ij}^{m\,1-\sigma} U$$

$$= \frac{p_{ij}^{m\,1-\sigma} Y_j^m}{\left[\left(\sum_i p_{ij}^{m\,1-\sigma} \right)^{\frac{1}{\sigma-1}} \right]^{1-\sigma}} = \frac{p_{ij}^{m\,-\sigma} Y_j^m}{p_{ij}^{m\,1-\sigma}} \quad (A3-5)$$

又因为

$p_{ij}^m = p_i^m \times t_{ij}^m$，所以可以改写 $EXP_{ij}^m = \left(\dfrac{p_{ij}^m t_{ij}^m}{p_j^m} \right)^{1-\sigma} Y_j^m$

$$(A3-6)$$

得到 $Y_i^m = \sum_j EXP_{ij}^m = \sum_j \left(\dfrac{p_{ij}^m t_{ij}^m}{p_j^m} \right)^{1-\sigma} Y_j^m$，$i=j$ 的情况指 i 国本国使用的产出。

两边除以全世界产品 m 的产出 Y^m，则有：

$$\frac{Y_i^m}{Y^m} = \sum_j EXP_{ij}^m = p_{ij}^{m\,1-\sigma} \times \sum_j \left(\frac{t_{ij}^m}{p_j^m}\right)^{1-\sigma} \times \frac{Y_j^m}{Y^m}$$，把价格移到左边得到：

$$\frac{Y_i^m\, p_i^{m\sigma-1}}{Y^m} = \sum_j \left(\frac{t_{ij}^m}{p_j^m}\right)^{1-\sigma} \times \frac{Y_j^m}{Y^m}$$，该项即向外的多变阻力变量（OMR），用 $(\Pi_i^m)^{1-\sigma}$ 表示，

也就是

$$(\Pi_i^m)^{1-\sigma} = \frac{Y_i^m\, p_i^{m\sigma-1}}{Y^m} = \sum_j \left(\frac{t_{ij}^m}{p_j^m}\right)^{1-\sigma} \times \frac{Y_j^m}{Y^m} \quad (A3-7)$$

将（A3-7）代入（A3-6）即证得

$$EXP_{ij}^m = \left(\frac{p_i^m t_{ij}^m}{p_j^m}\right)^{1-\sigma} \times \frac{\dfrac{Y_i^m\, p_i^{m\sigma-1}}{Y^m}}{\dfrac{Y_i^m\, p_i^{m\sigma-1}}{Y^m}} \times Y_j^m \quad (A3-8)$$

也就得到了

$$EXP_{ij}^m = \left(\frac{p_i^m t_{ij}^m}{p_j^m}\right)^{1-\sigma} \times \frac{\dfrac{Y_i^m\, p_i^{m\sigma-1}}{Y^m}}{(\Pi_i^m)^{1-\sigma}} \times Y_j^m = \frac{Y_i^m Y_j^m}{Y^m}\left(\frac{t_{ij}^m}{p_j^m \Pi_i^m}\right)^{1-\sigma}$$

$$(A3-9)$$

至此，上述推导证明了两个经济体之间的贸易与双方的经济体量（市场规模）为正相关关系，与双边阻力（例如地理距离、是否拥有共同边界、是否拥有共同语言等）为负相关关系。

参考文献

安佰生：《国内规制主权与自由贸易的冲突及解决方案——技术性贸易壁垒的本质及规则发展趋势初探》，《国际经济法学刊》2015年第3期。

鲍晓华：《技术性贸易壁垒及其自由化对谷物出口的影响——基于中国数据的实证检验和政策模拟》，《经济管理》2010年第7期。

鲍晓华：《我国技术性贸易壁垒的贸易效应——基于行业数据的经验研究》，《经济管理》2010b年第12期。

鲍晓华、朱达明：《技术性贸易壁垒与出口的边际效应——基于产业贸易流量的检验》，《经济学》（季刊）2014年第4期。

鲍晓华、朱达明：《技术性贸易壁垒的差异化效应：国际经验及对中国的启示》，《世界经济》2015年第11期。

鲍晓华、朱钟棣：《贸易政治经济学在中国的适用性检验：以技术性贸易壁垒为例》，《管理世界》2006年第1期。

蔡静静、何海燕、李思奇、李宏宽：《技术性贸易壁垒与中国高技术产品出口——基于扩展贸易引力模型的经验分析》，《工业技术经济》2017年第10期。

陈琼、邓超寅、王文君、雷锐：《从2014TBT通报看国际贸易的"门槛"》，《WTO经济导刊》2015年第7期。

陈晓娟、穆月英：《韩国技术性贸易壁垒对中国农产品出口的影响分析》，《经济问题探索》2015年第7期。

程铁辕、刘彬、李明春、张莹、何开蓉：《欧盟、美国和日本酒类标签技术贸易措施对我国酒类产品出口的启示》,《现代食品科技》2013年第1期。

董红、林慧慧:《"一带一路"战略下我国对外贸易格局变化及贸易摩擦防范》,《中国流通经济》2015年第5期。

樊海潮、郭光远:《出口价格、出口质量与生产率间的关系:中国的证据》,《世界经济》2015年第2期。

傅帅雄、罗来军:《技术差距促进国际贸易吗?——基于引力模型的实证研究》,《管理世界》2017年第2期。

郭俊芳、武拉平:《食品安全标准对中国禽肉出口的影响及政策模拟》,《科技与经济》2015年第1期。

郭吴新、刘运顶:《美国外贸政策中的经济民族主义取向剖析》,《世界经济与政治》2001年第7期。

何雅静、李乐、房金岑、孟娣、宋怿:《WTO成员有关水产品技术性贸易措施的通报趋势及其对中国的影响》,《中国渔业质量与标准》2015年第2期。

胡方、曹情:《全球技术性贸易壁垒发展的七大趋势》,《WTO经济导刊》2015年第5期。

胡卫东:《区域经济一体化下TBT问题研究——以我国机电产品出口为例》,硕士学位论文,商务部国际贸易经济合作研究院,2013年。

邝艳湘、向洪金:《全球贸易便利化治理:成效与挑战》,《复旦国际关系评论》2016年第1期。

李春顶:《技术性贸易壁垒对出口国的经济效应综合分析》,《国际贸易问题》2005年第7期。

李春萍:《检验检疫标准与进出口商品质量》,《检验检疫学刊》2005年第3期。

李坤望、王有鑫:《FDI促进了中国出口产品质量升级吗?——基于动态面板系统GMM方法的研究》,《世界经济研究》2013年第5期。

李丽：《全球技术性贸易壁垒发展的新特点、趋势及对我国的启示》，《WTO 经济导刊》2013 年第 Z1 期。

李丽：《欧美技术性贸易壁垒的新变化及趋势》，《WTO 经济导刊》2014 年第 3 期。

李小林、侯吉、郑浩、钱大钧、汪习、管宇、邵倩、周萍：《上海市农食产品标签技术贸易措施认知水平的调查》，《检验检疫学刊》2013 年第 6 期。

李秀芳、施炳展：《补贴是否提升了企业出口产品质量?》，《中南财经政法大学学报》2013 年第 4 期。

林春贵、黄欣欢、张玉晴、郭瑾瑜：《"一带一路"战略下东盟技术性贸易措施分析及对策研究》，《中国标准化》2016 年第 2 期。

刘红梅：《技术性贸易壁垒的政治经济学分析》，博士学位论文，华中科技大学，2010 年。

刘伟丽、余淼杰、吕乔：《制造业出口质量升级的跨国比较》，《学术研究》2017 年第 12 期。

孟夏：《潜在的限制与扭曲——探析自由贸易安排中的原产地规则》，《国际贸易》2005 年第 1 期。

彭勇：《技术性贸易壁垒对中国农产品出口的影响研究——基于日本、美国、欧盟和韩国的实证研究》，《世界农业》2017 年第 4 期。

齐欣、岳晋峰：《标准制度互认机制与发展中国家技术性贸易壁垒的突破》，《国际贸易》2005 年第 6 期。

秦臻、倪艳：《WTO 成立以来技术性贸易措施对中国农产品出口影响研究——基于多边贸易阻力的两阶段引力模型》，《国际经贸探索》2013 年第 1 期。

全毅：《浅析美国食品技术性贸易壁垒体系》，《世界经济与政治论坛》2006 年第 1 期。

施炳展：《FDI 是否提升了本土企业出口产品质量》，《国际商务研究》2015 年第 2 期。

施炳展、邵文波：《中国企业出口产品质量测算及其决定因素——培育出口竞争新优势的微观视角》，《管理世界》2014年第9期。

史伟成：《中美贸易中非关税壁垒的政治因素分析——以中美纺织品贸易摩擦为例》，《福建论坛》（社科教育版）2010年第12期。

苏丹妮、盛斌、邵朝对：《产业集聚与企业出口产品质量升级》，《中国工业经济》2018年第11期。

隋军：《TBT新近案例关键争议点分析：趋势与启示》，《国际经贸探索》2013年第10期。

田曦、柴悦：《特别贸易关注视角下技术性贸易措施对我国出口贸易的影响》，《国际贸易问题》2019年第3期。

王健、王红梅：《贸易保护主义的社会规制国际化分析》，《中国人民大学学报》2007年第4期。

王晋斌：《对中国经济出口导向型发展模式的思考》，《中国人民大学学报》2010年第1期。

汪莉：《经济转型中的国家标准化政策选择》，《中国人民大学学报》2011年第4期。

王永进、施炳展：《上游垄断与中国企业产品质量升级》，《经济研究》2014年第4期。

吴延兵：《自主研发、技术引进与生产率——基于中国地区工业的实证研究》，《经济研究》2008年第8期。

夏友富：《技术性贸易壁垒体系与当代国际贸易》，《中国工业经济》2001年第5期。

许家云、毛其淋、胡鞍钢：《中间品进口与企业出口产品质量升级：基于中国证据的研究》，《世界经济》2017年第3期。

徐惟、卜海：《技术贸易壁垒设置与出口国创新决策的博弈分析》，《现代经济探讨》2019年第6期。

徐元：《知识产权贸易壁垒的实质及国际政治经济学分析》，《太平洋学报》2012年第2期。

徐战菊、李柏洲：《技术性贸易措施发展的新趋势及我国宏观管理对策研究》,《中国软科学》2009 年第 9 期。

杨光、田泽、冒婷婷:《江苏省机电产品应对技术性贸易壁垒风险的预警及策略》,《江苏商论》2013 年第 4 期。

杨艳红:《中外 WTO 技术性贸易壁垒的绩效差异分析》,《中南财经政法大学学报》2009 年第 5 期。

殷德生:《中国入世以来出口产品质量升级的决定因素与变动趋势》,《财贸经济》2011 年第 11 期。

余建华:《我国应对技术性贸易措施的现状与对策分析——以广州出口企业为例》,《对外经贸实务》2012 年第 8 期。

张建群、潘鹏飞、鲁翔:《国外农产品技术性贸易壁垒实施状况及影响分析》,《经济研究导刊》2012 年第 28 期。

张杰:《金融抑制、融资约束与出口产品质量》,《金融研究》2015 年第 6 期。

张杰、翟福昕、周晓艳:《政府补贴、市场竞争与出口产品质量》,《数量经济技术经济研究》2015 年第 4 期。

张杰、郑文平、翟福昕:《中国出口产品质量得到提升了么?》,《经济研究》2014 年第 10 期。

赵志强、胡培战:《技术标准战略、技术贸易壁垒与出口竞争力的关系——基于浙江出口关日欧的实证研究》,《国际贸易问题》2009 年第 10 期。

郑休休、刘青、赵忠秀:《技术性贸易壁垒与中国企业出口调整——"优胜劣汰"与"提质升级"》,《中国人民大学学报》2022 年第 4 期。

周亚虹、贺小丹、沈瑶:《中国工业企业自主创新的影响因素和产出绩效研究》,《经济研究》2012 年第 5 期。

朱启荣:《技术贸易壁垒问题的政治经济学分析》,《世界经济研究》2003 年第 9 期。

Acemoglu, Daron, Simon Johnson, and James A. Robinson, "The Colonial Origins of Comparative Development: An Empirical Investigation",

American Economic Review, Vol. 91, No. 5, 2001.

Acemoglu, Daron and James A. Robinson, "Political losers as a Barrier to Economic Development", *American Economic Review*, Vol. 90, No. 2, 2000.

Amiti, Mary and David E. Weinstein, "Exports and Financial Shocks", *The Quarterly Journal of Economics*, Vol. 126, No. 4, 2011.

Amiti, Mary and Jozef Konings, "Trade Liberalization, Intermediate Inputs, and Productivity: Evidence from Indonesia", *American Economic Review*, Vol. 97, No. 5, 2007.

Anderson, James E. and Eric van Wincoop, "Gravity with Gravitas: A Solution to the Border Puzzle", *American Economic Review*, Vol. 93, No. 1, 2003.

Anderson, James E. and Eric van Wincoop, "Trade Costs", *Journal of Economic Literature*, Vol. 42, No. 2, 2004.

Anderson, James E. and J. Peter Neary, "Measuring the Restrictiveness of Trade Policy", *The World Bank Economic Review*, Vol. 8, No. 2, 1994.

Anderson, James E. and J. Peter Neary, "A New Approach to Evaluating Trade Policy", *The Review of Economic Studies*, Vol. 63, No. 1, 1996.

Anderson, James E. and J. Peter Neary, "The Mercantilist Index of Trade Policy", *International Economic Review*, Vol. 44, No. 2, 2003.

Arkolakis, Costas, "Market Penetration Costs and the New Consumers Margin in International Trade", *Journal of Political Economy*, Vol. 118, No. 6, 2010.

Bagwell, Kyle and Robert W. Staiger, "Protection and the Business Cycle", *Advances in Economic Analysis & Policy*, Vol. 3, No. 1, 2003.

Baldwin, Richard, "Sunk - Cost Hysteresis", *NBER Working Paper* No. 2911, 1989.

Baldwin, Robert Edward, *Nontariff Distortions of International Trade*, Washington, D. C.: Brookings Institution, 1970.

Baldwin, Robert Edward, J. McLaren, A. Panagariya, "Regulatory Protectionism, Developing Nations, and a Two – Tier World Trade System", *Brookings Trade Forum*, 2000.

Baller, Silja, *Trade Effects of Regional Standards Liberalization: A Heterogeneous Firms Approach*, Washington, D. C. : World Bank Publications, Vol. 4124, 2007.

Bao, Xiaohua and Larry D. Qiu, "How Do Technical Barriers to Trade Influence Trade?", *Review of International Economics*, Vol. 20, No. 4, 2012.

Bas, Maria and Vanessa Strauss – Kahn, "Input – Trade Liberalization, Export Prices and Quality Upgrading", *Journal of International Economics*, Vol. 95, No. 2, 2015.

Bems, Rudolfs, Robert C. Johnson and Kei – Mu Yi, "Vertical Linkages and the Collapse of Global Trade", *American Economic Review*, Vol. 101, No. 3, 2011.

Berglas, Eitan, "Harmonization of Commodity Taxes: Destination, Origin and Restricted Origin Principles", *Journal of Public Economics*, Vol. 16, No. 2, 1981.

Bernard, Andrew B., Esther A. Boler, Renzo Massari, Jose – Daniel Reyes and Daria Taglioni, "Exporter Dynamics and Partial – Year Effects", *American Economic Review*, Vol. 107, No. 10, 2017.

Bernard, Andrew B., J. Bradford Jensen, Stephen J. Redding and Peter K. Schott, "The Empirics of Firm Heterogeneity and International Trade", *The Annual Review of Economics*, Vol. 4, 2012.

Bernard, Andrew B., Stephen J. Redding and Peter K. Schott, "Multiple – Product Firms and Product Switching", *American Economic Review*, Vol. 100, No. 1, 2010.

Bernard, Andrew B., Stephen J. Redding and Peter K. Schott, "Multiproduct Firms and Trade Liberalization", *The Quarterly Journal of Economics*, Vol. 126, No. 3, 2011.

Bown, Chad P., "The Global Resort to Antidumping, Safeguards, and Other Trade Remedies Amidst the Economic Crisis", *Effective Crisis Response and Openness: Implications for the Trading System*, London, UK: CEPR and World Bank, 2009.

Bown, Chad P. and Meredith A. Crowley, "Trade Deflection and Trade Depression", *Journal of International Economics*, Vol. 72, No. 1, 2007.

Brenton, Paul and Mombert Hoppe, *Clothing and Export Diversification: Still Aroute to Growth for Low – Income Countries?*, Washington, D. C.: World Bank Publications, Vol. 4343, 2007.

Broda, Christian, and David E. Weinstein, "Globalization and the Gains from Variety", *The Quarterly Journal of Economics*, Vol. 121, No. 2, 2006.

Buzby, Jean C., Laurian J. Unnevehr and Donna Roberts, *Food Safety and Imports: An Analysis of FDA Food – Related Import Refusal Reports*, No. 1476 – 2016 – 121050, 2008.

Casella, Alessandra, "Free trade and Evolving Standards", *CEPR Discussion Papers* No. 1204, 1995.

Chandra, Piyush, "Impact of Temporary Trade Barriers: Evidence from China", *China Economic Review*, Vol. 38, 2016.

Chen, Maggie Xiaoyang and Aaditya Mattoo, "Regionalism in Standards: Good or Bad for Trade?", *Canadian Journal of Economics*, Vol. 41, No. 3, 2008.

Chen, Maggie Xiaoyang, Tsunehiro Otsuki and John Sullivan Wilson, *Do Standards Matter for Export Success?*, Washington, D. C.: World Bank Publications, 2006.

Czubala, Witold, Ben Shepherd and John S. Wilson, "Help or Hindrance? The Impact of Harmonised Standards on African Exports", *Journal of African Economies*, Vol. 18, No. 5, 2009.

De Frahan, Bruno Henry and Mark Vancauteren, "Harmonisation of Food Regulations and Trade in the Single Market: Evidence from Disaggregated

Data", *European Review of Agricultural Economics*, Vol. 33, No. 3, 2006.

De Loecker, Jan, Pinelopi K. Goldberg, Amit K. Khandelwaland Nina Pavcnik, "Prices, Markups and Trade Reform", *Econometrica*, Vol. 84, No. 2, 2016.

De Loecker, Jan and Frederic Warzynski, "Markups and Firm – Level Export Status", *American Economic Review*, Vol. 102, No. 6, 2012.

Disdier, Anne – Célia, Lionel Fontagné and Mondher Mimouni, "The Impact of Regulations on Agricultural Trade: Evidence from the Sps and Tbt Agreements", *American Journal of Agricultural Economics*, Vol. 90, No. 2, 2008.

Dixit, Avinash, "Entry and Exit Decisions under Uncertainty", *Journal of Political Economy*, Vol. 97, No. 3, 1989a.

Dixit, Avinash, "Hysteresis, Import Penetration, and Exchange Rate Pass – Through", *The Quarterly Journal of Economics*, Vol. 104, No. 2, 1989b.

Eaton, Jonathan and Samuel Kortum, "Technology, Geography, and Trade", *Econometrica*, Vol. 70, No. 5, 2002.

Eaton, Jonathan, Samuel Kortum and Francis Kramarz., "An Anatomy of International Trade: Evidence from French firms", *Econometrica*, Vol. 79, No. 5, 2011.

Essaji, Azim, "Technical Regulations and Specialization in International Trade", *Journal of International Economics*, Vol. 76, No. 2, 2008.

Fan, Haichao, Yao Amber Li and Stephen R. Yeaple, "Trade Liberalization, Quality, and Export Prices", *Review of Economics and Statistics*, Vol. 97, No. 5, 2015.

Feenstra, Robert C. and John Romalis, "International Prices and Endogenous Quality", *The Quarterly Journal of Economics*, Vol. 129, No. 2, 2012.

Fontagné, Lionel, Gianluca Oreficeb, Roberta Piermartinic and NadiaRocha, "Product Standards and Margins of Trade: Firm – level Evidence", *Journal of International Economics*, Vol. 97, No. 1, 2015.

Fontagné, Lionel, Friedrich Von Kirchbach and Mondher Mimouni, "An Assessment of Environmentally-related Non-tariff Measures", *World Economy*, Vol. 28, No. 10, 2005.

Gamberoni, Elisa and Richard Newfarmer, "10. Trade Protection: Incipient but Worrisome Trends", *The Collapse of Global Trade, Murky Protectionism, and the Crisis: Recommendations for the G20*, 2009.

Ganslandt, Mattias, and James R. Markusen, "Standards and Related Regulations in International Trade: A Modeling Approach", *NBER Working Papers*, No. 8346, 2001, https://www.nber.org/papers/w8346.

Georgakopoulos, Theodore A., "Harmonisation of Commodity Taxes: The Restricted Origin Principle – Comment – Comment", *Journal of Public Economics*, Vol. 39, No. 1, 1989.

Georgakopoulos, Thanasis and T. Hitiris, "On the Superiority of the Destination Over the Origin Principle of Taxation for Intra – Union Trade", *The Economic Journal*, Vol. 102, No. 410, 1992.

Goldberg, Pinelopi K., Amit Khandelwal, Nina Pavcnikand Petia Topalova, "Imported Intermediate Inputs and Domestic Product Growth: Evidence from India", *The Quarterly Journal of Economics*, Vol. 125, No. 4, 2010.

Gopinath, Gita and Brent Neiman, "Trade Adjustment and Productivity in Large Crises", *American Economic Review*, Vol. 104, No. 3, 2014.

Grundke, Robert and Christoph Moser, "Hidden Protectionism? Evidence from Non – Tariff Barriers to Trade in the United States", *Journal of International Economics*, Vol. 117, 2019.

Grupp, Hariolf and Thomas Schnöring, eds., *Forschung und Entwicklung Für Die Telekommunikation: Internationaler Vergleich Mit Zehn Ländern*, Springer – Verlag, Berlin; New York, 1990.

Harrigan, James, "OECD Imports and Trade Barriers in 1983", *Journal of International Economics*, Vol. 35, No. 1, 1993.

Haufler, Andreas, "Unilateral Tax Reform under the Restricted Origin Principle", *European Journal of Political Economy*, Vol. 10, No. 3, 1994.

Haufler, Andreas, "Tax Differentials and External Tariffs in a Trade Deflection Model", *FinanzArchiv/Public Finance Analysis*, Vol. 53, No. 1, 1996.

Head, Keith and John Ries, "Increasing Returns Versus National Product Differentiation as an Explanation for the Pattern of US – Canada trade", *American Economic Review*, Vol. 91, No. 4, 2001.

Helpman, Elhanan, Marc Melitz and Yona Rubinstein, "Estimating Trade Flows: Trading Partners and Trading Volumes", *The Quarterly Journal of Economics*, Vol. 123, No. 2, 2008.

Hummels, David, "Transportation Costs and International Trade in the Second Era of Globalization", *The Journal of Economic Perspectives*, Vol. 21, No. 3, 2007.

Irarrazabal, Alfonso, Andreas Moxnes and Luca David Opromolla, "The Tip of the Iceberg: A Quantitative Framework for Estimating Trade Costs", *Review of Economics and Statistics*, Vol. 97, No. 4, 2015.

Jacks, David S., Christopher M. Meissner and Dennis Novy, "Trade Costs, 1870—2000", *American Economic Review*, Vol. 98, No. 1, 2008.

Johnson, Robert C., "Trade and prices with heterogeneous firms", *Journal of International Economics*, Vol. 86, No. 1, 2012.

Kamal, Yasmine and Chahir Zaki, "How Do Technical Barriers to Trade Affect Exports? Evidence from Egyptian Firm – Level Data", *Journal of Economic Integration*, Vol. 33, No. 4, 2018.

Kasahara, Hiroyuki and Heiwai Tang, "Excessive Entry and Exit in Export Markets", *Journal of the Japanese and International Economies*, Vol. 53, No. 101031, 2019.

Kee, Hiau Looi, Alessandro Nicita and Marcelo Olarreaga, "Import Demand Elasticities and Trade Distortions", *The Review of Economics and*

Statistics, Vol. 90, No. 4, 2008.

Kee, Hiau Looi, Cristina Neagu and Alessandro Nicita, "Is Protectionism on the Rise? Assessing National Trade Policies During the Crisis of 2008", *Review of Economics and Statistics*, Vol. 95, No. 1, 2013.

Khandelwal, Amit K., Peter K. Schott and Shang-Jin Wei, "Trade Liberalization and Embedded Institutional Reform: Evidence from Chinese Exporters", *American Economic Review*, Vol. 103, No. 6, 2013.

Krueger, Anne O., "Nontariff Distortions of International Trade: Robert E. Baldwin,, *Journal of International Economics*, Vol. 2, No. 3, 1972.

Krugman, Paul R., *Exchange-Rate Instability*, Cambridge, MA: MIT Press, 1989.

Laird, Sam and Alexander Yeats, *Quantitative Methods for Trade-Barrier Analysis*, London: The Macmillan Press Ltd., 1990.

Lee, Jong-Wha and Phillip Swagel, "Trade Barriers and Trade Flows across Countries and Industries", *The Review of Economics and Statistics*, Vol. 79, No. 3, 1997.

Lu, Yi, Zhigang Tao and Yan Zhang, "How do Exporters Respond to Antidumping Investigations?", *Journal of International Economics*, Vol. 91, No. 2, 2013.

Ma, Yue, Heiwai Tang and Yifan Zhang, "Factor Intensity, Product Switching, and Productivity: Evidence from Chinese Exporters", *Journal of International Economics*, Vol. 92, No. 2, 2014.

Manova, Kalina and Zhihong Yu, "Multi-Product Firms and Product Quality", *Journal of International Economics*, Vol. 79, 2017.

Mansfield, Edward D. and Marc L. Busch, "The Political Economy of Nontariff Barriers: A Cross-National Analysis", *International Organization*, Vol. 49, No. 4, 1995.

Maskus, Keith E. and John S. Wilson, "A Review of Past Attempts and the New Policy Context", *Quantifying the Impact of Technical Barriers to*

Trade: Can it be done, Ann Arbor: University of Michigan Press, 2001.

Maskus, Keith Eugene, Tsunehiro Otsuki and John S. Wilson, *The Cost of Compliance with Product Standards for Firms in Developing Countries: An Econometric Study.* Vol. 3590. Washington, D. C.: World Bank Publications, 2005.

Melitz, Marc J., "The Impact of Trade on Intra-Industry Reallocations and Aggregate Industry Productivity", *Econometrica*, Vol. 71, No. 6, 2003.

Moenius, Johannes, "Information Versus Product Adaptation: The Role of Standards in Trade", 2004, https://ssrn.com/abstract=608022.

Navaretti, Giorgio B., Lionel Fontagné, Gianluca Orefice, Giovanni Pica and Anna C. Rosso, "TBTs, Firm Organization and Labour Structure", *CESifo Working Paper* No. 8494, 2020, https://ssrn.com/abstract=3676100.

Nogués, Julio J., Andrzej Olechowski and L. Alan Winters, "The Extent of Nontariff Barriers to Industrial Countries' Imports", *The World Bank Economic Review*, Vol. 1, No. 1, 1986.

Portugal-Perez, Alberto, José-Daniel Reyes and John S. Wilson, "Beyond the Information Technology Agreement: Harmonization of Standards and Trade in Electronics", *The World Economy*, Vol. 33, No. 12, 2009.

Ray, Edward John, "The Determinants of Tariff and Nontariff Trade Restrictions in the United States", *Journal of Political Economy*, Vol. 89, No. 1, 1981.

Reyes, Daniel, "International Harmonization of Product Standards and Firm Heterogeneity in International Trade", World Bank Policy Research Working Paper, No. 5677, 2011.

Shepherd, Ben, *Product Standards, Harmonization, and Trade: Evidence from the Extensive Margin*, Washington, D. C.: World Bank Publications, Vol. 4390, 2007.

Shibata, Hirofumi, *The Theory of Economic Unions: A Comparative Analysis of Customs Unions, Free Trade Areas, and Tax Unions*, Columbia University, 1968.

Singh, Rahul and Rupa Chanda, "Technical Regulations, Intermediate Inputs, and Performance of Firms: Evidence from India", *Journal of International Economics*, Vol. 128, 2021, No. 103412.

Spearot, Alan C., "Variable Demand Elasticities and Tariff Liberalization", *Journal of International Economics*, Vol. 89, No. 1, 2013.

Strüver, Georg, "China's Strategic Partnership Diplomacy: Determinants and Outcomes of International Alignment", *The Chinese Journal of International Politics*, Vol. 10, No. 1, 2015.

Swann, Peter, Paul Temple and Mark Shurmer, "Standards and Trade Performance: The UK Experience", *The Economic Journal*, Vol. 106, No. 438, 1996.

Trefler, Daniel, "Trade Liberalization and the Theory of Endogenous Protection: An Econometric Study of US Import Policy", *Journal of political Economy*, Vol. 101, No. 1, 1993.

van Bergeijk, Peter AG, "Diplomatic Barriers to Trade", *De Economist*, Vol. 140, No. 1, 1992.

Verhoogen, Eric A., "Trade, Quality Upgrading, and Wage Inequality in the Mexican Manufacturing Sector", *The Quarterly Journal of Economics*, Vol. 123, No. 2, 2008.

Whalley, John, "Uniform Domestic Tax Rates, Trade Distortions and Economic Integration", *Journal of Public Economics*, Vol. 11, No. 2, 1979.

索　引

A

安慰剂检验　97，130—132，158，181

B

保护主义　1，5，9，40，42，50—52，66，72，75，76，79—82，93，250

标签　6—8，16，28—30，33，34，42，63，64，67，72，74，89，254

C

产品品类　25—27，41—43，47，49，50，57，76，78，95—97，99，119，124，141，145，169，251

产品质量　7，11，50，52—54，63，74，82，84—88，91—93，112，120，144，151，153，159，162—164，167，169—178，180，181，183，184，186，225，251，252

出口偏转　231

D

对华技术性贸易壁垒　1，3，5，6，25，26，28—33，40—42，50—55，57，93，94，96，98，100—104，108—110，119—123，125，126，130—134，141—145，153，158—161，169—172，180—184，226，227，229，231—233，236—239，241，244—247，249—252，255

E

二元边际　52，111，143，225

F

发达经济体　17，25，26，32，41，52—54，69，72，74，84，94—96，98—104，106，107，109—111，119—127，129—131，133，141—145，147，150，153，154，158，159，161，169—176，180，181，183，184，194，198，201，202，205—207，210，217，220，221，224，225，250，251，255，256，259，260

发展中或转型经济体　25，52，53，95，96，108，109，111，132—134，160，182—184，194，201，202，205，206，210，217，220，252，260

反倾销措施　6，7，81，89

反倾销协议　6

非关税壁垒　6，11，50，58—60，65—68，82，83，88，90，105，186，225

非关税措施　2，3，6，8，50，66，69

非歧视　6，223

负二项回归　48，102，198，200，264，265

G

工具变量　71，104，105，107，108，251

关税　8，40，42，50，58，59，63—66，76，81，82，88，92

广延边际　75，78，91—93，103，111，134，141，142，153，161，163，213，252

国际标准　2，6，10，11，14，22，25，28，29，32，36，66，78，90，256，259，260

国际法规合作　8—10

国际互认　9，259

国际贸易中心　13

国家标准　22，23，25，34，38，68，92，259

国家经济安全　1，50—52，55，57，93，250，251

国家利益　39，40，51，56，57，83，251

过渡期　14，171，175，233，255，260

H

合格评定程序　4，5，9，14，26，33，35，37，50，55，64，72，258

合格声明　35

环境保护　23，30

J

集约边际　75，91—93，103，111，140，143，145，161，163，213，224，250，252

技术标准　2，4，5，7，15，26，30—34，37，52—55，59，62，66—68，70，71，73—79，82，87，88，90—93，120，123，253，256—260

技术法规　4，5，9，11，14，22，26，33，34，36—38，50，55，59，67，68，70—72，74，76，77，82，253，255，258

技术竞争　40，41，147

技术性贸易壁垒　1—7，10，11，19，20，25，26，28—34，39—43，48—59，61—75，77，79，80，82—84，87—114，116，117，119—127，129—136，138，139，141—145，147，150，153，154，158—164，166—176，178，180—188，190—195，197，198，200—202，204—207，210，213，216，217，219—233，235—239，241，244—247，249—258，260，264，267，268

技术性贸易壁垒协定　1，75

技术性贸易措施　1，2，4—11，13—16，19，20，22，23，33，35，40，55，56，66，67，69，74，82，84，87，91，93，98，109，161，183，231，232，250—260

技术性贸易措施通报　2，4，13，22，55，91，93，98，109，161，183，231，232，250，251，254，255，257—259

加工贸易　97，98，130—132，158，159，162，180，181，184，218，219，231

价值链　32，57，86，251

检验检疫　19，38，39，72，73，253

经济利益　40，42，51，83

L

来源地　19，25，107，227

联合国经济和社会事务部　13

良好监管实践　9

M

贸易成本　7—9，52，60—62，65，67，72，79，90，186

贸易创造　65，88，93，186，231，237，239，241，244，246，247，249，252

贸易偏转　7，63—66，88—90，93，185，186，189，191—197，200—202，204—207，210，213，216，217，219，220，223—225，231，237，239，241，244，246，247，251，252，268

贸易中间商　127，129，150—153，174，176，177，216，243，244

贸易转移　88

贸易自由化　6，59，60，66，75，77

贸易阻碍　63，65，88，93，116，164，186，190，192，213，217，231，237，239，241，246，247，249，252

美国　18—20，25—30，33—42，44，58，59，71—73，78，81—83，87—89，91，196，226—233，235—239，241，244—249，252，264

美国保险商实验室　34

美国国家标准学会　34

美国消费品安全委员会　20，35

秘书处　3，4，14，15，19，22

N

内生性　70，71，91，103，107，245，251，266

能耗　28—30

能效　8，26，28—31

能源　23，30，57，251

O

欧盟　18，25—29，31—33，77—79，81，84，99—101，195

P

评议期　15

Q

强制性标准　22，23，25，256

倾向得分匹配　104，251

区域全面经济伙伴关系协定　5

R

认可　9，33，36—39，75，253，255，257，259

认证　9，28，29，33—37，39，67，74，76，253，255，257，259

S

生产成本　52，62，87，94，114，134，160，188

生态设计要求　28，29，31—33

生效　8，19，23，53，58，93，184，226，230—233，235，245，247—250

世界贸易组织　84

市场偏转　93，202，219，223，249，250，252

适用　9，10，19，33，36，50，55，59，66，75，83，93，226，230—233，236，237，241，243，244，246，247，249，250，252，259

双重差分　92，104，229，251

所有制　97，117，118，123，125—127，140，145，147—149，161，168，172，173，213，224，225，231，239，241，252

T

TBT委员会　3，9—11，15，17，18，32，34，35，37—39，70，100

碳减排　30

碳足迹　28，30，31

特别贸易关注　3，4，11，13，16，30，52，55，68，82，91，93，109，161，183，231，232，250，251，253，256，257，259

通报咨询点　13—15，20，22

透明度　9，10，16，37，39

W

外交　40，42—44，47—50，56，57，70，80，83，90，104，251

卫生与植物检疫措施协定　6

卫生与植物卫生检疫壁垒　6

X

消费者产品安全改进法案　34

信息与通信技术　29

宣布　19，93，99，226，232，233，237—239，241，243，246，250

Y

一般贸易　62，97，98，130，131，218—220，231

异质性企业贸易理论　60，93，251

引力模型　72，73，80，92，

195，268
优胜劣汰　52，53，93，120，122，133，143，161，162，206，213，251，252，258

政治利益　40，41
直接生产商　127—129，150，153，174—176，216，243，244
质量监督　19
自由贸易协定　5

Z

争端解决　8，10，18，19，253

后　　记

随着经济全球化发展，世界范围内关税税率大幅降低，非关税壁垒日益成为各国变相实施贸易保护主义的新形式。近年来，中国出口因遭遇技术性贸易措施的冲击，频繁出现货物被目的地管理部门扣留、退回、销毁等情况，并引发大量企业丧失后续出口订单。习近平总书记指出："西方国家等强化贸易保护主义，除反倾销、反补贴等传统手段之外，在市场准入环节对技术性贸易壁垒、劳工标准、绿色壁垒等方面的要求越来越苛刻。"[①] 总体而言，技术性贸易壁垒是贸易伙伴在国际市场中为维护自身利益而采取的策略性手段，通过名义上"非歧视性"的技术要求来掩盖其贸易保护主义的目的。此类壁垒通过直接影响中国微观主体参与国际贸易的经济行为，引发国内行业和地区的结构性调整，并可能通过产品市场与劳动力市场的均衡作用、出口市场与国内市场的内外联动等途径作用于国民经济运行的稳定状态和发展方向，从而深刻影响国家经济安全。

无论是从理论还是现实角度出发，对华技术性贸易壁垒的经济影响研究均具有重要意义。一方面，从学术研究角度看，技术性贸易壁垒研究属于非关税壁垒研究领域，该领域的研究与全球贸易自由化发展息息相关。相比于对于关税措施的研究，学术界关于技术性贸易壁垒的研究还非常不足。尤其是国内文献对于技术性贸易壁

[①] 《习近平在省部级主要领导干部学习贯彻党的十八届五中全会精神专题研讨班上的讲话》，http://www.xinhuanet.com/politics/2016-05/10/c_128972667.html。

垒的研究尚且存在概念不清、数据不全、分析不深、脱离实际等问题。现有多数定量衡量技术性贸易壁垒对出口影响的研究侧重于对产品层面、集约边际、静态角度的检验，包括对出口产品金额、数量、价格的影响，但普遍缺乏在企业层面、广延边际、动态角度的检验，也缺少对技术性贸易壁垒如何影响出口产品质量的探讨。另一方面，着眼现实，对华技术性贸易壁垒的数量自2018年以来明显增多。这一趋势很可能在中外竞争日益加剧、新冠疫情引发全球经济下行的背景下进一步恶化，对中国经济运行的持续稳定和转型升级带来严峻的挑战。技术性贸易壁垒不仅涉及科学技术领域，而且涉及国际贸易规则与国际磋商谈判，其涉及的行业范围广、业务内容杂、数据资料分散，给相关管理、研究、宣传等实际工作的落实带来了较大挑战。综上所述，由于技术性贸易壁垒频现是中国在未来相当长一段时间内必将面对的贸易环境，无论是对于国家政策制定还是对于企业优化决策而言，都亟须对此类壁垒对中国出口的影响进行严谨、系统的评估。本书的研究意义正在于满足这一需求，以助力实现全球化新形势下中国外贸"破壁"与"提质"并举的转型升级目标。

　　本书的边际贡献主要在于弥补现有文献关于技术性贸易壁垒对中国企业出口行为影响的定量研究相对稀少的缺陷。现有多数定量衡量技术性贸易壁垒对出口影响的研究侧重于在产品层面、集约边际、静态角度的检验，但普遍缺乏在企业层面、广延边际、动态角度的检验，也缺少对壁垒影响下出口产品质量、市场偏转行为的探讨。具体而言，本书的创新之处在于结合异质性企业贸易理论、贸易偏转理论，从静态与动态的双视角出发，定量检验了技术性贸易壁垒对于中国微观企业出口集约边际、广延边际、产品质量升级和贸易偏转行为的影响，揭示了总体影响背后的"优胜劣汰""提质升级""市场偏转"作用机制。此外，作者还通过手工追踪清理美国所设技术性贸易壁垒在"通报—生效—适用"时点的信息，验证了不同时点下技术性贸易壁垒在相关出口市场对不同竞争者所产生的"贸易阻碍""市场偏转"和"贸易创造"效应。

本书的研究价值得到了经贸研究领域资深专家与学者的充分肯定。对外经济贸易大学校长赵忠秀教授评价道:"本书的研究内容满足了国家发展现实需求,拓展了非关税壁垒研究领域的现有进展,且框架结构合理、论述逻辑清晰,反映出作者扎实的经济学功底和严谨的科研态度,是一部具有较高理论意义和实践价值的著作。"中国人民大学国家发展与战略研究院副院长刘青教授表示:"技术性贸易壁垒在当前国际贸易中广泛存在,且在新形势下有增长趋势,加强对技术性贸易壁垒的分析和认识具有新的必要性。本书从定性和定量两个方面对于对华技术性贸易壁垒进行了清晰的识别界定,对此类壁垒对中国企业出口的影响进行了多个维度的分析,研究范式规范,很多发现不仅具有知识启发性,也具有一定的政策含义,是本主题上一本非常有价值的著作。"对外经济贸易大学全球价值链研究院常务副院长殷晓鹏教授推荐道:"国外贸易伙伴所采用的多种形式的贸易壁垒有何影响,是当前中国外贸方面的热点问题。在外部经贸摩擦复杂形势下,从企业维度对技术性贸易壁垒如何影响企业出口表现这一问题进行理论分析和实证检验的系统性学术研究尚且少见。本书不仅有助于学界关注此类问题,也将为有关部门的政策制定提供启示,以维护中国在新形势下的经贸安全。"

本书的撰写、出版及相关研究工作的推进离不开学术界领路人与同行者的无私帮助。感谢我的博士生导师赵忠秀教授,赵教授时常提醒我们做学术研究不应脱离现实,给予我诸多尝试和锻炼的机会,引领我探索和明确了研究方向。本书的选题正是我攻读博士期间在质检总局调研实习的过程中产生的想法。感谢我在国家留学基金委公派留学期间的外方导师 Heiwai Tang 教授,在国内相关研究尚且少见的情况下,Heiwai Tang 教授对于相关选题的支持增强了我开展此项研究的信心。其间,我的研究能力稳步提升,并逐渐坚定了长期从事研究工作的志向。我从对外经济贸易大学博士毕业后,入职中国人民大学国家发展与战略研究院从事博士后研究工作。感谢我的合作导师刘青教授，在刘教授的帮助、指导与鼓励下，我们围绕技术性贸易壁垒主题讨论、撰写、投稿数篇论文，完成多篇研究报告和内参，申请并获得数项科研基金资助。于我而言，博士后期间的经历是极为宝贵的。与赵忠秀教授、刘青教授、Heiwai Tang 教授的合作工作经历锻炼了我协调、推进多项工作的能力和效率，帮助我迅速从博士期间的学生状态向一名独立、高效的科研工作者转型，而本书正是此阶段的工作成果之一。与此同时，由衷地感谢祝坤福教授、王孝松教授、余心玎教授、王苒教授、赵静教授、樊瑛教授、杨伟勇教授在书稿撰写及相关研究工作中的解惑与指正。本书的研究进展建立在博士论文的研究基础之上，在此由衷感谢殷晓鹏教授、葛嬴教授、龚炯教授、张梦霞教授、曹小勇教授、马捷教授、夏友富教授、白树强教授、李明教授、包歌教授、蒋灵多教授、张国峰教授在博士论文开题和答辩中给予的建设性意见；感谢梁伟博士、李馥伊博士、邓兴华博士、张瀚元博士、李鹏博士、张宸妍博士等同仁在博士论文撰写期间的帮助和鼓励。本书的部分内容已在《中国人民大学学报》《国际经济评论》等期刊发表，感谢编辑部与审稿人对相关研究的肯定。

  本书撰写期间，作者数易其稿、力臻完善。然而，学术研究前路本无止境，对问题答案的追寻是研究者的本职，对于不同答案也应待之以敬，并严谨论证。因此，本研究更为重要的意义，在于抛砖引玉，以期得到学术同仁和业界前辈的宝贵意见与建议。同时，我们也将持续开展更为深入的拓展性研究，希望在将来的日子里，能够基于扎实的研究工作，得出更多值得探讨的研究结论。

郑休休
2022 年 8 月于北京